工业和信息化部“十四五”规划教材

交通大数据管理与分析

主编　王健　胡晓伟　田原

主审　安实

科学出版社

北京

内 容 简 介

本书吸纳了交通大数据相关教材和著作的理论分析方法，以交通大数据为研究对象，以实际的交通规划和管理问题为命题，将数据采集、管理和分析方法贯穿在一起，融入最新的交通大数据管理和分析技术，整合统计分析、数据挖掘、机器学习、决策理论等，培养交通运输工程研究生分析问题、设计算法和处理大规模数据的能力，以应对大数据背景下交通管理决策中呈现的实时动态演变、关联复杂以及多主体决策等特性。

本书适用于开设交通大数据管理与分析相关课程的高校师生，可供交通运输工程学科研究生、交通运输类高年级本科生参考使用，也可供交通运输工程领域专业技术人员及相关主管部门管理者参考。

图书在版编目(CIP)数据

交通大数据管理与分析 / 王健，胡晓伟，田原主编. — 北京：科学出版社，2023.11

工业和信息化部“十四五”规划教材

ISBN 978-7-03-076955-8

Ⅰ. ①交… Ⅱ. ①王… ②胡… ③田… Ⅲ. ①数据处理－应用－交通运输管理－高等学校－教材 Ⅳ. ①U495

中国国家版本馆 CIP 数据核字(2023)第 212458 号

责任编辑：于海云 / 责任校对：王 瑞
责任印制：师艳茹 / 封面设计：迷底书装

科学出版社出版
北京东黄城根北街 16 号
邮政编码：100717
http://www.sciencep.com
北京凌奇印刷有限责任公司 印刷
科学出版社发行 各地新华书店经销
*
2023 年 11 月第 一 版 开本：787×1092 1/16
2023 年 11 月第一次印刷 印张：14
字数：350 000

定价：88.00 元

(如有印装质量问题，我社负责调换)

前　言

2017 年教育部发布了《教育部高等教育司关于开展新工科研究与实践的通知》，在我国推动创新驱动发展的模式下，以新技术、新业态、新模式、新产业为代表的新经济蓬勃发展，对工程科技人才提出了更高要求，迫切需要加快工程教育改革创新。《交通强国建设纲要》提出推动大数据、互联网、人工智能、区块链、超级计算等新技术与交通行业深度融合。党的二十报告指出："坚持把发展经济的着力点放在实体经济上，推进新型工业化，加快建设制造强国、质量强国、航天强国、交通强国、网络强国、数字中国。"本书以交通大数据为对象，结合实际的交通规划、控制、运营和管理等实际问题，为我国交通强国建设培养人才，助力数字中国建设。交通运输工程作为一个综合性较强的交叉学科，涉及工程、经济、环境、规划、能源、机电、通信等多个学科领域。特别是在"互联网+"交通战略和"新工科"形势下，大数据、物联网、人工智能等领域与交通运输工程的结合日益密切，"新工科"对交通运输工程研究生培养提出的新需求，迫切需要将大数据引入交通运输工程研究生课程体系中，这也是交通运输工程学科研究生课程改革中需要关注的一个核心问题。

面对大数据的快速发展和智能交通系统的逐步应用与实践，需要对多源和海量交通数据进行挖掘和处理，剖析出行者的行为、运营者的经营和管理者的决策，从而使得对交通数据调查与分析、智能交通的课程设置不断增强。大数据、物联网、人工智能等领域与传统的交通运输工程的密切结合，最主要的冲击就是研究思维的变化，不能仅依靠原来的传统交通调查方法获取数据、开展交通需求分析或模拟仿真，还应该创新研究方法，从交通大数据中挖掘不同交通现象中隐藏的规律与特性，拓展大数据的研究思维。"交通大数据管理与分析"课程借鉴国内外相关高校的教学经验，以交通大数据为研究对象，以实际的交通规划和管理问题为命题。课程强调理论与实践相结合的教学模式，强调通过实践掌握数据分析技能，使研究生更深入地应用交通大数据来挖掘交通的供需特性，为交通政策决策、规划、设计、运营和管理服务。通过开设应用性较强的"交通大数据管理与分析"课程，逐步调整和完善新形势下的交通运输工程学科课程体系，促进"新工科"下交通运输工程的更新升级，培养面向时代需要、面向未来发展的交通运输工程专业创新型人才。

全书共 11 章：第 1 章介绍了大数据的概念、特征及交通大数据管理与分析框架；第 2 章对交通大数据驱动建模思路、交通大数据与小样本数据结合进行阐述；第 3 章从数理统计方面给出了交通大数据的理论基础；第 4 章对常用的交通大数据分析方法进行了梳理；第 5～11 章分别从出租车、公共交通、交通安全、交通环境保护、交通应急、交通控制和交通行为等方面进行大数据的管理和分析应用。

本书注重培养学生以下几个方面的能力：

(1) 使学生了解交通大数据的基本概念和基本知识，以及交通大数据新知识、新技术和新方法，建立正确的以人为本和可持续发展的交通大数据思维与理念。

(2) 使学生明确作为交通运输工程专业人才，学习和掌握交通大数据理论、知识和方法的必要性，为培养交通大数据分析能力而构建必备的知识体系。

(3) 使学生掌握交通大数据分析的基本理论和方法，为系统开展交通问题的研究和提出解决方案奠定基础，培养学生自主学习和终身学习的意识。

(4) 使学生立足交通大数据实践，学习和积累交通大数据实践智慧，具备交通大数据分析能力的基本素质和社会使命感与责任感。

本书由王健、胡晓伟和田原主编，并由安实教授主审。其中第 1 章、第 10～11 章由王健编写，第 2 章、第 3 章、第 5～8 章由胡晓伟编写，第 4 章、第 9 章由田原编写，全书由王健统稿。哈尔滨工业大学交通运输系统管理交叉学科研究生团队的杨璐、高维、张瑞兵、杨滨毓、张炎棠、吴亚欣、杨凌霄、王羽佳、邱振洋等在本书的编写和校稿工作中付出了辛勤的劳动。作者在本书编写过程中参考了大量的书籍和国内外文献，在此谨向其作者表示衷心的感谢。

本书入选了工业和信息化部“十四五”规划教材，也得到了中国学位与研究生教育学会面上课题(2017Y0602-095、2020MSA107)、黑龙江省教育厅高等教育教学改革研究项目(SJGY20190230、SJGY20210332)、黑龙江省研究生课程思政高质量建设项目(HLJYJSZLTSGC-KCSZKC-2022-006、HLJYJSZLTSGC-KCSZAL-2022-019)、教育部第二批新工科研究与实践项目(E-HTJT20201720)、教育部首批虚拟教研室建设试点“交通运输类专业新工科核心课程群虚拟教研室”，以及哈尔滨工业大学教学发展基金(XYSZJP2020003、21HX0902)的支持，作者在此一并表示感谢。

“交通大数据管理与分析”是一门不断发展、不断完善的交叉学科，限于作者的理论水平和实践经验，书中难免有疏漏之处，恳请读者批评指正。

作　者

2023 年 1 月

目　录

第 1 章　绪　　论

大数据作为继物联网、云计算之后的又一信息通信技术变革，正在全面而系统地影响着社会管理和经济决策的全过程。2015 年 8 月国务院印发了《促进大数据发展行动纲要》(国发〔2015〕50 号)，2016 年底工业和信息化部印发了《大数据产业发展规划(2016—2020 年)》(工信部规〔2016〕412 号)，国家及相关大数据产业政策的利好更是推动了大数据产业的发展，同时也催生了对大数据人才的迫切需求。因此，越来越多的高校开始重视大数据人才的培养，一方面是 300 余所高校开始设置数据科学与大数据技术专业，另一方面是对既有专业和课程体系的新工科改造，在重视既有专业知识学习的基础上，进一步融入大数据的相关知识，从而使得学生能够采用大数据思维分析和解决实际问题。

交通运输工程涉及的大数据既包括了传统的车辆轨迹数据、乘客刷 IC 卡数据、视频数据等，也涵盖了订单数据、手机定位数据等。在未来论坛 2017 年会暨首届未来科学大奖颁奖典礼上，美国华盛顿大学王印海教授在《智慧交通颠覆性创新时代即将到来》中，将大数据分析处理技术列为未来的颠覆性技术之一，交通大数据管理与分析将是未来智慧交通发展的主要方向之一。

在我国创新驱动发展模式下，以新技术、新业态、新模式、新产业为代表的新经济蓬勃发展，对工程科技人才提出了更高要求，迫切需要加快工程教育改革创新[1]。近年来，交通运输工程专业毕业的研究生到智能交通企业、信息企业工作的比例已超过 30%。与此同时，中国城市规划设计研究院、深圳市城市交通规划设计研究中心股份有限公司、交通运输部公路科学研究院等单位纷纷成立了智能交通、大数据挖掘与应用的相关中心，急需交通大数据的分析人才。

在大数据和“互联网+”蓬勃发展的时代中，面对大数据的快速发展和智能交通系统的逐步应用与实践，要想准确把握交通管理决策呈现的实时更新、动态演变、关联复杂以及多主体决策等特性，需要对多源和海量的交通数据进行挖掘和处理，全面剖析出行者的出行、运营者的经营和管理者的决策过程，不断增强对交通数据调查与分析、智能交通的课程设置，这就要求开始交通大数据相关课程的建设。

交通运输工程学科具有较强的实践性、创新性和工程应用性，在“互联网+”交通战略和“新工科”形势下，特别是大数据、物联网、人工智能等领域与交通运输工程的结合日益密切，“交通大数据管理与分析”课程的建设能够满足“新工科”对交通运输工程专业研究生培养提出的新需求，同时能够适应社会发展对交通运输工程专业人才供给提出的新要求。

1.1　大数据概念及特征

1.1.1　大数据发展历程

2008 年，*Nature* 出版的专刊 *Big Data*，分析了快速涌现大量数据给数据分析处理带来的巨大挑战。

2011 年，*Science* 推出关于数据处理的专刊 *Dealing with Data*，讨论了数据洪流(Data Deluge)所带来的挑战。

2012 年 7 月，联合国发表名为《大数据促发展：挑战与机遇》的政务白皮书。

2015 年，党的十八届五中全会提出实施国家大数据战略，8 月，国务院印发《促进大数据发展行动纲要》，全面推进我国大数据发展和应用，加快建设数据强国。

2016 年底，工业和信息化部印发《大数据产业发展规划(2016—2020 年)》。

2017 年，党的十九大报告提出，加强应用基础研究，拓展实施国家重大科技项目，突出关键共性技术、前沿引领技术、现代工程技术、颠覆性技术创新，为建设科技强国、质量强国、航天强国、网络强国、交通强国、数字中国、智慧社会提供有力支撑。

2019 年，中共中央、国务院印发《交通强国建设纲要》，提出大力发展智慧交通。推动大数据、互联网、人工智能、区块链、超级计算等新技术与交通行业深度融合。推进数据资源赋能交通发展，加速交通基础设施网、运输服务网、能源网与信息网络融合发展，构建泛在先进的交通信息基础设施。构建综合交通大数据中心体系，深化交通公共服务和电子政务发展。

2021 年，中共中央、国务院印发《国家综合立体交通网规划纲要》，提出构建应急运输大数据中心，推动信息互联共享。构建综合交通大数据中心体系，完善综合交通运输信息平台。推动智能网联汽车与智慧城市协同发展，建设城市道路、建筑、公共设施融合感知体系，打造基于城市信息模型平台、集城市动态静态数据于一体的智慧出行平台。以大数据、信用信息共享为基础，构建综合交通运输新型治理机制。

2022 年，党的二十大报告提出加快建设制造强国、质量强国、航天强国、交通强国、网络强国、数字中国。

1.1.2　大数据概念

维克托·迈尔-舍恩伯格(2013 年)在《大数据时代》一书中主要从价值大的角度来定义大数据，他认为大数据是当今社会所独有的一种新型的能力：以一种前所未有的方式，通过对海量数据进行分析，可获得巨大价值的产品和服务，或深刻的洞见[2]。

大数据是一个复杂的概念，有人简单地认为大数据就是体量大，大到不再是随机样本，也不再是局部样本，而是全时空、全样本的所有数据。实际上大数据最根本的特点还是信息收集方式出现了重大变化与革新，它不单单代表数据体量上的大，还蕴含了丰富的相关关系和因果关系，以及熟知的 4V 特征，即更大的数量(Volume)、更高的多样性(Variety)、更快的生成速度(Velocity)和更低的价值密度(Value)。

根据数据的组织形式，可进一步将数据细化为三类：结构化数据、半结构化数据和非结构化数据，其中非结构化数据最为常见。IDC 的调查报告显示，企业中 80%的数据都是半结构化和非结构化的数据[3]，近年来这些数据以指数级别迅速增长。由此可见，研究半结构化数据和非结构化数据的处理和分析技术，并推动其在各行各业的应用非常重要。

1.1.3　大数据特征

维克托·迈尔-舍恩伯格(2013)在《大数据时代》一书中认为大数据的 4V 特征是

Volume、Velocity、Variety、Value(图 1-1)，后续又增加了 Variability(可变性)和 Veracity(准确性)[4]，具体如下。

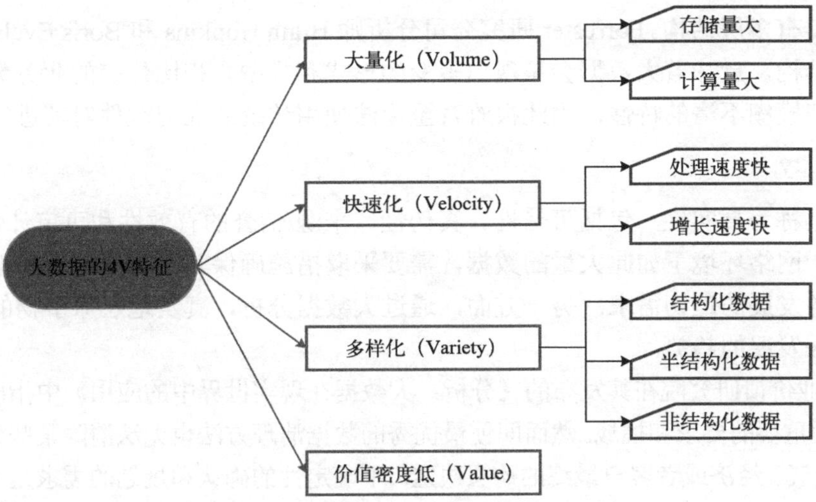

图 1-1 《大数据时代》中的 4V 特征

1. Volume

数据体量巨大。数据量将从 TB 级别跃升到 PB 级别。

存储量大。2007 年全球存储了大约 300EB 的数据，2013 年已达 1.8ZB；根据国际权威机构 Statista 的统计，全球数据量在 2019 年达到约 41ZB。

IDC 的《数据时代 2025》白皮书认为，到 2025 年，数据量将攀升至 163ZB；华为全球产业展望(GIV)2025 亦预测，到 2025 年数据量将高达 180ZB。

备注：太字节，记作 TB，1TB=1024GB；拍字节，记作 PB，1PB=1024TB；艾字节，记作 EB，1EB=1024PB；泽字节，记作 ZB，1ZB=1024EB。

计算量大，以国家超级计算广州中心为例，“天河二号” 拥有 16000 个运算节点，312 万个计算核心，整体总计内存 1.408PB，12.4PB 的硬盘阵列。

2. Velocity

处理速度快。大数据处理遵循 1 秒定律。这一点和传统的数据挖掘技术有着本质的不同。

数据更新、增长速度快；数据存储、传输等处理速度快，如铁路 12306APP 的交易、每小时快递的订单交易等。

3. Variety

数据类型繁多。大数据不仅包括传统的关系数据类型，也包括以网页、音视频、文档等形式存在的未加工、半结构化和非结构化的数据。

4. Value

价值密度低。然而庞大的数据中蕴含着新知识，以及极其重要的预测价值。大数据能够通过规模效应将低价值密度的数据整合为高价值、作用巨大的信息资产。

5. Variability

大数据具有多层结构。Forrester 研究公司分析师 Brain Hopkins 和 Boris Evelson 指出大数据具有多层结构，意味着大数据会呈现出多变的形式和类型。相比传统的业务数据，大数据存在不规则和模糊不清的特性，因此很难甚至无法使用传统的应用软件对其进行分析。

6. Veracity

准确性也称为真实性，包括可信性、真伪性、来源/信誉的有效性和可审计性等子特征。一方面，对于网络环境下如此大量的数据，需要采取措施确保其真实性、客观性，这是大数据技术与业务发展的迫切需求；另一方面，通过大数据分析，真实地还原事物的本来面目也是大数据未来发展的趋势。

IBM 商业价值研究院在其发布的《分析：大数据在现实世界中的应用》中指出，追求高数据质量是一项重要的要求和挑战。然而即使最优秀的数据清理方法也无法消除某些数据固有的不确定性，如天气、经济或者客户最终的购买决定。不确定性的确认和规划的需求是大数据的新维度，这是随着高层管理者需要更好地了解围绕在他们身边的不确定性而引入的维度。

1.1.4 大数据带来的新挑战

大数据带来的挑战主要体现数据采集、存储、分析、呈现的技术，隐私泄露，黑客攻击和数据独裁方面，谁能掌握和合理利用大数据核心资源，谁就能在接下来的技术变革中占据绝对的优势。

大数据技术能够帮助企业分析大量数据，从而进一步挖掘市场机会和细分市场，企业利用用户在互联网上的访问行为分析其偏好，能为每个用户勾勒出一幅“用户画像”，为具有相似特征的用户提供精确服务以满足用户需求，甚至为每个用户量身定制。这一变革将大大缩减企业产品与最终用户的沟通成本。大数据技术还能够帮助企业缩短产品研发时间，提升企业在商业模式、产品和服务上的创新力，大幅提高企业的商业决策水平。因此，大数据技术有利于企业发掘和开拓新的市场，有利于企业将各种资源合理利用到目标市场，有利于制定精准的经销策略，有利于调整市场的营销策略，大大降低企业经营的风险。

大数据的隐私问题由来已久，计算机的出现使得越来越多的数据以数字化的形式存储，互联网的发展则使数据更加容易产生和传播，因此数据隐私问题越来越严重。大数据时代的隐私保护面临着技术和人力层面的双重考验。

数据公开与隐私保护矛盾，大数据时代的隐私性主要体现在不暴露用户敏感信息的前提下进行有效的数据挖掘，这有别于在传统信息安全领域更加关注文件的私密性等。

1.2 新时代交通发展机遇

大数据究竟是如何在交通领域发挥作用的？在城市信息化浪潮发展与数据科学崛起的共同推动下，智慧交通与交通大数据开始在世界范围内成为下一代城市化发展的新理念和新实践，包括 GPS 数据、公交 IC 卡数据、卡口数据等在内的多源交通大数据正以惊人的速度产生，其应用场景也越来越广泛。通过对城市交通场景下的多源数据进行动态监测、分析、整合和利用，能够实现对交通状态的实时感知和精准研判[3]。例如，利用手机定位数据进行城市人口分布特征、交通出行分布特征的分析，从而服务于交通规划；利用网约车数据对路网流量进行分析，进而优化各路口配时方案，提升道路的通行效率；利用线圈、视频、浮动车等多源数据，实现对路网交通状态的识别和实时监控等。

在大数据时代，交通工程师可以从各个维度获取多源交通大数据[5]，但因所面对的数据日益纷杂，加之大数据本身体量庞大的特点，目前所掌握的传统数据分析和建模方法存在着种种局限性。没有强有力的工具，将难以理解数据，造成“数据丰富，知识贫乏”的窘境。更深层次来说，交通工程作为一门诞生百年的悠久学科，其本身也积累了丰富的领域知识，因此亟须基于新兴的数据分析和机器学习技术，结合交通工程的领域知识，构建新一代交通大数据分析理论和方法，指导交通工程师从繁杂的大数据中提取关键信息，解决交通问题。

在《交通强国建设纲要》和《国家综合立体交通网规划纲要》中，均提到了构建综合交通大数据中心体系，2021年《数字交通“十四五”发展规划》明确了“数字交通”建设的发展目标，即到2025年，交通新基建取得重要进展，行业数字化、网络化、智能化水平显著提升，有力支撑交通运输行业高质量发展和交通强国建设。在新时代交通数字化、网络化、智能化的背景下，推动大数据与交通行业深度融合，更有其必要性。

围绕《数字交通“十四五”发展规划》中提出的“一脑、五网、两体系”，交通数字化的重点应该落在基础设施和装备，以及数字化的管理和服务，特别是在数字化发展生态方面。

(1)行业治理在线协同。综合交通运输“数据大脑”初步形成，精准动态监测预警水平显著提升，行业协同监管系统实现全国联网，政务服务“一网通办”更加便捷高效。

(2)技术应用创新活跃。综合交通大数据中心体系基本构建，成规模、成体系的行业大数据基本形成，数据开放成效显著。车路协同、智能航运等新技术、新模式取得新突破。

从已经批复的三批348项交通强国建设试点任务中，可以看出“十四五”期间数字交通建设的走向，其主要体现在运输服务领域的“互联便捷”，即为旅客、货主提供便捷、经济、可靠的服务，如MaaS、全流程的电子客票等；行业治理领域的“在线协同”，政府、企业等业务系统相互协同，为公众提供线上“一站式”政务服务。这与《数字交通“十四五”发展规划》的具体目标相吻合。

1.3 交通大数据管理与分析框架

大数据的分析技术可以分为数据处理、统计分析、数据挖掘和模型预测，这些技术可以参考与大数据相关的教材，如周志华教授的《机器学习》等[6]，这里简单列举如下。

(1)数据处理：自然语言处理技术。

(2)统计分析：A/B Test、Top*N*排行榜、地域占比、文本情感分析。

(3)数据挖掘：关联规则分析、分类、聚类。

(4)模型预测：预测模型、机器学习、建模仿真。

从本质上来说，大数据环境下交通分析技术完成的是一种在交通大数据采集之后，将数据组织成为信息，从信息中提炼交通特征，从交通特征变化中发现和辨析交通规律，最后结合交通策略进行追踪评估和综合应用的信息处理过程[5]。因此交通大数据管理与分析所处理的问题领域可以划分为交通行为需求特征辨识、交通系统运行感知、交通状态演化分析三个层次，特别是结合综合立体交通网规划与新时代交通数字化、网络化、智能化的发展，交通大数据管理与分析框架具体如图 1-2 所示。

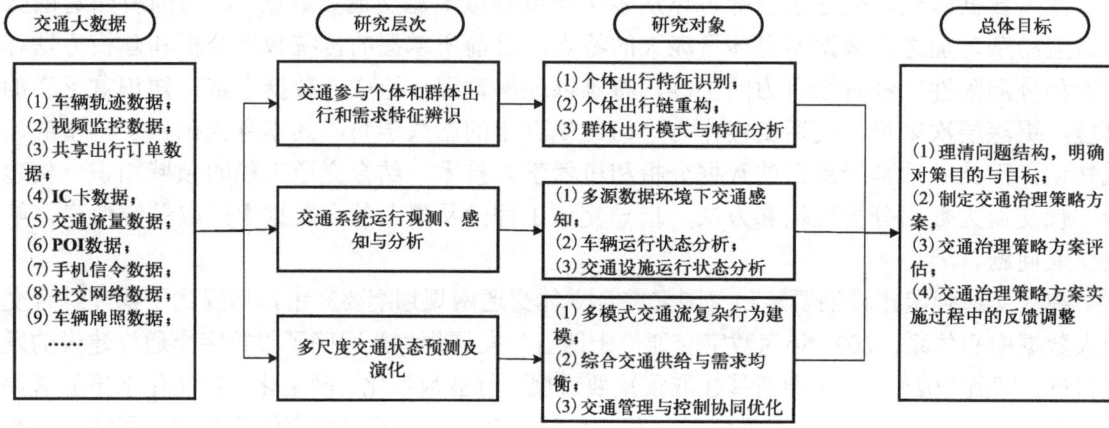

图 1-2　交通大数据管理与分析框架图

1.3.1　交通大数据环境及特征

当前交通大数据管理面临新问题，例如：①数据本身的不完备——半结构化数据[7]；②引入出行链理论，突破传统的基于 OD 建模的思想束缚；③部分交通大数据空间覆盖不完整，如车辆牌照数据、轨迹数据等，造成出行分割的不确定性等。因此在分析智慧交通和交通大数据时，需要考虑对交通运行特征和交通行为刻画的分析。

城市交通大数据环境主要存在以下特点。

(1) 数量大，但信息密度相对较低，且有一定程度的不确定性。

(2) 单一数据源只能从某一角度描述研究对象，不能给出完整的描述图像。

(3) 不同的数据源具有不同的参照系，并且服从不同的误差分布。

(4) 更加需要关注数据之间的关联分析而非因果关系，以求发现新的知识和规律。

而与城市交通相关联的大数据特征，也可以从 4V 或 6V 特征来总结。

(1) 容量大：移动通信数据每天 14 亿个左右，哈尔滨市出租车轨迹数据每年 2TB 以上。

(2) 类型多：网络状态数据、交通构成数据、交通行为数据等。

(3) 异构可变：时空参照系不同、服从的统计分布存在巨大差异等。

(4) 速度快：在面临车路协同、智能网联驾驶时，其处理速度快，每小时的共享单车数据产生速度快。

(5) 信息不完整且价值埋藏深。

(6) 准确性：特别是从社交网络挖掘而来的交通大数据或信息，更需注意。

1.3.2　交通大数据应用

交通大数据应用领域很广泛，包括智能交通全领域，以及与智能交通融合、业务联动的全领域等[8]，主要应用包括：

(1) 交通需求特性分析与预测。

(2)交通事故成因分析与态势预测。

(3)交通拥堵成因及其扩散与消散机理分析。

(4)交通供求关系分析及态势预测。

(5)交通基础设施智能建设、运维管理与优化。

(6)交通信息服务于车路协同。

(7)智能交通管理与决策。

(8)交通社会服务的智能化。

(9)智能停车。

(10)智能公交。

(11)智能物流。

(12)智能综合运输与管理。

(13)交通规划决策支撑。

(14)交通综合治理支撑。

(15)“智能交通+”领域的支撑。

(16)交通业务联动的支撑。

1.4　课程目标

“交通大数据管理与分析”(Transportation Big Data Management and Analysis)课程借鉴国内外相关高校的教学经验，以交通大数据为研究对象，以实际的交通规划和管理问题为命题，将数据采集、管理和分析方法贯穿在一起，融入最新的交通大数据采集方法和大数据分析技术，整合统计分析、数据挖掘、机器学习、决策理论等，培养交通运输工程专业研究生分析问题、设计算法和处理大规模数据的能力，培养交通数据分析人员，以应对大数据背景下交通管理决策呈现的实时更新、动态演变、关联复杂以及多主体决策等特性[9]。

本课程强调通过实践掌握数据分析技能，使研究生更深入地应用交通大数据来挖掘城市交通的供需特性，为交通政策决策、规划、设计、运营和管理服务。其主要研究目标体现在以下几方面。

(1)创建规律：通过多源多维海量交通大数据发现规律。

(2)现状研判：通过数据统计和对比对现状进行描述。

(3)科学预测：基于规律和现状，预测预警发展趋势。

(4)综合服务：为社会各个方面提供知识成果与服务。

本课程教学内容可分解为交通大数据思维、交通大数据分析方法、交通大数据应用 3 个模块。其中，交通大数据思维模块包括第 1 章和第 2 章，主要讲解大数据特征、交通大数据资源、交通大数据思维等。交通大数据分析方法模块包括第 3 章 和第 4 章，结合数理统计知识，介绍当前大数据分析中排名靠前的方法，包括回归分析、频繁模式挖掘、决策树、支持向量机、聚类分析、神经网络等。交通大数据应用模块包括第 5～11 章，以实际案例介绍有关交通大数据的分析、分析方法和应用，包括但不限于出租车领域、公共交通领域、交通安全领域、道路交通环境保护领域、交通应急领域、交通控制领域、交通行为研究领域等。

参 考 文 献

[1] 胡晓伟, 王健, 于航, 等. “新工科”下交通运输工程学科大数据管理与分析课程设置探讨[M]//北京理工大学研究生院. 新时代研究生教育改革发展与实践探索. 北京: 北京理工大学出版社, 2018: 78-80.

[2] 维克托·迈尔-舍恩伯格, 库克耶. 大数据时代：工作、生活与思维的大变革[M]. 盛海燕, 周涛,译. 杭州: 浙江人民出版社, 2013.

[3] 刘志远, 张文波. 交通大数据：理论与方法[M]. 杭州: 浙江大学出版社, 2020.

[4] 王震坡, 刘鹏, 张照生. 新能源汽车大数据分析与应用技术[M]. 北京: 机械工业出版社, 2018.

[5] 托马斯，柯林. 交通工程入门：数据采集与分析手册[M]. 金治富,译. 北京: 机械工业出版社, 2015.

[6] 周志华. 机器学习[M]. 北京: 清华大学出版社, 2016.

[7] 杨东援, 段征宇. 透过大数据把脉城市交通[M]. 上海: 同济大学出版社, 2017.

[8] 陆化普，等. 交通大数据分析与应用教程[M]. 北京: 人民交通出版社股份有限公司, 2020.

[9] 胡晓伟, 王健, 王雷. “交通大数据管理与分析”课程思政教学探索与实践[M]//中国学位与研究生教育学会工科工作委员会, 太原理工大学. 立德树人　服务需求，提高工科研究生教育质量. 太原: 山西教育出版社, 2022: 9-13.

第 2 章　交通大数据思维

2.1　交通大数据驱动建模思路

利用交通大数据最重要的途径就是通过数学建模分析，揭示隐藏在大数据背后的规律，从而达到观察现象、分析机理、找出规律、优化决策、实现最优的目的。大数据能支持相关的交通管理与决策，关键在于用数据说话，在当前交通运输领域，大数据驱动建模主要可以分为出行需求挖掘、交通状态识别与预测、交通系统决策等。对于交通领域中的不同时空数据[1]，可以将其划分为单一空间(Spatial-Only，SO)数据、单一时间(Temporal-Only，TO)数据、静态时间空间(Spatio-Temporal Static，STS)数据、空间静态时间动态(Spatial Static Temporal Dynamic，SSTD)数据、时间动态空间动态(Spatial Dynamic Temporal Dynamic，SDTD)数据，具体见表 2-1。

表 2-1　不同的时空数据对比

数据	空间	时间	组成
SO	静态	无	POI 信息、路网信息
TO	无	静态	节假日、日期、时间戳
STS	静态	静态	事件信息
SSTD	静态	动态	交通流、需求、行程时间、速度、气象数据
SDTD	动态	动态	轨迹数据

对智能交通系统中的时空大数据而言，可以将其划分为分类问题、回归预测问题和交通数据生成 3 类[1]。分类问题的传统机器学习方法包括隐马尔可夫模型(HMM)、条件随机场(CRF)模型和决策树(DT)模型，而其基于深度学习的方法包括卷积神经网络(CNN)模型和循环神经网络(RNN)模型。

回归问题的目标是预测具体的交通量数值，如交通流量、打车的需求量以及路网上车辆速度等。回归预测可具体分为是否考虑了路网约束、是否考虑了环境因素、是否考虑了空间特征、是否考虑了时间特征以及是否能够处理非线性关联特征。

目前在交通数据生成上的工作一般分为两类：仿真生成和补全生成。其中，仿真生成是通过构建仿真系统的方式生成交通数据，而补全生成主要是利用现有的生成技术(如 GAN)直接生成交通数据。

大数据驱动的数学建模有如下几种思路。

1. 因果与证据的考虑

科学研究的过程一般都是通过观察到的现象反推背后的机理，从因果的角度来看，这是一个由因索果的过程。规律往往隐藏在表象的背后，而数据分析是揭开这些规律的重要途径。

大数据相比于传统数据而言，不仅提供了更加丰富的分析素材，而且使得数据分析方法有了本质的改变。然而，由因索果这一研究过程并没有随着大数据的到来而改变。这是由于虽然大数据能够提供更多信息，但是能够采集到的信息依然是果而不是因。因此，大数据研究中的因果关系没有改变，由因索果的研究思路也没有改变。

另外，当前可以采集到的交通大数据种类繁多，有时多种数据能够相互补充验证，分析得到以往单一种类数据得不到的结果，产生“1+1＞2”的效果，这种多种数据一起分析的思路称为数据融合。从因果关系上看，多种数据是同一个因产生的多种不同形式的果，数据融合的思路就是把多个由因索果的过程集成起来，从而更加准确地分析机理、找出规律。

2. 机理、知识、数据驱动的组合模型

常用的数学建模方法有机理模型、知识模型和数据驱动模型。机理模型从本质上反映客观规律，但是建模过程烦琐，参数标定难度较大；知识模型以经验总结为基础，简单易于实现，但是精度较低，研究对象的复杂性具有局限性；数据驱动模型从数据出发，是一个自下而上的建模过程，无须了解机理，精度较高，但是可解释性较低，可推广性较差。

大数据概念的提出推动了“大数据驱动”思想的产生，促进了机理模型、知识模型和数据驱动模型的混合使用。在大数据的背景下，机理模型、知识模型和数据驱动模型存在相互渗透、优势互补的关系，3 种模型构成的混合模型具有较好的应用前景。依据知识和数据，简化机理模型，并将其和数据驱动模型结合在一起，完成模型标定，互为补充。机理和知识可以优化数据，减少噪声，确定合适的训练样本，提高模型鲁棒性[2]。

3. 影响因素与决策变量的拓展

在传统的影响因素分析中，因素特征都是通过机理分析推导得出的。这种方式得到的特征可解释性强，但是也存在特征提取不全面的问题，进而导致模型的准确度不高。大数据提供了一种全新的特征提取方式，即通过对数据的训练从数据的输入输出中直接提取特征。这种方式牺牲了特征的一部分可解释性，却能够极大地提升模型的准确度。因此，相比于传统的特征提取方式，其在一些应用中有较大优势。

类似的思路也可以用于优化决策中，在优化过程中，传统的思路需要建立决策变量与优化目标之间的直接关系，而基于大数据的思路可以不依赖这种关系。前者的关系是由机理得出的，而后者是由统计得出的。在这种思路下，就能够拓展已有的方法，构建基于大数据的新的优化分析方法[3]。这里需要辩证来看，注意对交通大数据的应用，亦要考虑其分析结果是否与交通工程基础理论相悖。

不同大数据驱动的数学建模思路的适用范围和特点如下。

(1) 因果与证据的考虑：适用于多源异构大数据的分析，能够将多种数据与分析目标之间的关系梳理清楚。

(2) 知识、机理、数据驱动的组合模型：适用于模型的知识与机理比较清晰的情况，能够在建模过程中较好地发挥知识、机理、数据驱动三者各自的优势。

(3) 影响因素与决策变量的拓展：适用于影响因素或者决策变量难以与分析目标之间建立直接关系的情况，能够发挥大数据的数据量优势，大幅度提高模型的准确度。

2.2　交通大数据分析价值

在当前 5G 通信技术快速发展的时代，智能网联、自动驾驶正在推进中，目的是实现“人-车-路-网-云”五维高度协同，其中以出行即服务(Mobility as a Service，MaaS)作为核心，未来的出行工具不仅是数据发送方和接收方，还是计算节点和数据分享节点，未来的交通基础设施将兼具各类通信方式，具备集成路侧交通信息采集发布、本地边缘计算能力等，并结合先进的通信技术来实现移动边缘计算，其中需要一体化开放共享的数据公共服务平台，以便于多源交通大数据的共享和应用[4]，更需要保障数据安全。

“大数据治理”关注大数据生命周期中数据生产者、数据收集者、数据使用者、数据处理者和数据监管者等各方参与主体，其目标是在兼顾各方参与主体的权利、责任和利益的前提下发挥数据价值，即大数据价值实现和风险规避。

1. 大数据分析对交通管理部门的价值

大数据分析对交通管理部门的价值主要体现在用“互联网+”大数据再造智慧交通服务，具体体现在：

(1) 运用大数据、“互联网+”公共服务的技术创新，充分发挥集成服务优势。

(2) 着力构建“审批服务一站式、资源交易一系统、公共服务一条龙”的大服务格局。

(3) 迅速推动公共服务从各自为政、相互封闭的运作方式向跨部门、跨地区的协同互动和数据资源融合、交换模式转变。

(4) 提高政府各类委办局的公共服务效能。

(5) 提高交通通行效率，交通管理部门基于对复杂天气、事故、各种突发事件的实时分析及时做出反应。

(6) 交通管理部门的决策越来越科学，交通政策的制定和推出越来越依赖于对交通行为的分析。

2. 大数据分析对交通运营部门的价值

大数据分析对交通运营部门的价值主要体现在定制化需求服务和精细化服务应用[5]，具体体现在：

(1) 掌握不同时间、空间和不同用户的需求，既能满足整体需求，也能满足某些用户的定制化需求。

(2) 通过客流特征分析，优化公共交通(简称公交)的运营模式和规划方法，提出新的、更合理的交通服务应用。

(3) 结合业务场景及其实现的目标，构建完善的业务管理平台，将各项业务进行流程化管控，有效降低企业的各项运营成本，提升企业效益。

(4) 通过预测分析未来业务发展，发现问题、趋势，并提出如何根据预测分析结果适时调整企业的发展与运营策略。

(5) 将交通大数据信息转化为产品能力，可减少不同数据应用中的重复数据处理过程，帮助构建企业数据价值，提高应用创新能力，助力企业实现数字化转型升级。

(6) 运输市场精准营销，旅客、货主分析，运输产品宣传、推广与定价。

(7) 运输线路与工具维修维护。

3. 大数据分析对交通参与者的价值

大数据对交通参与者的价值主要体现在更加安全、便捷、高效、绿色、经济、包容、韧性的出行服务，具体体现在：

(1) 通过大数据的分析，能够准确预知实时动态的交通路况，从而有效避开拥堵。

(2) 通过历史数据来推测不同天气状况、不同路段、不同时段的交通事故发生概率，进而对通行车辆进行预警。

(3) 为用户提供的服务内容越来越精准，例如，基于大数据的交通路网动态分析，为用户提供出行的实时方案选择。

(4) 交通服务自动化程度越来越高，如移动支付和各种自动化设备的应用、自助服务和无感服务的普遍应用。

(5) 交通咨询服务，如行前、途中与售后服务等。

(6) 交通规划与出行导引服务，如线路指示指引、枢纽场站导引。

(7) 综合交通衔接服务，如接送服务、多模式交通衔接与换乘服务。

2.3　交通大数据驱动范式研究

大数据对科学研究和思维方式产生了重要而深远的影响。在科学研究方面，大数据使得人类在经历了实验科学、理论科学和计算科学 3 种范式之后，迎来了第 4 种研究范式——数据科学。

图灵奖获得者、著名数据库专家 Jim Gray 博士(2007 年)通过观察总结，认为人类在科学研究上先后经历了实验科学、理论科学、计算科学和数据科学 4 种范式(图 2-1)，具体如下。

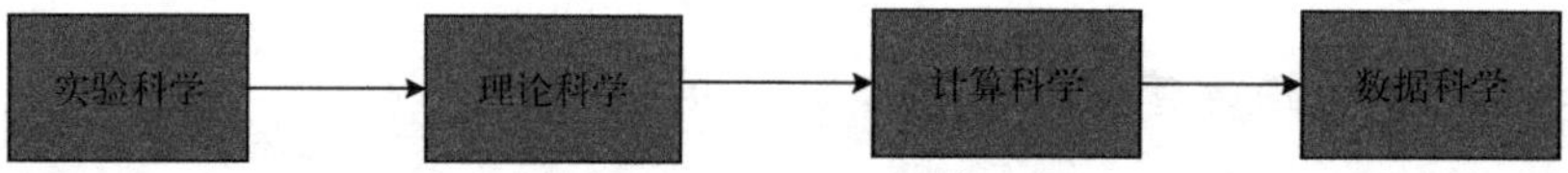

图 2-1　科学研究的 4 种范式

第一种范式：实验科学。

在早期的科学研究中，人类主要以记录和描述自然现象为主，后采用实验来解决一些科学问题。著名的比萨斜塔实验就是其中的实例，通过“两个铁球同时落地”的实验，伽利略得出了重量不同的两个物体同时下落的结论，推翻了亚里士多德“物体下落速度和重量成正比”的学说，纠正了这个延续 1800 年之久的错误结论。

第二种范式：理论科学。

实验科学的研究受到当时实验条件的限制，难以完成对自然现象的精确理解。随着科技的进步，人类开始采用数学、物理等理论构建问题模型来归纳总结现象，提出解决方案。交通工程基础中交通流理论的流量、速度和密度三参数关系，也是通过模型来归纳道路交通流的运行状态。

第三种范式：计算科学。

随着 20 世纪 40 年代第一台计算机的诞生，人类开始步入计算机时代，科学研究也进入了一个以计算为中心的新时期，计算科学主要是对复杂现象和各个科学问题进行模拟仿真，以及其他形式的计算。通过设计算法并编写相应程序输入计算机运行，人类得以借助计算机的高速运算能力去解决各种问题，如模拟核试验、交通仿真。计算机不仅可以做模拟仿真，还可以进行分析总结，得出结论。

第四种范式：数据科学。

随着数据的不断累积，其宝贵价值愈发得到体现，物联网、云计算的出现更是促成了事物发展从量变到质变，使人类社会开启了全新的大数据时代。在大数据环境下，数据科学是指基于海量数据的知识总结与发现，以数据为中心，从数据中发现问题、解决问题，体现数据的价值。大数据已成为科研的宝库，从数据中可以挖掘未知模式和有价值的信息，服务于生产和生活，推动科技创新和社会进步。

虽然第三种范式和第四种范式都是利用计算机来进行的，但两者还是有本质区别的。在计算科学中，一般是先提出可能的理论，再搜集数据，然后通过计算来验证，如传统的交通规划四阶段法；而对于数据科学，则是先有了大量已知的数据，通过计算处理、挖掘和分析得出之前未知的理论。

综上可知，自实验科学以来，从模型到数据，主要是理论科学、计算科学，其中模型是仿真的基础，都是基于假设提出模型，然后利用数据验证、标定模型；而从数据到模型(数据科学)则是从数据反映的客观实际出发，围绕数据建立相适应的模型。

陈国青教授等总结提出了大数据驱动范式，其框架如图 2-2 所示。大数据驱动范式具有“数据驱动+模型驱动”的“关联+因果”性质。具体说来，大数据驱动范式的框架可从三个角度来审视：外部嵌入、技术增强以及使能创新[6]。

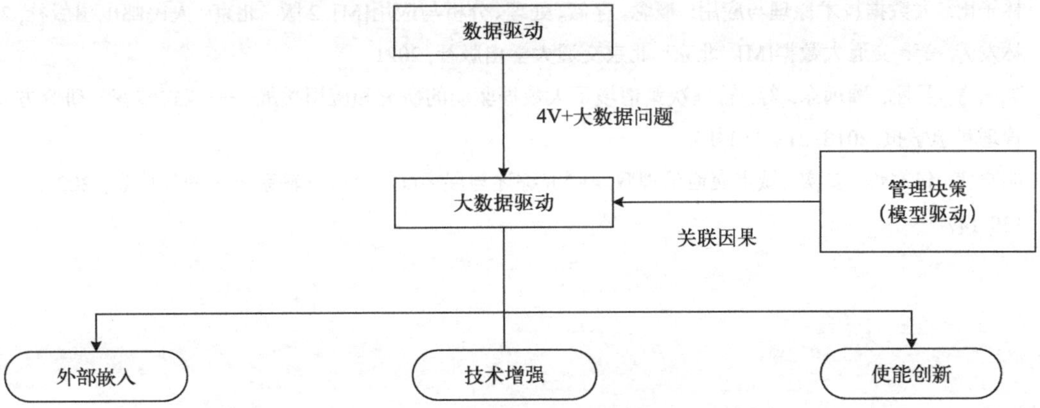

图 2-2　大数据驱动范式框架

2.4　交通大数据与小样本数据结合

在大数据技术广泛应用之前，管理者为了获得用户需求，需要人工获取一定样本的调查问卷，根据数据抽样方法分析需求。这就如同盲人摸象，很难全面掌握真实的需求，并且费时费力、效率低下。此外，对于用户需求的认识，很多时候需要对多维数据进行全面分析，单一维度的采样数据难以精确、及时反映需求变化。大数据的本征分析则是从大数据到小数据样本的过程，从中认识规律，最终实现炼石求金。

交通大数据与传统的交通调查数据之间的主要区别在于采集对象的覆盖范围。对于传统的交通调查数据，采集的是小数据样本，准确度较高，并且在统计学意义下其性质能够代表全部数据的性质。而对于交通大数据，采集的是占全部数据显著比例的样本数据，甚至全部数据，所以拥有较大的广度。将大数据的广度与小样本数据的准确度相结合，可以弥补大数据和小样本数据各自的不足，起到相互验证、结合分析的作用[3]。

交通大数据与小样本数据相结合的方法适用于同时采集大数据和小样本数据的情况，能够结合大数据和小样本数据分别提供的信息建立模型。

通过从行为经济学、社会学的角度研究治理主体的行为模式，将小数据的深度解析与大数据分析应用相结合，运用信息技术、大数据挖掘和社会仿真解析智慧信息下交通出行需求的演化机理[7]，从多方面评估交通治理政策的影响，充分发挥大数据在群体特征挖掘、小数据在个体特点刻画方面的优点。

参 考 文 献

[1] YUAN H T, LI G L. A survey of traffic prediction: from spatio-temporal data to intelligent transportation [J]. Data science and engineering, 2021, 6(1): 63-85.

[2] 陆化普, 孙智源, 屈闻聪. 大数据及其在城市智能交通系统中的应用综述[J]. 交通运输系统工程与信息, 2015, 15(5): 45-52.

[3] 陆化普, 等. 交通大数据分析与应用教程[M]. 北京: 人民交通出版社股份有限公司, 2020.

[4] 林子雨. 大数据技术原理与应用: 概念、存储、处理、分析与应用[M]. 2 版. 北京: 人民邮电出版社, 2017.

[5] 林友芳, 等. 交通大数据[M]. 北京: 北京交通大学出版社, 2021.

[6] 陈国青, 吴刚, 顾远东, 等. 管理决策情境下大数据驱动的研究和应用挑战——范式转变与研究方向[J]. 管理科学学报, 2018, 21(7): 1-10.

[7] 胡晓伟, 包家烁, 安实. 城市交通治理政策研究综述与展望[J]. 交通运输系统工程与信息, 2021, 21(5): 139-147.

第 3 章　交通大数据基础

数据是事实或观察的结果，是对客观事物的逻辑归纳，是用于表示客观事物的未经加工的原始素材。它不仅指狭义上的数字，还可以是具有一定意义的文字、字母、数字符号的组合以及图形、图像、视频、音频等，也是客观事物的属性、数量、位置及其相互关系的抽象表示。

而大数据是一个形象的概念，它表示数据规模的庞大。大数据与传统的海量数据、大规模数据等有区别，它需要满足四个特点：海量性、多样性、高速性和低价值密度性。而交通大数据更是与人们息息相关，例如，城市中所有居民的每一次出行，包括起讫点、出行方式等；高速公路收费站每天的交通量；公交线路乘客的上下车流量；社交网络数据、手机位置数据、视频数据等。通过对交通大数据的分析挖掘、处理预测，可以得到许多交通潜在的相关性，以便开展交通运输规划与管理、交通信息工程及控制，以及智能网联协同等工作，实现交通运输的高质量发展。

数字化信息技术的快速发展推动着数据收集方式由传统资源密集型手工数据收集转向大数据收集，数据来源和数据规模急剧膨胀。与此同时，以大数据为依托的数据分析与处理方法日益完善，已能够有效挖掘大数据中的潜在价值。在本章中，对大数据数理基础概念和统计基础进行概述。

3.1 矩 阵 基 础

3.1.1 矩阵的定义

广义上，数据具有许多表现形式——图表、文字概念、视频音频等。对于规则的批量数据，如 Excel 表、SQL 数据库，为了更方便数据的统计说明，通常采用矩阵(向量)的方式进行表示。在数学中，矩阵是一个按照长方阵列排列的复数或实数集合，最早来自方程组的系数及常数所构成的方阵，这一概念由 19 世纪英国数学家凯利首先提出。

由 $m \times n$ 个数排成的 m 行 n 列的数表称为 $m \times n$ 矩阵，记作

$$A=\begin{pmatrix} a_{11} & \cdots & a_{1n} \\ \vdots & & \vdots \\ a_{m1} & \cdots & a_{mn} \end{pmatrix} \tag{3-1}$$

特殊情况：①当 $m=n$ 时，A 可叫作 n 阶方阵；②假设 n 阶方阵对角线上的元素全为 1，其他元素均是 0，则这个矩阵叫作单位矩阵，用 E_n 表示。

设 A 是一个 n 阶方阵，若存在另一个 n 阶方阵 B，使得 $AB=BA=E_n$，则称方阵 A 可逆，并称方阵 B 是 A 的逆矩阵，写作 A^{-1}，则有 $(AB)^{-1}=B^{-1}A^{-1}$。

3.1.2　矩阵的运算

1. 矩阵的加减法

矩阵加减法只能在同型矩阵之间进行运算。

2. 矩阵的数乘

矩阵数乘满足交换律、分配律和结合律，形如：

$$a(bA)=b(aA)=(ab)A \tag{3-2}$$

$$(a+b)A=aA+bA \tag{3-3}$$

$$a(A+B)=aA+aB \tag{3-4}$$

矩阵的加减法和矩阵的数乘合称矩阵的线性运算。

3. 矩阵的转置

把矩阵 A 的行和列交换产生的矩阵叫作 A 的转置矩阵，写作 A^{T}，矩阵的转置满足以下性质：

$$(A^{\mathrm{T}})^{\mathrm{T}}=A \tag{3-5}$$

$$aA^{\mathrm{T}}=(aA)^{\mathrm{T}} \tag{3-6}$$

$$(AB)^{\mathrm{T}}=B^{\mathrm{T}}A^{\mathrm{T}} \tag{3-7}$$

$$(A+B)^{\mathrm{T}}=A^{\mathrm{T}}+B^{\mathrm{T}} \tag{3-8}$$

$$(A^{\mathrm{T}})^{-1}=(A^{-1})^{\mathrm{T}} \tag{3-9}$$

4. 矩阵的乘法

只有当一个矩阵 A 的列数等于另一个矩阵 B 的行数时，才能进行乘法运算，如果 A 是 $m\times n$ 矩阵，B 是 $m\times p$ 矩阵，则 C 是 $m\times p$ 矩阵，记 C=AB。其中

$$c_{ij}=\sum_{k=1}^{n}a_{ik}b_{kj} \tag{3-10}$$

矩阵乘法满足结合律、分配律，但不满足交换律。

5. 矩阵的行列式

只有方阵才有行列式，一个 n 阶方阵的行列式记为 $|A|$，等于其任意行或列的元素与对应的代数余子式乘积之和，即

$$|A|=\sum_{j=1}^{n}a_{ij}A_{ij} \tag{3-11}$$

6. 特征值和特征向量

若一个 n 阶方阵满足：

$$Av = \lambda v \tag{3-12}$$

则 λ 叫作 A 的特征值，v 叫作 A 的特征向量（v 必须非零）。

7. 矩阵的迹

n 阶方阵 A 的对角元素之和称为 A 的迹，记作 $\mathrm{tr}(A)$。

8. 矩阵的分解

矩阵分解是将一个矩阵分解为比较简单的或具有某种特性的若干矩阵的和或乘积，常用的分解方法有三角分解、谱分解、奇异值分解、满秩分解、LUP 分解。

9. 几种特殊的矩阵

(1) 若 A 是一个 n 阶方阵，且 A 的元素关于对角线对称，即 $A = A^{\mathrm{T}}$，则称 A 为 n 阶对称矩阵。

(2) 若 A 是一个 n 阶方阵，且 A 的所有非对角线上的元素均为 0，则称 A 为 n 阶对角矩阵。

(3) 若 n 阶方阵 A 和 B 满足有且仅有一个可逆 n 阶方阵 P，使得 $AP=PB$，则称 A 和 B 为相似矩阵。

(4) 若 A 是一个 n 阶方阵，且 A 与其转置矩阵乘积为单位矩阵，即 $A^{-1} = A^{\mathrm{T}}$，则称 A 为正交矩阵。

3.1.3 数据矩阵

用于存放 n 个样本的 p 个属性的矩阵 A 叫作数据矩阵，形式如下：

$$A = \begin{pmatrix} a_{11} & \cdots & a_{1p} \\ \vdots & & \vdots \\ a_{n1} & \cdots & a_{np} \end{pmatrix} \tag{3-13}$$

式中，a_{ij} 表示第 i 个样本的第 j 个属性值；矩阵中的 i 行向量 $(a_{i1}, a_{i2}, \cdots, a_{ip}), i \in [1, n]$ 表示了第 i 个样本的 p 个属性值；列向量 $(a_{1j}, a_{2j}, \cdots, a_{nj})'$ 表示了 j 个属性的值域。

存放 n 个对象两两之间的相近度的矩阵叫作相异度矩阵。相异度矩阵在大数据的存储、表示中也经常用到，在交通方面两点之间的距离矩阵就是相异度矩阵的一部分。

如图 3-1 所示，设一个包括 5 个地点的路网，可以使用如下代表距离的相异度矩阵来表示各点关系，其中 M 为一极大值，表示两点之间没有直接连边，可以发现该距离矩阵是一个对称矩阵。

$$D = \begin{pmatrix} 0 & M & M & 4 & 5 \\ M & 0 & 4 & M & 6 \\ M & 4 & 0 & 2 & M \\ 4 & M & 2 & 0 & M \\ 5 & 6 & M & M & 0 \end{pmatrix} \tag{3-14}$$

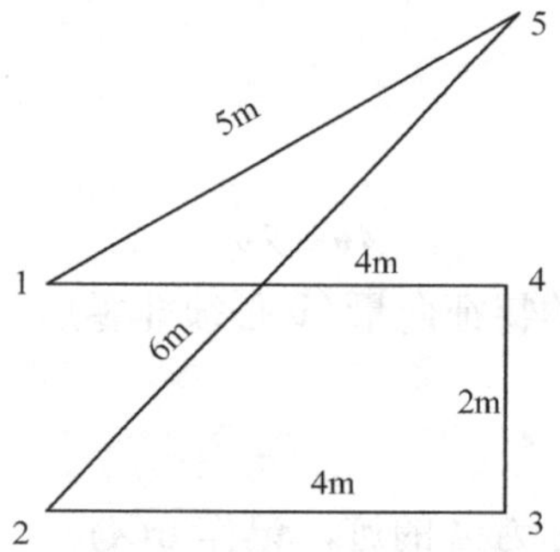

图 3-1　路网图

3.2　统 计 基 础

统计的概念是大数据处理分析的基础，通过计算数据的统计特征，一方面可直观反映数据特征，另一方面可为后续的分析预测等奠定基础。本节将从集中趋势描述、离散程度描述和数据的图形描述三个部分进行叙述。

3.2.1　集中趋势描述

在描述数据的方法中，对集中趋势的测量方法无疑是最重要的方法。在交通运输领域中有许多数据，但是因为各种偶然因素，这些数据看起来往往杂乱无章。然而，通过对这些数据进行整理和归纳，就可以发现其中的变化趋势，因此人们经常使用集中趋势分布来代表数据体现的状态特征等。常见的集中趋势描述指标有算术平均数(又称为均值)、几何平均数、中位数、众数[1]。

将一组样本数据求和，并除以样本的个数得到的结果叫算术平均数 $\overline{x}$ ，计算公式如下：

$$\overline{x}=\frac{1}{n}\sum_{i=1}^{n}x_i \tag{3-15}$$

式中，n 表示数据的个数；x_i 表示第 i 个数据的值。

但是算术平均数在应用过程中存在一些问题：当数据中有极大值或者极小值时，平均数会受到很大的影响，可能会失去代表性。假设存在 10 个停车场，其停车容量如表 3-1 所示，可以计算容量的算术平均数为 34，而 10 个停车场中有 9 个容量都小于 34 辆，因此 34 不具有代表性；如果不计第 10 个停车场，平均数为 24，可见代表性大大提高。

表 3-1　停车场停车容量

停车场	1	2	3	4	5	6	7	8	9	10
容量/辆	22	28	31	18	19	32	25	15	30	120

样本数据倒数平均数的倒数叫作调和平均数，计算公式如下：

$$\overline{x}_h=\frac{n}{\sum_{i=1}^{n}\frac{1}{x_i}} \tag{3-16}$$

n 个样本数据连乘的积的 $1/n$ 次方为该样本几何平均数，计算公式如下：

$$\bar{x}_g = (\prod x_i)^{1/n} \tag{3-17}$$

同样是这 10 个停车场，其停车容量的调和平均数和几何平均数分别为 25 和 28。

三种平均数的讨论如下。

(1) 调和平均数一般小于算术平均数，特别是数据中具有极小值时，调和平均数所受的影响要远大于算术平均数。

(2) 几何平均数主要用于各种比率的平均计算，尤其是计算动态比率的平均数。

(3) 当数据中有 0 时，调和平均数和几何平均数没有意义；当数据中有负数时，几何平均数没有意义。

所有数据中出现最多次数的数值叫作众数，一般用 M 表示。众数在某些场合具有不可替代的作用。众数不仅可以代表数值型变量的集中趋势，也可以代表非数值型变量的集中趋势，比如，汽车生产商关心哪种“型号”的汽车销售量最多；交通运营商关注“哪种交通方式”的交通量需求多，等等。众数只有在数据足够多，且具有明显的集中趋势时，才能体现得最好，否则不宜用众数代替集中趋势。

将数据按大小顺序进行排列，处于中间位置的数值叫作中位数，一般用 M_0 表示。若有 n 个数据进行大小排列，用 $x_{(i)}$ 表示第 i 个数据，则中位数为

$$M_0 = \begin{cases} x_{(1+n)/2}, & n\text{为偶数} \\ \dfrac{1}{2}(x_{n/2} + x_{n/2+1}), & n\text{为偶数} \end{cases} \tag{3-18}$$

中位数不受个别极端值的影响，表现出稳定的特性，比如，上述 10 个停车场的停车容量中位数为 26.5，比平均数能更好地反映整体特征。这一特点使中位数在数据分布具有较大的偏斜时，能够保持对数据一般水平的代表性，因此常被用来作为对平均数的补充。

3.2.2　离散程度描述

在数据描述中，离散程度也是经常使用的指标之一。它既可以说明集中趋势描述指标的代表性如何，还可以在统计推断时用来计算误差的大小。此外，离散程度描述指标还被用来说明事物在发展变化过程中的均衡性、节奏性和稳定性等问题。离散程度描述指标有许多种，下面介绍几种最常用的。

全距(又名极差)是指数据中最大值与最小值的差值，用 R 表示。若分别用 $x_{\min}$、$x_{\max}$ 表示数据中最小值和最大值，则 $R = x_{\max} - x_{\min}$。

各项数据与均值之差的绝对值之和的平均数叫平均差，用 MAD 表示，其公式为

$$\text{MAD} = \frac{1}{n}\sum_{i=1}^{n} |x_i - \bar{x}| \tag{3-19}$$

虽然平均差简单易懂，但因为使用了绝对值，不便于进一步计算，所以在实际应用中不如其他离散程度指标应用得广泛。

各项数据与均值之差的平方和的平均数叫作方差，用 σ^2 表示，计算公式为

$$\sigma^2 = \frac{1}{n}\sum_{i=1}^{n}(x_i - \overline{x})^2 \tag{3-20}$$

总体数据的方差用σ^2表示，但是收集数据时并不能将所有数据进行统计，因此常使用样本方差s^2，其计算公式为

$$s^2 = \frac{1}{n-1}\sum_{i=1}^{n}(x_i - \overline{x})^2 \tag{3-21}$$

样本方差的算术平方根叫作样本标准差，用s表示。

仍以 3.3.1 节中的 10 个停车场为例，计算其停车容量的各种离散程度指标分别为R=105，MAD=17.2，s^2=947.556，s^2=30.782。可以发现由于 10 号停车场的存在，数据离散程度较大。

样本标准差与均值的比值叫作离散系数，用V表示，计算公式为

$$V = \frac{s}{\overline{x}} \tag{3-22}$$

3.2.3　数据的图形描述

前面介绍了集中趋势和离散程度来描述数据，其指标都是数学公式，不利于更直观地了解数据。通过图形描述数据，可使复杂的数字通俗化、简单化与形象化，便于理解记忆和比较。将凡是用几何图形或具体形象等来表明现象数量特征和数量关系的图形统称为统计图。统计图的种类有很多，在实际使用中，要根据目的、对象和数据的性质选择适宜的图形。选择图形的准则是简洁、真实、准确。下面介绍几种常见的统计图。

(1) 散点图是用不同位置的点来描述数据的一种图形。它经常被用来研究两种变量之间的相关关系，是探索数据之间的关系形态及关联程度常用的一种图形。

(2) 条形图是用宽度相同的条形的高低或长短来表示数据变动特征的一种图形。条形图的种类有纵置式、横置式，有单条式也有复条式和分段式。条形图的宽度不表示数据大小，只要选择的宽度与高度成恰当的比例即可。

(3) 直方图也是用条形来描述数据的一种图形。它与条形图的区别是：绘制直方图所用的数据必须是定量数据，它的横坐标应该是连续的定量数据，而不能像条形图那样间隔排列。因此直方图的宽度是由数据决定的。

以某城市车速数据为例，绘制其数据直方，如图 3-2 所示。

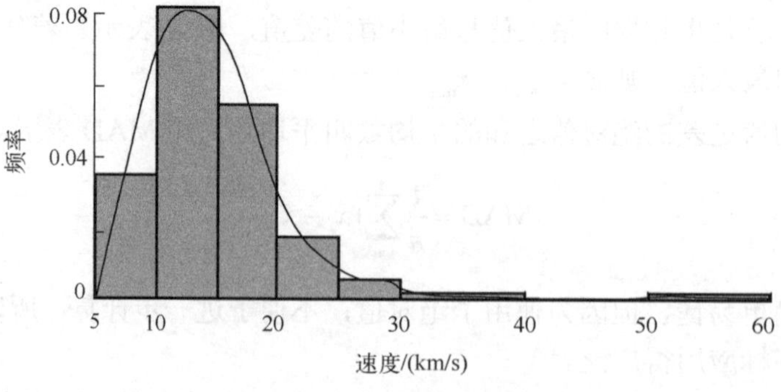

图 3-2　车速数据直方图

(4) 饼状图是以圆形面积、圆内扇形个数或圆内各扇形面积来描述数据的一种图形。

(5) 折线图是利用曲线的升降来说明数据变化趋势的一种图形，通常用来描述时序序列的特征。

以某市三条公交线路客流量为例，绘制折线图，如图 3-3 所示，明显发现各线路客流都在 07:00～08:00、12:00～14:00、16:00～18:00 出现峰值。

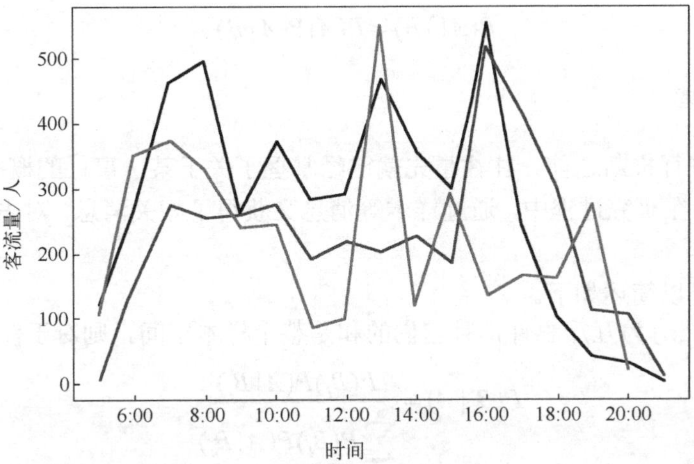

图 3-3　公交线路客流量折线图

除了上面叙述的几种常用的统计图之外，还有箱图、QQ 图、频数分布图等统计图，这里不进行过多的介绍。

3.3 概 率 分 布

3.3.1 基础概念

3.2 节介绍了描述数据的各种指标及其计算公式，这些指标既可以用来描述总体数据，也可以用来描述样本数据。在实际推断统计中，用样本数据特征去推断总体数据特征是个复杂的过程，为此需要知道推断统计的基础理论——概率知识。

在日常生活中，经常会遇到许多包含不确定结果的现象。例如，等公交车时，会等多长时间；随机到达一个交叉口时，会遇到绿灯还是红灯，等等。这些现象都具有两个特点：① 事先不能确定哪一个结果会发生；②各种结果在多次重复过程中体现出某种统计规律。这一类现象叫作不确定现象，或者随机现象。对于这些随机现象，虽然不能得知到底会产生哪种结果，但是总能通过一个数值来度量随机现象中各种结果出现的可能性大小，这个数值叫作概率。

1. 概率的运算

加法公式：计算事件 A 发生或 B 发生或者两者同时发生的概率，计算公式为

$$P(A\cup B)=P(A)+P(B)-P(A\cap B) \tag{3-23}$$

条件概率：设有两事件 A 与 B，在 B 已经发生的条件下，A 发生的概率为 A 的条件概率，用 $P(A|B)$ 表示，其计算公式为

$$P(A|B)=\frac{P(A\cap B)}{P(B)} \tag{3-24}$$

乘法公式：计算两事件同时发生的概率，可以借助条件概率求解，计算公式为

$$P(A\cap B)=P(A)P(A|B) \tag{3-25}$$

2. 贝叶斯定理

在运用概率进行推断之前，往往事先就已经掌握了关于某一事件的概率，这种初始的概率叫作先验概率。在研究过程中，通过样本等消息又获得了相关消息，对先验概率进行修正，得到后验概率。

贝叶斯定理可以简述如下。

设 $B_i(i\in 1,2,\cdots,n)$ 为互斥事件，且它们的和是整个样本空间，则对于任一事件 A，有

$$P(B_i|A)=\frac{P(B_i)P(A|B_i)}{\sum_{i=1}^{n}P(B_i)P(A|B_i)} \tag{3-26}$$

3.3.2　随机变量与概率分布

假设在某一试验中出现的现象是不确定的，称之为变量，用 X 表示。如果该事件是一个随机事件，则称变量 X 为随机变量。根据随机变量所代表的数值不同，随机变量分成两类：离散型随机变量和非离散型随机变量。

离散型随机变量是指取值是有限个或可列无限多个的随机变量。如，一天内某一段路的交通量；某站点到达的公交车上乘客的数量，等等。

连续型随机变量是指在某一段区间上可以取无限多个数值的随机变量。例如，一路段截面上相邻两辆汽车的时距；等待公交车的时间，等等。

1. 常见离散型概率分布

1) 二项分布

伯努利试验具有以下特征：①每次试验只有两个结果；②每次试验概率都是相同的；③每次试验是独立进行的，互不影响。如果进行 n 次重复的伯努利试验，则成功的次数是一个随机变量，其概率分布为二项分布，其概率分布函数表达式为 $P(X=k)=C_n^k p^k(1-p)^{n-k}$。

二项分布具有以下特征：①进行 n 次试验，有 n+1 种可能的结果；②二项分布的数学期望和方差分别为 $\mu=np$，$\sigma^2=np(1-p)$。

2) 泊松分布

泊松分布用来描述不经常发生的事件，比如，乘客在某公交站点上车或下车，其概率分布函数表达式为 $P(X=k)=\lambda^k \mathrm{e}^{-\lambda}/k!$，泊松分布的数学期望和方差均为 λ。

3) 超几何分布

在 n 次重复试验中，如果成功的概率 p 随着试验次数而改变，则成功次数这个随机变量就服从超几何分布，其概率分布函数表达式为

$$P(X=k)=C_r^k C_{N-r}^{n-k} / C_N^n$$

式中，N 为试验总体的数量；r 表示成功的数量；n 为试验次数；k 为在 n 次试验中成功的次数。

超几何分布的主要特征是：①试验只有两个结果；②总体的数量是有限并且已知的；③ 随机变量的数学期望和方差分别为 $\mu=np$，$\sigma^2=np(N-n)/(N-1)$。

2. 常见连续型概率分布

由于连续型随机变量的数值在某一区间内有无限多个，因此无法一一列举，只能通过函数来描述其概率分布，这个函数记为 $f(x)$，称为概率密度函数，它具有以下性质：①$f(x)\geqslant 0$；②$\int_{-\infty}^{+\infty} f(x)\mathrm{d}x=1$；③ $P(x_1\leqslant x\leqslant x_2)=\int_{x_1}^{x_2} f(x)\mathrm{d}x$。

图 3-4 中阴影部分面积就是随机变量在 $x_1 \sim x_2$ 所有取值的概率和。需要指出的是，对于连续型随机变量 X 来说，它取任一具体数值的概率均为 0，即 $P(X=x)=0$。

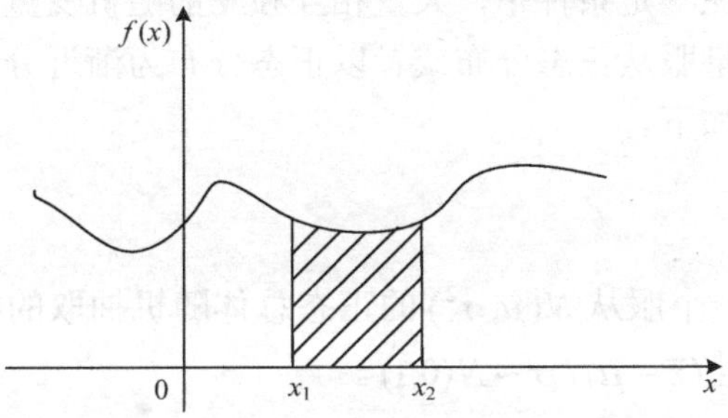

图 3-4　概率密度函数

下面将介绍一些常见的连续型概率分布。

1) 均匀分布

如果随机变量 X 服从均匀分布 $U(a,b)$，则其概率密度函数为

$$f(x)=\frac{1}{b-a},\quad a\leqslant x\leqslant b \tag{3-27}$$

均匀分布的期望方差分别为 $\mu=(a+b)/2$，$\sigma^2=(b-a)^2/12$。

2) 正态分布

正态分布是连续型随机变量概率分布中最重要的形式，若 X 服从 $N(\mu,\sigma^2)$，则其概率密度函数为

$$f(x)=\frac{\exp\left(-\frac{(x-\mu)^2}{2\sigma^2}\right)}{(2\pi)^{0.5}\sigma} \tag{3-28}$$

由于正态分布的概率密度函数直接计算比较困难，一般转换成标准正态分布来计算。若

X 服从 $N(\mu,\sigma^2)$，则 $(X-\mu)/\sigma \sim N(0,1)$。

3) 指数分布

指数分布是连续型随机变量的另一种概率分布，它主要应用在随机事件发生的时间间隔问题上，如等待公交车的时间、某路段上车头时距分布等。

如果随机变量 X 服从指数分布 $E(\lambda)$，则其概率密度函数为

$$f(x)=\lambda e^{-\lambda x} \tag{3-29}$$

指数分布具有以下特征：①随机变量 X 的取值范围为 0～+∞；②极大值在 x=0 处，即 $f(0)=\lambda$；③函数右偏，且随着 x 增大稳步递减；④指数分布的期望和方差分别为 $\mu=\lambda^{-1},\sigma^2=\lambda^{-2}$。

3.3.3 抽样分布

统计的目的就是通过样本数据的特征来推断总体数据的特征，在统计中描述总体数据特征的指标叫作总体参数，描述样本特征指标叫作样本统计量，例如，μ、σ^2 描述总体数据的平均值和方差，$\bar{x}$、s^2 描述样本数据的均值和方差。

中心极限定理阐述了在一定条件下，大量相互独立的随机变量之和的分布是以正态分布为极限的。许多样本统计量服从正态分布或者以正态分布为渐近分布。

几种常用的抽样分布如下。

1. 正态分布

若 $X_1,X_2,\cdots,X_n$ 是从一个服从 $N(\mu,\sigma^2)$ 的正态总体随机抽取的样本，则 $\bar{x}$ 也服从正态分布，记 $\bar{x}\sim N(\mu,\sigma^2/n)$，且 $(\bar{x}-\mu)/\sigma \sim N(0,1)$。

2. χ^2 分布

若 $X_1,X_2,\cdots,X_n$ 是从一个服从 $N(\mu,\sigma^2)$ 的正态总体随机抽取的样本，则 $(n-1)s^2/\sigma^2 \sim \chi^2(n-1)$。

3. t 分布

若 $X_1,X_2,\cdots,X_n$ 是从一个服从 $N(\mu,\sigma^2)$ 的正态总体随机抽取的样本，则 $\sqrt{n}(\bar{x}-\mu)/s \sim t(n-1)$。

4. F 分布

若 $X_1,X_2,\cdots,X_{n_1}$ 和 $Y_1,Y_2,\cdots,Y_{n_2}$ 是分别从服从 $N(\mu_1,\sigma_1^2)$ 和 $N(\mu_2,\sigma_2^2)$ 的正态总体随机抽取的样本，则 $s_1^2 s_2^{-2}\sigma_2^2\sigma_1^{-2} \sim F(n_1-1,n_2-2)$。

3.4 参数估计

在实际生活中，往往只能获取一部分数据，此时就需要通过参数估计来使用样本数据特

征表示总体数据特征。用θ表示描述总体数据特征的参数，则$\hat{\theta}$为其估计量。参数估计分为点估计和区间估计。

3.4.1　点估计

1．点估计方法

若$X_1,X_2,\cdots,X_n$是来自总体X的样本，其中X的分布特征中含有未知参数θ，点估计就是使用$X_1,X_2,\cdots,X_n$构成一个估计量$\hat{\theta}=\hat{\theta}(x_1,x_2,\cdots,x_n)$来估计$\theta$。常见的点估计方法有矩估计法、最大似然估计法、顺序统计量法和最小二乘法[2]，本部分只介绍矩估计法和最大似然估计法。

1）矩估计法

矩估计法是皮尔逊提出，在总体的k阶矩存在时，矩估计法就是利用样本k阶矩代替总体k阶矩。称$\mu_k=E(X^k)$和$\mu_k^*=E[X-E(X)]^k$为l_i,l_j的k阶原点矩和k阶中心矩，称M_k和M_k^*为样本的k阶原点矩和k阶中心矩。一般参数θ可以表示为k阶矩的函数：$\theta=\theta(\mu_1,\mu_2,\cdots,\mu_n)$或$\theta=\theta(\mu_1^*,\mu_2^*,\cdots,\mu_n^*)$。

由大数定律可知，当$n\to+\infty$时M_k和M_k^*收敛于μ_k和μ_k^*，因此参数θ的矩估计可表示为$\hat{\theta}=\hat{\theta}(M_1,M_2,\cdots,M_n)$或$\hat{\theta}=\hat{\theta}(M_1^*,M_2^*,\cdots,M_n^*)$。

2）最大似然估计法

最大似然估计是费歇尔提出，它具有很多优良性质，处理了一些没有k阶矩的情况。最大似然估计的原理是，在一次试验中，若某个结果发生，则认为试验条件对此结果的发生有利，即发生的概率最大。

设$f(x,\theta)$为X的概率密度函数，当样本$X_1,X_2,\cdots,X_n$给定时，令

$$L(\theta,X)=L(x_1,x_2,\cdots,x_n;\theta)=\prod_{i=1}^{n}f(x_i,\theta) \tag{3-30}$$

$L(\theta,X)$叫作似然函数，为方便计算，对L求对数。若$\ln(L)$对θ存在偏导，偏导为0时L取最大值，即

$$\frac{\partial\ln(L)}{\partial\theta}=0 \tag{3-31}$$

若$\hat{\theta}$为式(3-31)的解，则称$\hat{\theta}$为参数θ的最大似然估计。

2．点估计评估

1）无偏性

无偏性是指参数估计的期望等于未知参数，即$E(\hat{\theta})=\theta$。

估计的无偏性不具有变换的不变性。若$\hat{\theta}$为参数θ的无偏估计，当f为线性函数时，$f(\hat{\theta})$为$f(\theta)$无偏估计；当f为非线性函数时，一般不成立。同时，一个未知参数可能有多个无偏估计。

2）有效性

有效性是指对于未知参数的两个无偏估计，其中方差小的估计更有效。设$\hat{\theta}_1$和$\hat{\theta}_2$为参数

θ的无偏估计，若$D(\hat{\theta}_1) < D(\hat{\theta}_2)$，则$\hat{\theta}_1$更有效。

3）一致性

一致性是指随着样本数量的增加，估计量应该越来越接近未知参数，估计量的方差趋于 0。

3.4.2 区间估计

区间估计是给出未知参数的一个范围，对于未知参数θ，如果存在T_1和T_2有$P(T_1 \leqslant \theta \leqslant T_2) \geqslant 1-\alpha$，则称$[T_1, T_2]$为$\theta$置信度 1−$\alpha$的置信区间[3]。

1. 单正态总体均值和方差区间估计

若$X_1, X_2, \cdots, X_n$是来自服从$N(\mu, \sigma^2)$正态总体X的样本，当正态总体方差已知时，由3.3.3节可知$(\bar{x}-\mu)/\sigma \sim N(0,1)$，根据正态分布的性质可得总体均值置信度 1−$\alpha$的置信区间为

$$\left(\bar{x} - u_{0.5\alpha}\frac{\sigma}{\sqrt{n}}, \bar{x} + u_{0.5\alpha}\frac{\sigma}{\sqrt{n}}\right) \tag{3-32}$$

当正态总体方差未知时，已知$\sqrt{n}(\bar{x}-\mu)/s \sim t(n-1)$，因此总体均值置信度 1−$\alpha$的置信区间为

$$\left(\bar{x} - t_{0.5\alpha}\frac{s}{\sqrt{n}}, \bar{x} + t_{0.5\alpha}\frac{s}{\sqrt{n}}\right) \tag{3-33}$$

当正态总体方差未知时，由于$(n-1)s^2/\sigma^2 \sim \chi^2(n-1)$，总体方差置信度 1−$\alpha$的置信区间为

$$\left(\frac{(n-1)s^2}{\chi^2_{0.5\alpha}(n-1)}, \frac{(n-1)s^2}{\chi^2_{1-0.5\alpha}(n-1)}\right) \tag{3-34}$$

2. 两正态总体均值和方差区间估计

若$X_1, X_2, \cdots, X_{n_1}$和$Y_1, Y_2, \cdots, Y_{n_2}$为分别从服从$N(\mu_1, \sigma_1^2)$和$N(\mu_2, \sigma_2^2)$的正态总体随机抽取的样本，当$\sigma_1^2$和$\sigma_2^2$已知时，$\mu_1 - \mu_2$的置信区间为

$$\left(\bar{x} - \bar{y} - u_{0.5\alpha}\sqrt{\frac{\sigma_1^2}{n_1} + \frac{\sigma_2^2}{n_2}}, \bar{x} - \bar{y} + u_{0.5\alpha}\sqrt{\frac{\sigma_1^2}{n_1} + \frac{\sigma_2^2}{n_2}}\right) \tag{3-35}$$

当σ_1^2和σ_2^2未知但样本数充分大时（一般要求$n_1 > 30$，$n_2 > 30$），$\mu_1 - \mu_2$的置信区间为

$$\left(\bar{x} - \bar{y} - u_{0.5\alpha}\sqrt{\frac{s_1^2}{n_1} + \frac{s_2^2}{n_2}}, \bar{x} - \bar{y} + u_{0.5\alpha}\sqrt{\frac{s_1^2}{n_1} + \frac{s_2^2}{n_2}}\right) \tag{3-36}$$

当总体均值未知时，σ_1^2/σ_2^2的置信区间为

$$\left(\frac{s_1^2}{s_2^2}\frac{1}{F_{0.5\alpha}(n_1-1, n_2-1)}, \frac{s_1^2}{s_2^2}\frac{1}{F_{1-0.5\alpha}(n_1-1, n_2-1)}\right) \tag{3-37}$$

3.5　假设检验和模型评估

在交通大数据处理分析中，经常需要对比两组来源不同的数据特征的关系、判断模型预测值的精确程度等，先提出相应的假设然后进行检验。这时需要运用假设检验的知识，通过样本数据、模型预测值等与实际值的关系，构建对应分布，利用其数理特征来进行分析。

而模型评估则是通过直接计算模型预测值与实际值之间的特征，来反映模型的好坏。衡量模型泛化能力的标准叫作模型评估指标[4]。在对比不同模型的能力时，使用不同的模型评估指标往往会导致不同的评判结果。这意味着模型的好坏是相对的，什么样的模型是好的，不仅取决于算法和数据，还取决于任务需求。

本节将介绍几种常见的假设检验和模型评估指标。

3.5.1　常见的假设检验

1. 二项检验

假设检验是对模型算法错误率分布的某种判断或猜想，如 $\varepsilon=\varepsilon_0$。现实中不知道模型的错误率，只能获知其测试错误率 $\bar{\varepsilon}$，错误率与测试错误率未必相同，但直观上，二者接近的可能性应比较大。因此，可根据测试错误率推出错误率的分布。

错误率 ε 为模型算法在一个样本上犯错的概率；测试错误率 $\bar{\varepsilon}$ 的含义为：在 m 个测试样本中恰有 $m\bar{\varepsilon}$ 个犯错。假定测试样本是从总体中独立采样而得的，测试错误率为 $\bar{\varepsilon}$ 的概率可用下式计算：

$$P(\bar{\varepsilon},\varepsilon)=\binom{m}{m\bar{\varepsilon}}\varepsilon^{m\bar{\varepsilon}}(1-\varepsilon)^{m-m\bar{\varepsilon}} \tag{3-38}$$

根据式(3-37)，可知，$P(\bar{\varepsilon},\varepsilon)$ 在 $\varepsilon=\bar{\varepsilon}$ 时最大，这符合二项分布。借助二项检验的方法进行检验：置信度为 $1-\alpha$ 下，假使 $H_0:\varepsilon\leqslant\varepsilon_0;H_1:\varepsilon>\varepsilon_0$ 的拒绝域为

$$K_0:\sum_{i=m\varepsilon_0}^{m}\binom{m}{i}\varepsilon^{i}(1-\varepsilon)^{m-i}>\alpha \tag{3-39}$$

当满足拒绝域时，假设 $H_0:\varepsilon\leqslant\varepsilon_0$ 不能被接受；反之接受。

2. t 检验

在通常情况下，我们会做多次参数评估，这时就需要多次重复或交叉检验来测试。假定得到了 k 个测试错误率 $\bar{\varepsilon}_1,\bar{\varepsilon}_2,\cdots,\bar{\varepsilon}_k$，则平均测试错误率和方差分别为 $\bar{\varepsilon}=k^{-1}\sum_{i=1}^{k}\bar{\varepsilon}_i$，$s^2=(k-1)^{-1}\sum_{i=1}^{k}(\bar{\varepsilon}_i-\bar{\varepsilon})^2$，则变量

$$\tau_t=\frac{\bar{\varepsilon}-\varepsilon_0}{s}\sqrt{k}\sim t(k-1) \tag{3-40}$$

在进行 t 检验时，原假设的形式有双侧假设和左侧假设、右侧假设三种。

3. 交叉 t 检验

对于两个模型算法，若使用交叉验证法得到的测试错误率分别为 $\varepsilon_1^A,\varepsilon_2^A,\cdots,\varepsilon_k^A$ 和 $\varepsilon_1^B,\varepsilon_2^B,\cdots,\varepsilon_k^B$，其中 ε_i^A 和 ε_i^B 是在第 i 个测试集上得到的结果，则可用交叉 t 验证来进行比较检验。

这里的基本思想是两个模型算法的性能相同，则它们使用相同的训练集得到的测试错误率应相同，即 $\varepsilon_i^A=\varepsilon_i^B$。首先计算每对结果的差值 $\Delta_i=\varepsilon_i^A-\varepsilon_i^B$，若性能相同，差值应该为 0；因此可根据差值 $\Delta_1,\Delta_2,\cdots,\Delta_k$，计算出差值的均值 $\overline{\Delta}$ 和标准差 s_Δ，构建变量 $\tau_t=\overline{\Delta}/s_\Delta\sim t(k-1)$，然后进行 t 检验。

3.5.2 常见的模型评估指标

1. 均方误差

在回归任务中，最常用的评估回归预测模型的指标是均方误差。给定样本集 $D=\{(x_1,y_1),(x_2,y_2),\cdots,(x_n,y_n)\}$，其中 y_i 是 x_i 的对应值，f_i 为模型输出值，均方差的计算公式为

$$E(f;D)=\frac{1}{n}\sum_{i=1}^{n}(f_i-y_i)^2 \tag{3-41}$$

2. 错误率与精度

错误率和精度是分类模型中最常用的两种评估指标，适用于二分类以及多分类模型。对于样本集 D，错误率的计算公式为

$$E(f;D)=\frac{1}{m}\sum_{i=1}^{m}\mathbb{I}(f_i\neq y_i) \tag{3-42}$$

精度的计算公式为

$$\mathrm{acc}(f;D)=\frac{1}{m}\sum_{i=1}^{m}\mathbb{I}(f_i=y_i)=1-E(f;D) \tag{3-43}$$

对于一般的样例集 D 和概率密度函数 $p(x)$，错误率和精度可以分别描述为

$$E(f;D)=\int\mathbb{I}(f_i\neq y_i)\,p(x)\,\mathrm{d}x \tag{3-44}$$

$$\mathrm{acc}(f;D)=\int\mathbb{I}(f_i=y_i)\,p(x)\,\mathrm{d}x=1-E(f;D) \tag{3-45}$$

3. 查准率、查全率与 F_1

错误率和精度虽然常用，但是并不能满足所有任务需求。在进行正反分类的时候，通常还会关心模型是否将所有正类选择，以及正类被选中的比例，这个时候就需要其他的性能度量[5]。

对于一个二分类模型，其各种结果如表 3-2 所示，可以分为四种结果，则查准率 P 与查全率 R 计算公式分别为

$$P=\frac{\mathrm{TP}}{\mathrm{TP}+\mathrm{FP}} \tag{3-46}$$

$$R=\frac{\mathrm{TP}}{\mathrm{TP}+\mathrm{FN}} \tag{3-47}$$

表 3-2　二分类结果

真实情况	预测结果	
	正例	反例
正例	TP	FN
反例	FP	TN

在实际场景中，查准率和查全率是一对矛盾的度量。往往两者不会同时偏高，需尽可能找到两者之间的平衡。面对于一对带有矛盾的性能度量——查准率和查全率，一般不会单独地考虑某个性能度量，而是综合考虑两者，最常用的是 F_1，其计算公式为

$$F_1=\frac{2RP}{P+R} \tag{3-48}$$

在一些实际应用中，对查全率和查准率的重视程度有所不同，F_1 的一般形式 F_β 为

$$F_\beta=\frac{(1+\beta^2)PR}{\beta^2 P+R} \tag{3-49}$$

式中，$\beta>0$，度量了查准率和查全率的相对重要性。$\beta>1$ 时查全率更重要；$\beta=1$ 时查全率和查准率一样重要；$\beta<1$ 时查准率更重要。

4. ROC 和 AUC

很多模型是为测试样本产生一个预测值，然后将这个预测值与一个分类阈值进行比较，如果大于阈值则为正例，否则为反例。实际上，根据这个实际值或者预测概率，将测试样本进行排序，“最可能”的是正例排在最前面，“最不可能”的是其排在最后面。这样,分类过程就相当于在这个排序中以某个截断点将样本分为两部分,前一部分判为正例,后一部分则判为反例。在不同的应用任务中，可以根据实际需求来采用不同的截断点，如果更加重视查准率，则可以选择排序中靠前的位置进行截断；如果更加重视查全率，则可以选择靠后的位置进行截断。ROC 曲线[6]则是从这个角度出发用来研究模型泛化能力的有力工具。

根据模型的预测结果对样本进行排序，按此排序逐个把样本作为正例进行预测，每次计算出真正例率(TPR)和假正例率(FPR)，分别作为纵轴和横轴，得到的曲线就叫作 ROC 曲线，而 ROC 曲线与横轴围成的面积就是 AUC。

$$\mathrm{TPR}=\frac{\mathrm{TP}}{\mathrm{TP}+\mathrm{FN}} \tag{3-50}$$

$$\mathrm{FPR}=\frac{\mathrm{FP}}{\mathrm{TN}+\mathrm{FP}} \tag{3-51}$$

现实的任务中通常是利用有限个测试样本来绘制 ROC 曲线的，因此只能产生有限个坐

标对，即无法形成光滑的曲线。在绘制出 ROC 曲线进行比较时，与 *P-R* 曲线类似，如果一个模型的 ROC 曲线包络了另一个模型的 ROC 曲线，则说明该模型性能好；当两个 ROC 曲线相交时，比较 AUC，AUC 越大，模型性能越好。

参 考 文 献

[1] 朱洪文. 应用统计[M]. 北京: 高等教育出版社, 2004.
[2] 周志华. 机器学习[M]. 北京: 清华大学出版社, 2016.
[3] 马晓磊. 交通数据科学理论与方法[M]. 北京: 人民交通出版社股份有限公司, 2022.
[4] 文海玉, 周永春. 数理统计[M]. 哈尔滨: 哈尔滨工业大学出版社, 2018.
[5] 林培群. 交通大数据处理与分析[M]. 北京: 人民交通出版社股份有限公司, 2022.
[6] 张金雷, 杨立兴, 高自友. 深度学习与交通大数据实战[M]. 北京: 清华大学出版社, 2022.

第4章　交通大数据分析方法

4.1　回 归 分 析

4.1.1　基本概念及分类

回归分析(Regression Analysis)是研究变量之间作用关系的一种统计分析方法，其基本组成是一个(或一组)自变量与一个(或一组)因变量。回归分析研究的目的是通过收集到的样本数据用一定的统计方法探讨自变量对因变量的影响程度，即原因对结果的影响程度。回归分析是指对具有高度相关关系的现象，根据其相关的形态，建立一个适当的数学模型(函数式)，来近似地反映变量之间的关系的统计分析方法。利用这种方法建立的数学模型称为回归方程，它实际上是相关现象之间不确定、不规则的数量关系的一般化。

回归分析的种类可以按照如下方式进行划分。

(1)按涉及自变量的多少，可分为一元回归分析和多元回归分析。一元回归分析是对一个因变量和一个自变量建立回归方程。多元回归分析是对一个因变量和两个或两个以上的自变量建立回归方程。

(2)按回归方程的表现形式不同，可分为线性回归分析和非线性回归分析。若变量之间是线性相关关系，可通过建立直线方程来反映，则称为线性回归分析；若变量之间是非线性相关关系，可通过建立非线性回归方程来反映，则称为非线性回归分析。

回归分析研究内容如下。

(1)建立相关关系的数学表达式。依据现象之间的相关形态，建立适当的数学模型，通过数学模型来反映现象之间的相关关系，从数量上近似地反映变量之间变动的一般规律。

(2)依据回归方程进行回归预测。由于回归方程反映了变量之间的一般性关系，因此当自变量发生变化时，可依据回归方程估计出可能发生相应变化的因变量数值。因变量的回归估计值虽然不是一个必然的对应值，但至少可以从一般性角度或平均意义角度反映因变量可能发生的数值变化。

(3)计算估计标准误差。通过估计标准误差这一指标，可以分析回归估计值与实际值之间的差异程度以及估计值的准确性和代表性，还可对回归估计值进行在一定把握程度条件下的区间估计。

4.1.2　线性回归

给定数据集$D=\{(x_1,y_1),(x_2,y_2),\cdots,(x_m,y_m)\}$，其中$x_i=(x_{i1},x_{i2},\cdots,x_{id})$。线性回归试图学得一个线性模型以尽可能准确地预测实值输出标记[1]。

线性模型形式简单、易于建模，但蕴含着机器学习中一些重要的基本思想。许多功能更为强大的非线性模型(Nonlinear Model)可在线性模型的基础上通过引入层级结构或高维映射而得。

1. 一元线性回归分析

任何一种数学模型的运用都是有前提条件的，建立一元线性回归方程应具备以下两个条件。

(1) 两个变量之间必须存在高度相关的关系。

只有两个变量之间存在着高度相关的关系，回归方程才有实际意义。

(2) 两个变量之间确实呈现直线相关关系。

两个变量之间只有存在直线相关关系，才能配合直线回归方程。

建立一元线性回归方程的方法如下。

一元线性回归方程是用于分析因变量与自变量间线性关系的数学表达式，一般形式为

$$y_c = a + bx \tag{4-1}$$

式中，x 代表自变量；y_c 代表因变量 y 的回归估计值；a、b 为回归方程参数。其中，a 是直线在 y 轴上的截距，它表示当自变量 $x = 0$ 时，因变量所达到的数值；b 是直线的斜率，在回归方程中亦称为回归系数，它表示当自变量 x 每变动一个单位时，因变量 y 平均变动的数值。

一元线性回归方程应根据最小二乘法原理建立，因为只有用最小二乘法原理建立的回归方程才可以同时满足两个条件：

(1) 因变量的实际值与回归估计值的离差之和为零。

(2) 因变量的实际值与回归估计值的离差平方和为最小值。

只有满足这两个条件，建立的直线方程的误差才能最小，其代表性才能最强。

现在令要建立的一元线性回归方程的标准形式为 $y = a + bx$，依据最小二乘法原理，因变量实际值 y 与估计值 y_c 的离差平方和为最小值，即 $Q = \sum(y - y_c)^2$ 取得最小值。为使 $Q = \sum(y - y_c)^2$ 最小，根据微积分中求极值的原理，需分别对 a、b 求偏导，并令其为 0，经过整理，可得到如下方程组：

$$\begin{cases} \sum y = an + b\sum x \\ \sum xy = a\sum x + b\sum x^2 \end{cases} \tag{4-2}$$

解此方程组，可求得 a、b 两个参数。

1) 计算估计标准误差

回归方程只反映变量 x 和 y 之间大致的、平均的变化关系。因此，对每一个给定的 x 值，回归方程的估计值 y_c 与因变量的实际值 y 之间总会有一定的差。估计标准误差是因变量实际值 y 与估计值 y_c 离差平方和的平均数的平方根，它反映因变量实际值 y 与回归直线上各相应估计值 y_c 之间离散程度的统计分析指标。

2) 残差分析

残差是指观测值与预测值(拟合值)之间的差，即是实际值与回归估计值的差。

在研究两个变量间的关系时：

(1) 要根据散点图来粗略判断它们是否线性相关。

(2) 判断是否可以用回归模型来拟合数据。

(3) 可以通过残差来判断模型拟合的效果，判断原始数据中是否存在可疑数据，这方面的分析工作就称为残差分析。

2. 多元线性回归分析

在一元线性回归分析中，因变量 y 只受某一个因素的影响，即只由一个自变量 x 来估计。但对于复杂的自然界中的问题，影响因素往往很多，在这种情况下，因变量 y 要用多个自变量同时进行估计。描述因变量与两个或两个以上自变量之间的数量关系的回归分析法称为多元线性回归分析。

多元线性回归方程的一般表达式为

$$y_c = a + b_1x_1 + b_2x_2 + \cdots + b_nx_n \tag{4-3}$$

为便于分析，当自变量较多时，可选用两个主要的自变量 x_1 和 x_2。其线性回归方程标准式为

$$y_c = a + b_1x_1 + b_2x_2x_n \tag{4-4}$$

式中，y_c 为二元回归估计值；a 为常数项；b_1 和 b_2 分别为 y 对 x_1 和 x_2 的回归系数，b_1 表示当自变量 x_2 一定时，由于自变量 x_1 变化一个单位而使 y 平均变动的数值，b_2 表示当自变量 x_1 一定时，由于自变量 x_2 变化一个单位而使 y 平均变动的数值，因此，b_1 和 b_2 称为偏回归系数。

要建立二元线性回归方程，关键问题是求出参数 a、b_1 和 b_2 的值，求解方法仍用最小二乘法，即分别对 a、b_1 和 b_2 求偏导，并令函数的一阶导数等于零，可得如下方程组：

$$\begin{cases} na + b_1\sum x_1 + b_2\sum x_2 = \sum yx_n \\ a\sum x_1 + b_1\sum x_1^{\,2} + b_2\sum x_1x_2 = \sum x_1yx_n \\ a\sum x_2 + b_1\sum x_1x_2 + b_2\sum x_2^{\,2} = \sum x_2yx_n \end{cases} \tag{4-5}$$

求解出参数值可以得到回归方程。

4.1.3 交通领域常用回归分析法

1. Logistic 回归分析

Logistic 回归分析是一种广义的线性回归分析模型，常用于数据挖掘、疾病自动诊断、经济预测等领域。Logistic 回归是一种广义线性回归模型（Generalized Linear Model），因此与多重线性回归分析有很多相同之处。它们的模型形式基本上相同，区别在于它们的因变量不同，多重线性回归直接将 $a+bx$ 作为因变量，即 $y=a+bx$，而 Logistic 回归则通过函数 L 将 $a+bx$ 对应一个隐状态 p，$p=L(a+bx)$，然后根据 p 与 $1-p$ 的大小决定因变量的值。如果 L 是 Logistic 函数，就是 Logistic 回归，如果 L 是多项式函数，就是多项式回归。

Logistic 回归的因变量可以是二分类的，也可以是多分类的，但是二分类的更为常用，也更加容易解释，多分类可以使用 softmax 方法进行处理。

Logistic 回归模型的适用条件如下。

(1) 因变量为二分类变量或某事件的发生率，并且是数值型变量。但是需要注意，重复计数现象指标不适用于 Logistic 回归。

(2) 残差和因变量都要服从二项分布。二项分布对应的是分类变量，所以不是正态分布，进而不是用最小二乘法，而是最大似然估计法来解决方程估计和检验问题。

(3) 自变量和 Logistic 概率是线性关系。

(4) 各观测对象间相互独立。

原理：如果直接将线性回归的模型扣到 Logistic 回归中，会造成方程两边取值范围不同和普遍的非直线关系。因为 Logistic 回归中因变量为二分类变量，某个概率作为方程的因变量的回归估计值，取值范围为 0～1，但是，方程右边取值范围是无穷大或者无穷小，所以，才引入 Logistic 回归。

Logistic 回归实质：发生概率除以未发生概率再取对数。就是这个不太烦琐的变换改变了取值范围的矛盾和因变量与自变量间的曲线关系。究其原因，是发生的概率和未发生的概率成为比值，这个比值就是一个缓冲，将取值范围扩大，再进行对数变换，整个因变量改变。不仅如此，这种变换往往使得因变量和自变量之间呈线性关系，这是根据大量实践而总结的。因此，Logistic 回归从根本上解决了因变量如果不是连续变量怎么办的问题。另外，Logistic 应用广泛的原因是许多现实问题跟它的模型吻合。

2. 偏最小二乘回归

偏最小二乘回归 (Partial Least Squares Regression) 是一种统计学方法，与主成分回归有关系，但不是寻找因变量和自变量之间最大方差的超平面，而是通过投影将预测变量和观测变量分别投影到一个新空间，来寻找一个线性回归模型。因为数据 X 和 Y 都会投影到新空间，PLS 系列的方法都称为双线性因子模型。

偏最小二乘 (PLS) 用于查找两个矩阵 (X 和 Y) 的基本关系，即一个在这两个空间对协方差结构建模的隐变量方法。偏最小二乘模型试图找到 X 空间的多维方向来解释 Y 空间方差最大的多维方向。偏最小二乘回归特别适用于当预测矩阵比观测矩阵有更多变量，以及 X 的值中有多重共线性的时候。相比之下，标准的回归在这些情况下不见效。

偏最小二乘算法被用在偏最小二乘路径建模中，一个建立隐变量 (原因不能没有实验和拟实验来确定，但一个典型的模型会基于之前理论假设 (隐变量影响衡量指标的表现) 的隐变量模型) 这种算法是结构方程模型的一种形式，与经典算法不同的是其基于组件而不是基于协方差。

偏最小二乘的一般多元底层模型是

$$X = TP^{\mathrm{T}} + E \tag{4-6}$$

$$Y = UQ^{\mathrm{T}} + F \tag{4-7}$$

式中，X 是一个 $n \times m$ 的预测矩阵，Y 是一个 $n \times p$ 的响应矩阵；T 和 U 是 $n \times l$ 的矩阵，分别为 X 的投影和 Y 的投影；P 和 Q 分别是 $m \times l$ 和 $p \times l$ 的正交载荷矩阵；矩阵 E 和 F 是误差项，服从独立同分布的正态分布随机变量。对 X 和 Y 进行分解来最大化 T 和 U 之间的协方差。

偏最小二乘的许多变量是为了估计因子矩阵 T，U 和载荷矩阵，P、Q。它们中大多数构

造了 X 和 Y 之间线性回归的估计 $Y = XB + B_0$。一些偏最小二乘算法只适用于 Y 是一个列向量的情况，而其他的算法则可以用于处理 Y 是一个矩阵的一般情况。算法也根据它们是否估计因子矩阵 T 为一个正交矩阵而不同。在所有不同最小二乘算法中最后的预测都是一样的，但组件是不同的。

4.2　频繁模式挖掘

频繁模式[2](Frequent Pattern)是频繁地出现在数据集中的模式(如项集、子序列或子结构)。例如，频繁地同时出现在交易数据集中的商品(如牛奶和面包)的集合是频繁项集。对于一个子序列，如首先购买笔记本电脑，然后是数码相机，最后是内存卡，如果它频繁地出现在购物历史数据库中，则称它为一个(频繁的)序列模式。一个子结构可能涉及不同的结构形式，如子图、子树或子格，它可能与项集或子序列结合在一起。如果一个子结构频繁地出现，则称它为(频繁的)结构模式。对于挖掘数据之间的关联、相关性和许多其他有趣的联系，发现这种频繁模式起着至关重要的作用。此外，它对数据分类、聚类和其他数据挖掘任务也有帮助。因此，频繁模式挖掘成为数据挖掘领域的重要任务及研究关注的主题。

4.2.1　方法基础

设 $I = \{I_1, I_2, \cdots, I_m\}$ 是项的集合。设任务相关的数据 D 是数据库事务的集合，其中每个事务 T 是一个非空项集，使得 $T \subseteq I$，每一个事务都有一个标识符，称为 TID。设 A 是一个项集，事务 T 包含 A，当且仅当 $A \subseteq T$，关联规则是形如 $A \Rightarrow B$ 的蕴含式，其中 $A \subset I$，$B \subset I$，$A \neq \varnothing$，$B \neq \varnothing$，并且 $A \cup B = \varnothing$，则 $A \Rightarrow B$ 在事务集 D 中成立，其有支持度 s，s 是 D 中包含 $A \cup B$ 的事务的百分比。它是概率 $P(A \cup B)$。规则 $A \Rightarrow B$ 在事务集 D 中具有置信度 c，其中 c 是 D 中包含 A 的同时也包含 B 的事务的百分比。这是条件概率 $P(B \mid A)$，即

$$\text{support}(A \Rightarrow B) = P(A \cup B) \tag{4-8}$$

$$\text{confidence}(A \Rightarrow B) = P(B \mid A) \tag{4-9}$$

同时满足最小支持度(min_sup)和最小置信度(min_conf)的规则称为强规则。为方便计算，用 0%～100%的值表示支持度和置信度。

项的集合称为项集。包含 k 个项的项集称为 k 项集。项集的出现频度是包含项集的事务数，简称项集的频度、支持度计数或计数。项集支持度有时称为相对支持度，而出现频度称为绝对支持度。如果项集 I 的相对支持度满足预定义的最小支持度，则 I 是频繁项集。

$$\text{confidence}(A \Rightarrow B) = P(B \mid A) = \frac{\text{support}(A \cup B)}{\text{support}(A)} = \frac{\text{support}\_(A \cup B)}{\text{support}\_(A)} \tag{4-10}$$

式(4-10)表明规则 $A \Rightarrow B$ 的置信度容易从 A 和 $A \cup B$ 的支持度计数推出。也就是说，一旦得到 A、B 和 $A \cup B$ 的支持度计数，则导出对应的关联规则 $A \Rightarrow B$ 和 $B \Rightarrow A$，并检查它们是否是强规则是直截了当的。因此，挖掘关联规则的问题可以归结为挖掘频繁项集。

一般而言，关联规则的挖掘是一个两步的过程。

(1) 找出所有的频繁项集：这些项集中的每一个频繁出现的次数至少与预定义的最小支持度阈值 min_mp 一样。

(2) 由频繁项集产生强关联规则：这些规必须满足最小支持度和最小置信度。

项集 X 在数据集 D 中是闭的(Closed)，如果不存在真超项集使得 Y 与 X 在 D 中具相同的支持度计数。项集 X 是数据集 D 中的闭频繁项集(Closed Frequent Itemset)，如果 X 在 D 中是闭的和频繁的。项集 X 是 D 中的极大频繁项集(Maximal Frequent Itemset)或极大项集(Max-Itemset)，如果 X 是频繁的，并且不存在超项集 Y 使得 $X \subset Y$ 且 Y 在 D 中是频繁的。

4.2.2　频繁模式挖掘代表算法 Apriori

Apriori 算法为布尔关联规挖掘频繁项集的原创性算法。算法的名字基于这样的事实：算法使用频繁项集性质的先验知识。Apriori 算法使用一种称为逐层搜索的迭代方法，其中 k 项集用于探索 k+1 项集。首先，通过扫描数据，累计每个项的计数，并收集满足最小支持度的项，找出频繁 1 项集的集合。该集合记为 L_1。然后，使用 L_1 找出频繁 2 项集的集合 L_2，使用 L_2 找出 L_3，如此下去，直到不能再找到频繁 k 项集的集合。找出每个 L_k 需要对一次数据库的完整扫描。为了提高频繁项集逐层产生的效率，将一种称为先验性质(Apriori Property)的重要性质用于压缩搜索空间。

先验性质：频繁项集的所有非空子集也一定是频繁的。

先验性质基于如下观察。根据频繁项集的定义，如果项集 I 不满足最小支持度 min_sup，则 I 不是频繁的，即 $P(I) <$ min_sup。如果把项集 A 添加到项集 I 中，则结果项集不可能比 I 更频繁出现。因此，$I \cup A$ 也不是频繁的，即 $P(I \cup A)$ (超集)< min_sup。该性质属于一类特殊的性质，称为反单调性，意指如果一个集合不能通过测试，则它的所有超集也都不能通过相同的测试。

Apriori 算法的一般过程如下。

(1) 收集数据：使用任意方法。

(2) 准备数据：任何数据类型都可以，因为只保存集合。

(3) 分析数据：使用任意方法。

(4) 训练算法：使用 Apriori 算法来找到频繁项集。

(5) 测试算法：不需要测试过程。

(6) 使用算法：用于发现频繁项集以及物品之间的关联规则。

为了减少所需的计算时间，研究人员发现一种 Apriori 原理。Apriori 原理可以帮助减少可能感兴趣的项集。Apriori 原理是指如果某个项集是频繁的，那么它的所有子集也是频繁的。Apriori 算法如表 4-1 所示。

表 4-1　Apriori 算法

输入：	目标数据集 D； 最小支持度 min_sup
过程：	
1	L_1 = find_frequent_1_itemsets(D)；
2	for (k = 2；$L_{k-1} \neq \varnothing$ ；k++) {//产生候选，并剪枝搜索
3	C_k = aproiri_gen(L_{k-1}, min_sup)
4	for each 事务 $t \in D$ {//扫描 D 进行候选计数

续表

C_t = subset (C_k, t) //获得 t 的子集
for each 候选 $c \in C_t$
c. count ++ ; //支持度计数
}
$L_k = \{c \in C_k \mid c.\text{count} \geqslant \text{min\_sup}\}$ //返回候选项集中不小于最小支持度的项集
}
return $L = \bigcup_k L_k$; //全部的频繁项集
Procedure apriori_gen (L_{k-1}: frequent (k–1) itemset; min_sup: support)
for each 项集 $l_1 \in L_{k-1}$
for each 项集 $l_2 \in L_{k-1}$
if ($l_1[1] = l_2[1]) \wedge \cdots \wedge (l_1[k-2] = l_2[k-2]) \wedge (l_1[k-1] < l_2[k-1])$ then{
$c = l_1 \bowtie l_2$; //链接步：链接步产生候选
if has_infrequent_subset (c, L_{k-1}) then
delete c; //剪枝步：删除非频繁候选
else add c to C_k;
}
return C_k;
Procedure has_infrequent_subset (c: candidate k itemset; L_{k-1}: frequent (k–1) itemset) //使用先验知识
for each (k–1) subset s of c
if $s \notin L_{k-1}$ then
return TRUE;
return FALSE;
输出：　L、D 中的频繁项集

4.3 决策树

决策树(Decision Tree)是一类常见的机器学习方法。决策树是基于树结构来进行决策的，这恰恰是人类在面临决策问题时一种很自然的处理机制。分类决策树模型是一种描述对实例进行分类的树形结构。决策树由 3 个主要部分组成，分别为根节点、分支和叶子节点，如图 4-1 所示。其中决策树最顶部的根节点是决策节点。每一个分支都有一个新的决策节点。决策节点下面是叶子节点。每个决策节点表示一个待分类的实例类别或属性，每个叶子节点表示一种结果。整个决策的过程从根决策节点开始，从上到下进行。根据实例的分类在每个决策节点给出不同的结果。

通过把实例从根节点排列到某个叶子节点来分类实例，叶子节点为实例所属的分类，决策树上每个节点都说明了对实例的某个属性的测试，节点的每个后继分支对应于该属性的一个可能值。

决策树的种类可以分为两种：

分类树——对离散变量做决策树。

回归树——对连续变量做决策树。

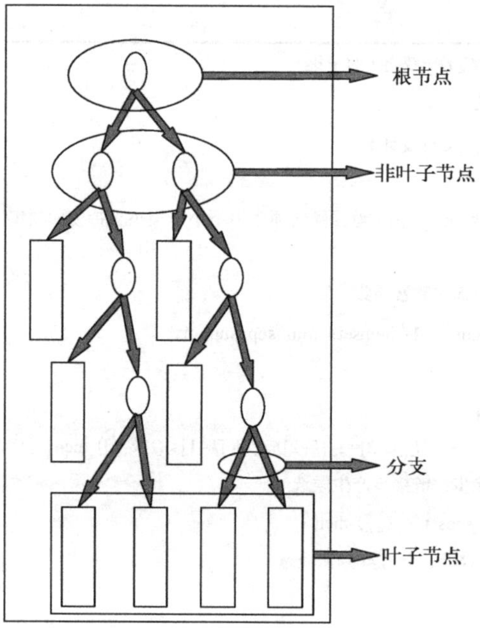

图 4-1　决策树结构

4.3.1　构建步骤

决策树学习的目的是产生一棵泛化能力强即处理未见示例能力强的决策树，其基本流程遵循简单且直观的“分而治之”(Divide-and-Conquer)策略，决策树构建的一般流程如下。

(1)收集数据：可以使用任何方法。

(2)准备数据：树构建算法只适用于标称型数据，因此数值型数据必须离散化。

(3)分析数据：可以使用任何方法，树构建完成之后，应该检查其是否符合预期。

(4)训练算法：构建树的数据结构。

(5)测试算法：使用经验树计算错误率。

(6)使用算法：适用于任何监督学习算法，而使用决策树可以更好地理解数据的内在含义。

决策树学习基本算法如表 4-2 所示[1]。

表 4-2　决策树学习基本算法

输入：	目标数据集 $D=\{(x_1,y_1),(x_2,y_2),\cdots,(x_m,y_m)\}$； 属性集 $A=\{a_1,a_2,\cdots,a_d\}$
过程：	函数 TreeGenerate(D,A)
	生成节点 node；
	if D 中样本全属于同一类别 C then
	将 node 标记为 C 类叶子节点；return
	end if
	if A 为空集 or D 中样本在 A 上取值相同 then
	将 node 标记为叶子节点，其类别标记为 D 中样本数最多的类；return
	end if

续表

	从 A 中选择最优划分属性 a_*；
	for a_* 的每一个值 a_*^v do
	为 node 生成一个分支；令 D_v 表示 D 中在 a_* 上取值为 a_*^v 的样本子集；
	if D_v 为空 then
	将分支节点标记为叶子节点，其类别标记为 D 中样本最多的类；return
	else
	以 TreeGenerate (D_v, $A\setminus\{a_*\}$) 为分支节点
	end if
	end for
输出：	以 node 为根节点的一棵决策树

显然，决策树的构建是一个递归过程，在决策树学习基本算法中，有三种情形会导致递归返回：①当前节点包含的样本全属于同一类别，无须划分；②当前属性集为空，或是所有样本在所有属性上取值相同，无法划分：③当前节点包含的样本集为空，不能划分。在第②种情形下，把当前节点标记为叶子节点，并将其类别设定为该节点所含样本最多的类别；在第③种情形下，同样把当前节点标记为叶子节点，但将其类别设定为其父节点所含样本最多的类别。注意这两种情形的处理实质不同：情形②是在利用当前节点的后验分布，而情形③则是把父节点的样本分布作为当前节点的先验分布。

4.3.2　决策树优缺点

优点如下：

(1) 速度快。计算量相对较小，且容易转化成分类规则。

(2) 准确性高。挖掘出来的分类规则准确性高，便于理解，决策树可以清晰地显示哪些字段比较重要，即可以生成能够理解的规则。

(3) 可以处理连续和种类字段。

(4) 不需要任何领域知识和参数假设。

(5) 适合高维数据。

缺点如下：

(1) 对于各类别样本数量不一致的数据，信息增益偏向于那些更多数值的特征。

(2) 容易过拟合。

(3) 忽略属性之间的相关性。

4.4　支持向量机

支持向量机(Support Vector Machine, SVM)是一种二分类模型，它的基本模型是定义在特征空间上的间隔最大的线性分类器，间隔最大使它有别于感知机；SVM 还包括核技巧，这使它成为实质上的非线性分类器。SVM 的学习策略就是间隔最大化，可形式化为一个求解凸二次规划的问题，也等价于正则化的合页损失函数的最小化问题。SVM 的学习算法就是求解凸二次规划的最优化算法。

4.4.1　构建步骤

SVM 学习的基本思路是求解能够正确划分训练集并且几何间隔最大的分离超平面[1]。如图 4-2 所示，$w^{\mathrm{T}}x+b=0$ 即为分离超平面，对于线性可分的数据集来说，这样的超平面有无穷多个(即感知机)，但是几何间隔最大的分离超平面是唯一的。

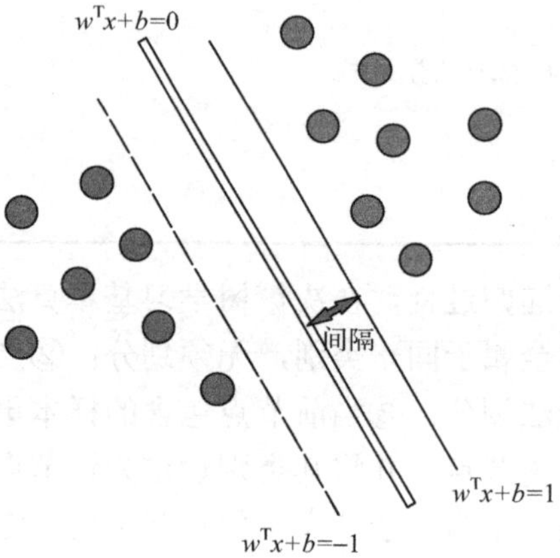

图 4-2　SVM 支持向量与间隔示意图

从二维空间扩展到多维空间中时，将两个点集完全正确地划分开的 $w^{\mathrm{T}}x+b=0$ 就成了一个分离超平面。为了使这个超平面更具鲁棒性，要寻找最佳超平面，即以最大间隔把两类样本分开的超平面，也称为最大间隔超平面。两类样本分别分隔在该超平面的两侧；两侧距离超平面最近的样本点到超平面的距离被最大化了。

样本中距离超平面最近的一些点叫作支持向量。SVM 想要的就是使各类样本点到超平面的距离最远，也就是找到最大间隔超平面。扩展到 n 维空间后，点 x 到直线 $w^{\mathrm{T}}x+b=0$ 的距离为

$$\frac{\left|w^{\mathrm{T}}x+b\right|}{\|w\|} \tag{4-11}$$

根据支持向量的定义可以知道，支持向量到超平面的距离为 d，其他点到超平面的距离大于 d。于是得到

$$\begin{cases}\dfrac{\left|w^{\mathrm{T}}x+b\right|}{\|w\|} \geqslant 1, & y=1 \\[2ex] \dfrac{\left|w^{\mathrm{T}}x+b\right|}{\|w\|d} \leqslant -1, & y=-1\end{cases} \tag{4-12}$$

$$\begin{cases}w^{\mathrm{T}}x+b \geqslant 1, & y=1 \\ w^{\mathrm{T}}x+b \leqslant -1, & y=-1\end{cases} \tag{4-13}$$

将两个方程合并，可以简写为

$$y(w^{\mathrm{T}}x+b) \geqslant 1 \tag{4-14}$$

每个支持向量到超平面的距离可以表示为

$$d=\frac{\left|w^{\mathrm{T}}x+b\right|}{\|w\|} \tag{4-15}$$

结合式(4-14)和式(4-15)，可以得到

$$d=\frac{y(w^{\mathrm{T}}x+b)}{\|w\|} \tag{4-16}$$

所以得到的最优化问题是

$$\min\frac{1}{2}\|w\|^2 \quad \text{s.t.} \quad y_i(w^{\mathrm{T}}x+b)\geqslant 1 \tag{4-17}$$

求解线性可分的 SVM 的步骤如下。

步骤 1：构建拉格朗日函数。

$$\begin{gathered}\min_{w,b}\max_{\lambda} L(w,b,\lambda)=\frac{1}{2}\|w\|^2+\sum_{i=1}^{n}\lambda_i[1-y_i(w^{\mathrm{T}}x_i+b)] \\ \text{s.t.} \quad \lambda_i\geqslant 0\end{gathered} \tag{4-18}$$

步骤 2：利用强对偶性转化。

$$\max_{\lambda}\min_{w,b} L(\boldsymbol{w},b,\boldsymbol{\lambda}) \tag{4-19}$$

现对参数 $\boldsymbol{w}$ 和 b 求偏导，得到

$$\sum_{i=1}^{n}\lambda_i x_i y_i=w \tag{4-20}$$

$$\sum_{i=1}^{n}\lambda_i y_i=0 \tag{4-21}$$

将结果带回到函数中可得到

$$\min_{w,b} L(w,b,\lambda)=\sum_{j=1}^{n}\lambda_i-\frac{1}{2}\sum_{i=1}^{n}\sum_{j=1}^{n}\lambda_i\lambda_j y_i y_j(x_i^{\mathrm{T}}x_j) \tag{4-22}$$

步骤 3：选择两个需要更新的参数 λ_i 和 λ_j，固定其他参数。于是有以下约束：

$$\lambda_i y_i+\lambda_j y_j=c, \qquad \lambda_i\geqslant 0;\ \lambda_j\geqslant 0 \tag{4-23}$$

对于仅有一个约束条件的最优化问题，完全可以在 λ_i 上对优化目标求偏导，令导数为零，从而求出变量值 $\lambda_{i_{\text{new}}}$，然后根据 $\lambda_{i_{\text{new}}}$ 求出 $\lambda_{j_{\text{new}}}$，多次迭代直至收敛。通过 SMO 求得最优解 λ^*。

步骤 4：求得支持向量的均值。

$$b=\frac{1}{|S|}\sum_{s\in S}(y_s-wx_s) \tag{4-24}$$

步骤 5：构造出最大间隔超平面。

$$w^{\mathrm{T}}x+b=0$$

分类决策函数：$f(\boldsymbol{x})=\operatorname{sign}(w^{\mathrm{T}}x+b)$，将新样本点导入到决策函数中可得到样本的分类。

4.4.2　SVM 优缺点

优点：

(1) 可以解决高维问题，即大型特征空间问题。

(2) 解决小样本下表现突出的机器学习问题。

(3) 在处理非线性特征的相互作用方面效果较好。

(4) 相比于神经网络方法，SVM 无局部极小值问题。

(5) SVM 无须依赖整体全部维度的数据特征。

(6) 具有较强的泛化能力。

缺点：

(1) 当观测样本很多时，效率并不是很高。

(2) 对非线性问题，没有通用解决方案，有时候很难找到一个合适的核函数。

(3) 对于核函数的高维映射解释力不强，尤其是径向基函数。

(4) 常规 SVM 只支持二分类。

(5) 对缺失数据敏感。

4.5　聚 类 分 析

聚类分析的目标是在一个对象(模式、数据点)的集合中发现其自然的分组。当前并没有关于聚类的统一定义，但比较常用的定义如下：聚类是把一个数据对象的集合划分成簇(子集)，使簇内对象彼此相似，簇间对象不相似的过程[3]。

4.5.1　基于划分的聚类

基于划分的聚类是一种被广泛研究和应用的聚类算法。此类算法大多具有简单易懂、易于实现等优点，在包括交通领域在内的许多领域内都发挥了巨大的作用。基于划分的聚类算法通过一个最优化的目标函数发掘数据中包含的类别信息结果，通常以迭代的方式逐步提升聚类的效果。基于划分的聚类算法通常需要设定某种确定的参数来选取可以代表对应簇的原型点(可以体现出某一类别特性的代表点)，因此，基于划分的聚类算法也称为基于原型的聚类算法。

基于划分的聚类算法的基本思想是：对于一个包含了 n 个样本的原始数据集，采用某种方法将其划分为 k 个部分($k<n$)，其中的每个部分均表示一个簇，每个簇中至少包含一个样本。在划分的过程中，首先随机选择 k 个初始中心点，然后计算每个样本与各中心点之间的距离，将样本分配到其距离最近的中心点所属的簇中，按照不同的准则进行计算，更新类簇的中心点，通过迭代的方式将样本重新分配到更合适的簇中，直到中心点不再发生变化，聚类结束。对于划分结果的好坏，衡量准则是：同一簇中的样本之间的差异尽可能小，不同簇中的样本之间的差异尽可能大。

基于划分的聚类算法流程见表 4-3。

表 4-3　基于划分的聚类算法流程

输入：	目标数据集； 给定的聚类个数 k
过程：	
	随机选取 k 个初始中心点
	repeat
	计算每个样本与各中心点之间的距离，将样本分配到其距离最近的中心点所属的簇中
	按照不同的准则进行计算，更新簇的中心点
	until 中心点不发生变化
输出：	k 个划分结果

基于划分的聚类算法随着迭代过程将数据集分为几个部分，然后按照不同准则验证划分结果是否合理。基于划分的聚类算法易于理解并且实现相对简单，但同时存在着一些不足之处。首先，基于划分的聚类算法需要在算法最初就人为给出聚类个数，但在实际中，很多场景下无法事先就确定出聚类的准确个数，而类簇数量的给定极大程度影响着最终的聚类结果。若初始类簇数量设定偏小，则不能将某些存在差异的数据区分开；若初始类簇数量设定偏大，则更适合归为一类的数据将被错误地分配到不同类簇中。其次，基于划分的聚类算法只适用于部分类型的数据结构，当数据分布的形状不是基于中心的类型时，如面对几种密度不相同的数据点构成的数据集合，基于划分的聚类算法就无法找出其中的差异，难以得到理想的聚类效果。

k-means(*k* 均值)算法是使用最频繁的基于划分的聚类算法，被学者评选为数据挖掘领域的十大算法之一[4]。*k*-means 算法比较简单，其设定了每个簇的中心点，从而形成以中心点为分类依据的球形簇；在验证所产生的划分结果是否合理方面，*k*-means 算法以簇的类内紧致性作为划分标准，以点与点之间的距离之和作为度量标准。这种划分标准以及度量标准保证了算法可以很快达到收敛，这是 k 均值算法相比于其他算法的一个重大的优势。在该算法中，涉及计算每个对象与各个簇中心点之间的距离，这个距离的度量也是由用户自行设定的，针对不同的数据类型可以选取不同的距离度量标准。在一般情况下，欧几里得距离是一个很好的度量数据间相似度的标准，也是大部分 *k*-means 算法中选定的距离度量标准。在算法的执行过程中，需要重复地对每个对象与其所属簇中心点之间的相似度进行计算。而当数据分布在低维欧几里得空间当中时，算法中数据点之间的许多相似度的计算都有可能避免，这将很大程度地提升算法的运行速度。

聚类算法的目标通常用一个目标函数来表示。采用欧几里得距离来度量相似度的 k 均值算法，使用误差的平方和作为度量聚类质量的目标函数。给定一个包含 n 个数据对象的数据集合 $M=\{x_1, x_2, \cdots, x_n\}$，定义经由 *k*-means 算法进行聚类分析后产生的类别集合为 $C=\{C_1, C_2, \cdots, C_k\}$。算法目标函数 SSE 的形式化定义如下：

$$\mathrm{SSE}(C)=\sum_{k=1}^{k}\sum_{x_i\in C_k}\left\|x_i-C_k\right\|^2 \tag{4-25}$$

$$c_k=\frac{\sum\limits_{x_i\in C_k}x_i}{\left|C_k\right|} \tag{4-26}$$

式中，c_k是簇C_k的中心点。

k-means 算法的目标是找到能将 SSE 最小化的聚类结果，然而，这个最优化问题是一个 NP 难问题，难以找到一个多项式算法对其进行求解。因此，借由一些启发式的算法将这个问题转化，通过不断迭代更新簇的构成和簇的中心点来进行最优化的求解。具体的 *k*-means 算法表述如下：首先，算法需要用户自行设置一个聚类个数 k，根据这个聚类个数，从数据集中选择 k 个初始的中心点；之后，将每一个数据对象指派到距离它最近的中心点所属的类中，从而构成 k 个簇；在所有对象都指派完成后，根据每个簇中包含的数据对象计算平均数作为该簇新的中心点的值；重复进行指派和更新这两个步骤，从而对簇的分布进行迭代式的更新，直至簇中样本的分布不再发生变化，这样就完成了整个算法流程。

对于 *k*-means 算法，被人所诟病最多的是聚类个数 k 的选取，这个需要基于先验知识来设定的值会对结果造成很大的影响，而在处理实际问题的过程中，往往是缺少足够的先验知识的，因此，就需要用户寻找其他的方法来帮助进行这个 k 的选取。因为缺少严格的数学准则，所以如何针对不同的问题选取一个与之对应的合适的 k 引发了广泛的讨论。为此，学者提出了大量的启发式和贪心准则来帮助 k 的选取，这些方法在一定程度上能帮助用户挑选到适宜的 k。一种方法是设定一个最大的阈值，令 k 从小到大逐渐增大，观察 SSE 的变化，从而选取合适的 k。因为 k 均值算法中的目标函数是距离的平方和，随着 k 的增大，簇数量逐渐增加，每个簇的类内相似性也增加，由此造成 SSE 的变化是单调地减小。如果以算法目标为基准，选取使 SSE 最小的 k，则当 k 取最大值，即 k 为数据集中数据对象个数的时候所对应的 SSE 最小，但此时结果为每个数据对象单独成为一个簇。在这种通过 k 的变化来确定 SSE 的方法中，需要绘制 *k*-SSE 折线图，观察图像，在最初 k 很小的时候，k 的增大会使 SSE 迅速减小。当 k 增大到一定的数值时，SSE 的减小速度会减慢，之后趋于平缓。因此，选取图像中拐点附近的值作为 k 的初始值，就可以得到很好的聚类效果。

其他一些基于划分的聚类算法还有提升对离群点处理的 *k*-中心点算法、抗干扰能力更强的 *k*-中值算法，以及应用于非数值类型数据聚类的 *k*-modes 算法等。

基于划分的聚类算法在交通领域具有广泛的应用，例如，采用 *k*-means 算法将城市地铁站点基于乘客的时空出行模式进行分类[5]；应用 *k*-means 算法对丹麦哥本哈根铁路延误模式进行挖掘[6]；通过对手机呼叫详细记录(Call Detail Record, CDR)应用 *k*-means 算法，对城市交通区进行划分[7]。

4.5.2　基于密度的聚类

基于划分的聚类算法易于处理球形簇数据，但难处理非球形簇数据，无法应用在很多现实场景中，例如，在商业领域中，想根据顾客的某种特征把当前及潜在顾客分成若干组，以便进一步开展营销活动；在交通领域中，交通规划部门需要获取城市的出行结构以进行交通规划调整，但由于相关数据相对复杂，对应的簇结构也具有任意形状。基于密度的聚类算法在思想上不同于基于划分的聚类算法，这类算法基于以下直观假设：在给定数据空间中，各个目标簇是由一群密集数据点组成的，而这些密集数据点被稀疏区域分隔。这类算法的最终目的就是要从稀疏区域中发现密集数据点，并将稀疏区域中的数据点标记为噪声。这类算法基于的假设不同于基于划分的聚类算法，能够处理带有任意簇结构的数据集。

相比其他的聚类算法，基于密度的聚类算法可以在有噪声的数据中发现各种形状和各种大小的簇。

DBSCAN 算法是最著名的基于密度的聚类算法（DBSCAN 算法曾获得 2014 SIGKDD Test of Time Award），它通过寻找数据点密度相连的最大集合来寻找聚类的最终结果。

DBSCAN 算法如下。

给定数据集 $D=\{x_1,x_2,\cdots,x_n\}$、距离半径 ε，点数阈值 MinPts，其中 ε 及 MinPts 为用户输入参数。

定义 4-1　ε-邻域：$\forall x_p \in D$，若 x_p 的 ε-邻域表示为 $N_\varepsilon(x_p)$，则 $N_\varepsilon(x_p)=\{x_i \in D \mid \text{dist}(x_i,x_p)\leqslant\varepsilon\}$，即数据集 D 中满足到 x_p 的距离小于 ε 的任意数据点 x_i 的集合。

定义 4-2　核心对象：对 $\forall x_p \in D$，若 x_p 的 ε-邻域内的点的个数大于 MinPts，即 $|N_\varepsilon(x_p)|\geqslant \text{MinPts}$，那么 x_p 是一个核心对象。

定义 4-3　直接密度可达：对 $\forall x_p,x_q \in D$，若 x_q 在 x_p 的 ε-邻域内，且 x_p 为核心对象，则称 x_q 由 x_p 直接密度可达。

定义 4-4　密度可达：对 $\forall x_p,x_q \in D$，若存在 $p_1,p_2,\cdots,p_n \in D$，其中 $p_1=x_p$，$p_n=x_q$，且 p_{i+1} 由 p_i 直接密度可达，则称 x_q 由 x_p 密度可达。

定义 4-5　密度相连：对 $\forall x_p,x_q \in D$，若存在核心对象 x_k，使 x_q 由 x_p 密度可达，则称 x_q 和 x_p 密度相连。

直接密度可达和密度可达不满足对称性，密度相连满足对称性。根据给出的定义将数据集中的数据分为三类：核心对象、边界对象、噪声对象。核心对象前面已经提到，边界对象是指非核心对象但落在某一核心对象的 ε-邻域内的数据，噪声对象是指既非核心对象也非边界对象的数据。

DBSCAN 算法流程见表 4-4。

表 4-4　DBSCAN 算法流程

输入：		目标数据集 $D=\{x_1,x_2,\cdots,x_n\}$； 给定的距离半径 ε； 点数阈值 MinPts
过程：		
	1	初始化簇标号 k=0，对 $\forall x_i \in D$，访问标记 visited (x_p) = 0// “0” 表示未访问，“1” 表示已访问
	2	for $\forall x_p \in D$, visited (x_p) = 0
	3	确定 $N_\varepsilon(x_p)$
	4	if $\lvert N_\varepsilon(x_p)\rvert=1$
	5	将 x_p 标记为噪声，visited (x_p) =1
	6	end if
	7	if $\lvert N_\varepsilon(x_p)\rvert\geqslant$ MinPts
	8	k=k+1
	9	将 x_p 标记为核心对象，visited (x_p) =1，　cluster (x_p) = k
	10	Expand_cluster($N_\varepsilon(x_p)$, ε, MintPts, k)
	11	end if
	12	end for
	13	repaet step2-step12，直到 $\forall x_i \in D$, visited (x_i) = 1
输出：		类簇划分结果

DBSCAN 算法的核心思想就是先发现密度较高的点，然后把相近的高密度点逐步连成一片，进而生成各种簇。算法实现上就是：对每个数据点，以其为圆心，以 ε 为半径画个圆，然后算出有多少个点在这个圆内，这个数就是该点密度值。选取一个点数阈值 MinPts，密度值小于 MinPts 的圆心为低密度的点，而大于或等于 MinPts 的圆心为高密度的点。如果有一个高密度的点在另一个高密度的点所在的圆内，就把这两个点连接起来，这样可以把点不断地串联起来。之后，如果有低密度的点在高密度的点所在的圆内，把它也连到最近的高密度点上，称之为边界点。这样所有能连到一起的点就成了一个簇，而不在任何高密度点所在的圆内的低密度点就是噪声点。

除 DBSCAN 算法外，OPTICS、DENCLUE 同样为基于密度的聚类算法中的典型算法。OPTICS 算法是从 DBSCAN 算法演化而来的一种基于层次密度的聚类算法，它可以解决 DBSCAN 不能很好地理数据中带有非均匀密度簇的问题。OPTICS 算法能够可视化数据集的簇结构，且对参数不是非常敏感。DENCLUE 的核心思想是利用影响函数来对数据空间中的点进行密度计算，进而在空间中形成一个密度曲面，曲面的局部密度最高点为密度吸引点，对应的吸引区域为聚簇。

基于密度的聚类方法在交通领域有广泛的应用，例如，Behara 等[8]基于 DBSCAN 算法框架，挖掘起讫点 OD 矩阵的出行模式；Hong 等[9]考虑路网拓扑，通过基于轨迹密度的聚类算法，挖掘出适合拼车合乘的路线。

4.5.3　基于网格的聚类

基于网格的聚类算法通过把数据空间划分成网格结构，将数据的聚类问题转化成这些网格的聚类问题。基于网格的聚类算法主要用于处理大规模数据的聚类问题。其利用一个网格结构，将数据空间划分为有限数目的单元，然后在这些网格单元上执行聚类操作。基于网格的聚类算法的主要优点是能处理大数据集的聚类问题，其处理的时间与数据量基本呈线性关系，主要依赖于数据空间的维度和每一维的单元数量。

对于几种经典的聚类算法，如层次聚类算法、基于划分的聚类算法等，在处理大数据集的时候都存在运行时间过长或者内存需求过大等方面的问题。层次聚类算法能得到数据点的层次树信息，但是计算距离矩阵具有较高的时空复杂度，不适用于大数据集的处理。基于划分的聚类算法需要猜测簇数量和大致的簇中心位置，否则需要多次执行该算法得出最优值，这使得其在大数据集上的表现也不够出色。而基于网格的聚类算法恰恰不同，尽管它对数据的处理较为粗糙，但是非常适合处理大数据集。

基于网格的聚类算法一般有以下五个典型步骤。

(1) 建立网格结构。将要处理的数据所分布的空间用网格的结构进行分割，例如，一维的数据用点来分割，二维的数据用线来分割，分割得到的每个小块称为单元。

(2) 计算单元密度。单元的密度定义为位于其中的数据点的数量与单元空间大小的比值。

(3) 对单元按照密度进行排序。按照步骤 (2) 中计算得到的密度将单元降序排列。

(4) 识别中心。具有最高密度的单元即为簇中心。

(5) 对邻接单元进行遍历。从簇中心开始，对与其邻接的单元进行遍历，找到同一簇中的其他单元。

在对单元进行排序和识别簇中心的时候，需要计算每个簇的密度，因此，有些时候基于网格的聚类算法也被视为基于密度的聚类算法。同时，一些基于网格的聚类算法也结合了层次树，如 GRIDCLUS 算法和 TING 算法等，因此它们也可被视为层次聚类算法。

尽管基于网格的聚类算法通常能在更短的时间完成聚类，但同时也易受到下列类型数据的干扰。

(1) 不统一的数据。由于基于网格的聚类算法使用了单一且不灵活的网格结构，对于那些分布高度不规则的数据，很难有效发现其分布结构。

(2) 局部分布的数据。如果数据分布具有局部形状和局部密度问题，基于网格的聚类算法由于受单元大小、边界和有效单元的点数阈值等问题的约束受到限制。

经典的基于网格聚类算法有 GRIDCLUS 算法和 STING 算法等；针对数据分布高度不规则情况的自适应算法有 AMR 算法等。

由于交通领域内很多种类的数据具有规模庞大的特性，如车辆定位轨迹数据、需求分布数据，因此基于网格的聚类方法在交通领域有大量的应用。例如，Lyu 等[10]在定制公交系统规划研究中，通过对出租车上下客位置应用基于网格的聚类算法，高效地挖掘了潜在的定制公交需求。Kim[11]针对城市公共交通 IC 卡刷卡数据，应用基于网格的聚类算法，对城市结构进行了划分。

4.5.4　层次聚类

基于划分的聚类的效果依赖于预定义的参数 k，但该参数在很多情景下是难以确定的，此外，基于划分的聚类还涉及初始化的问题，初始化效果不好将直接导致聚类效果差。层次聚类能够解决基于划分的聚类的一些缺陷，可避免设置参数的影响，并且聚类过程更加灵活。

层次聚类算法有两种思路，分别是自下而上和自上而下，对应聚合层次聚类(Agglomerative Hierarchical Clustering，AHC)和分裂层次聚类(Divisive Hierarchical Clustering，DHC)。聚合层次聚类中先将每个数据视为单独的类簇，然后按照某种距离度量选择距离最近的两个或者多个类簇进行合并，重复合并的过程直到最后只剩下一个类簇。分裂层次聚类则是聚合层次聚类的逆过程，先将所有的数据视为一个类，然后基于某种准则在已有类中选择一个类将其分割为两个类，重复分割的过程直到每个类中仅包含一个数据点。

在层次聚类算法中，采用聚合层次聚类的算法更多，如 SLINK 算法、CLINK 算法等，而分裂层次聚类由于理论复杂度较高，相关算法及实例都相对较少。对于聚合层次聚类，重点是如何衡量两个簇之间的距离，也就是在已知集合内元素间距离的情况下，如何计算两个集合之间的距离。而对于分裂层次聚类，重点是如何选择下一步要分裂的簇，以及如何将一个簇中的顶点划分到两个集合中从而生成两个簇。层次聚类可以表示成层次树，在层次树中能看到任意两个样本合并到一个簇中的过程。在层次树的任一层进行划分，也可以得到划分的聚类状态。但是，层次聚类相比其他算法也存在不足之处，首先，该算法时间复杂度过高，层次聚类复杂度大多在 $O^2(n)$ 级别，而基于划分的聚类基本是 $O(n)$ 级别的，当数据量增长之后，两者的差距明显。其次，层次聚类的过程是单向的，如果聚类时某一步合并或者分裂是错误的，在后续的步骤中没有办法纠正。

表 4-5 展示了聚合层次聚类算法的流程。

表 4-5　聚合层次聚类算法的流程

输入：	目标数据集； 给定的聚类个数 k
过程：	
	根据数据集选取合适的距离度量，计算距离矩阵 D
	repeat
	选择距离最近的两个簇 C_a 和 C_b，合并两者为 C_{ab}
	删除距离矩阵中 C_a 和 C_b 的行和列，添加 C_{ab}，并更新距离
	Until 簇数量= 1
输出：	聚类层次树结果

常用的聚合层次聚类算法还有 CURE 算法、BIRCH 算法，分裂层次聚类算法有 DIANA 算法等。

层次聚类在交通领域应用广泛，例如，He 等[12]将层次聚类应用于对公共交通用户的分类上；Kim[13]将层次聚类结合到共享单车系统的流量预测中；Heredia 等[14]应用了层次聚类算法，对出租车 GPS 起讫点 OD 数据进行聚类，获取城市的出行模式。

4.5.5　其他聚类算法

1. 基于模型的算法

在概率模型中，核心思想是将数据描述成一个概率生成过程。首先，假设数据生成的概率模型，然后用期望最大化方法估计模型的参数。模型的参数和分配数据点到簇的概率是循环依赖的，通常采用迭代的方法处理这个循环依赖。期望最大化方法是指从一个随机或启发式的初始化开始，迭代执行以下步骤：①用当前的模型参数确定数据点分配到簇的期望概率；②用分配概率作为权重确定模型参数。对不同的数据，可以采用不同的概率模型。例如，对数值数据，通常使用混合高斯模型；对属性数据，使用伯努利模型，等等。

2. 谱聚类

谱聚类使用数据的相似度矩阵而不是原始数据，利用邻接矩阵的特征向量可以确定数据集划分的性质工作。谱聚类通常包括三个步骤：①利用所有的数据点构造相似图(相似度矩阵)；②将数据点嵌入一个图拉普拉斯特征向量，可以更加容易发现簇的空间；③利用一个经典的算法(如 k-means 算法)对嵌入数据进行划分。步骤②所获得的数据低维表示又称为谱嵌入，是一种常用的降维方法。之所以称为谱聚类，是因为聚类结果是通过分析图拉普拉斯的谱得到的。谱聚类算法可以看成图划分算法，不同的图拉普拉斯对应于不同的图分割。

3. 半监督聚类

传统的聚类学习任务是一种无监督学习任务，即假设所有样本数据的类标签未知，但在某些情景下，用户具有某些领域背景知识，也就是约束信息，用户希望将这些领域知识应用到聚类任务中，在少量信息的帮助下进行聚类的过程称为半监督聚类(Semi-Supervised Clustering)。在实际聚类任务中，与数据本身相比，数据的约束信息更加难以获取，用户只能获取较明显的数据样本的类标签，或者只能得到施加在样本点之间的约束，这些信息称为广义的半监督约束。狭义的半监督约束只限于针对样本点的约束。半监督聚类主要研究如何利用少量的约束信息来得出更准确的聚类结果，不仅利用有约束样本提供的信息，而且考虑所有无约束样本所隐含的结构信息。

4.6 神 经 网 络

4.6.1 人工神经网络

人工神经网络是通过附加权重传递信号而彼此链接的神经元网络集合，每一个神经元通过激活函数以将其输入的加权和转换为输出。用于从网络外部接收输入的神经元称为神经网络的输入层；用于输出到网络外部的神经元称为输出层。神经网络的隐藏层接收来自邻近神经元的输出作为输入，并将其计算结果传递给其他神经元。具有至少一个隐藏层的神经网络结构几乎可以拟合任何非线性函数。而应用反向传播算法来训练多层前馈神经网络参数的人工神经网络则称为反向传播(Back-Propagation，BP)神经网络。反向传播对网络的训练包括：①输入训练模式的前馈；②相关误差的反向传播计算；③权重的动态调整，以使误差最小化。多层前馈神经网络作为最经典的人工神经网络之一，对应网络基本架构如图 4-3 所示，其拥有 i 个输入层节点、j 个隐藏层节点和 k 个输出层节点。训练神经网络需要的训练集由输入向量 x_i 和对应的目标输出向量 t_k 组成，网络模拟输出为 y_k。输入到隐藏层神经元和输出到隐藏层神经元之间的权值分别表示为 w_{ij}、v_{jk}。训练集表示为向量集合。

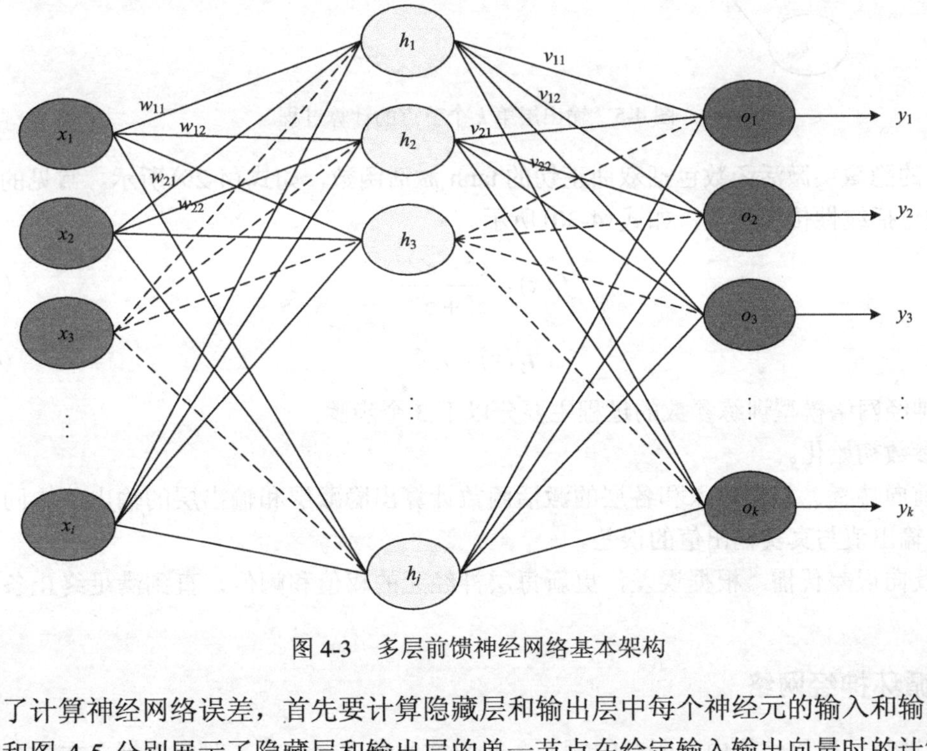

图 4-3　多层前馈神经网络基本架构

为了计算神经网络误差，首先要计算隐藏层和输出层中每个神经元的输入和输出向量。图 4-4 和图 4-5 分别展示了隐藏层和输出层的单一节点在给定输入输出向量时的计算过程。

任何一个神经元的输入均为前一层神经元的加权和输出，e_{hj}、e_{ok} 分别代表隐藏层和输出层的预输出，而其最终输出则取决于激活函数的类型，具体计算公式如下：

$$T \subseteq I \tag{4-27}$$

$$e_{ok} = \sum_{j=0} y_{hj}(v_{jk}) \tag{4-28}$$

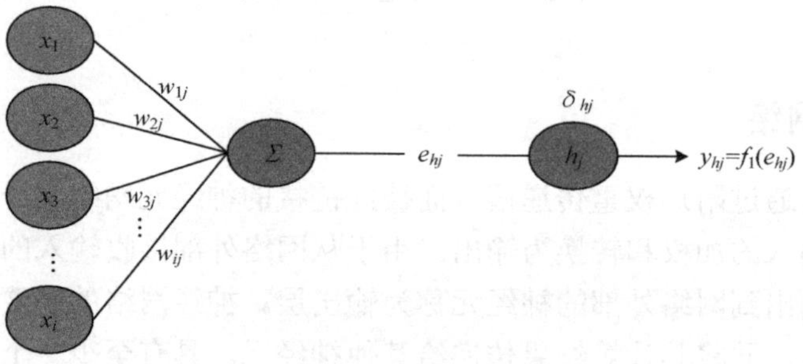

图 4-4　隐藏层第 j 个节点的计算过程

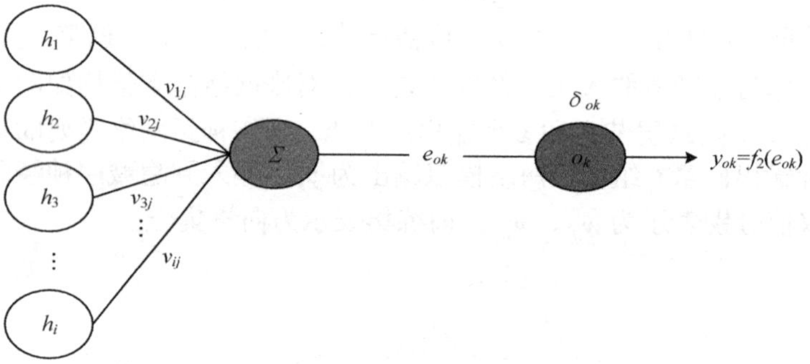

图 4-5　输出层第 k 个节点的计算过程

常见的隐藏层激活函数包括双曲正切的 tanh 激活函数，如式(4-29)所示。常见的输出层激活函数包括线性传递函数，如式(4-30)所示。

$$f_1(x) = \frac{e^x - e^{-x}}{e^x + e^{-x}} \tag{4-29}$$

$$f_2(x) = x \tag{4-30}$$

BP 神经网络模型训练参数的过程主要分以下 3 个步骤。

(1) 参数初始化。

(2) 前向传播。根据输入和各层的激活函数计算出隐藏层和输出层的输出值，同时计算每层实际输出值与真实输出值的误差。

(3) 反向误差传播。根据误差，更新每层神经元的权值和阈值，直到满足终止条件，迭代结束。

4.6.2　循环神经网络

在前馈神经网络结构中，所有的输入之间均彼此独立。但是，时间序列在本质上是连续的而非离散的，因此，时间序列很少产生剧烈的波动变化，特定时间窗内的舆情状态与其邻近时间窗的状态高度相关。循环神经网络(Recurrent Neural Network，RNN)的提出解决了这一问题，其中的循环意味着模型的输出不仅依赖当前的计算结果，也考虑了之前时间窗的结果，即在循环神经网络中，隐藏层的激活过程同时考虑了当前的输入和上一时间窗的隐藏层激活输出。这一优势使循环神经网络可以考虑输入数据的前后依赖关系，输出该时刻网络输入和网络历史信息结合产生的结果，因此循环神经网络更加适用于模拟时间序列的趋势。

图4-6展示了循环神经网络的基本架构，其包括一个输入层、三个隐藏层和一个输出层。x_t代表t时刻的网络输入，S_t代表在t时刻的网络隐藏层状态并作为网络内存被记忆。当前隐藏层的状态同时取决于当前的输入x_t和t–1时刻的隐藏层状态S_{t-1}，S_t的具体计算如下：

$$S_t = f(Ux_t + WS_{t-1} + b) \tag{4-31}$$

其中，f为隐藏层的非线性激活函数；U和W为权重矩阵，其值在所有隐藏层中均相同；b为偏置量。

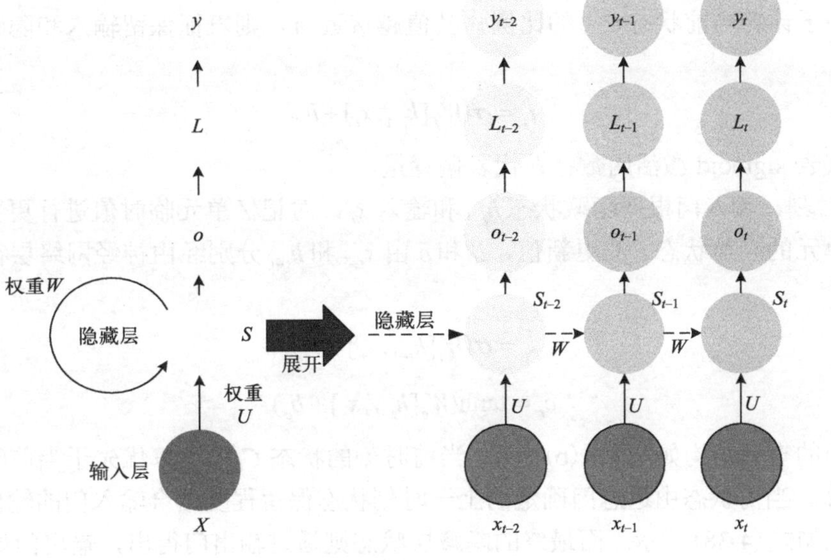

图4-6 循环神经网络的基本架构

o_t表示在t时刻模型的输出，其计算公式如下：

$$o_t = VS_t + c \tag{4-32}$$

y_t表示t时刻模型最终输出，其计算公式如下：

$$y_t = g(o_t) \tag{4-33}$$

其中，g为输出层的激活函数，在预测任务中通常选择sigmoid函数。

但是，循环神经网络在处理较长序列等情况下均具有局限性，主要是因为梯度消失和梯度爆炸问题。(基于深度学习的网络舆情识别研究)为了解决这些问题，Hochreiter等[15]基于循环神经网络模型提出一种长短期记忆方法。这种方法可以对相对长期的时间依赖关系进行学习，对长期历史信息和特征进行记忆。传统的RNN节点输出仅由权值、偏置量以及激活函数决定。RNN是一个链式结构，每个时间片使用的是相同的参数。而LSTM之所以能够解决 RNN 的长期依赖问题，是因为 LSTM 引入了门机制用于控制特征的传递和流失。LSTM 是由多个 LSTM 基本单元组成的链式结构，如图 4-7 所示。相对于传统的 RNN 结构，LSTM 网络引入遗忘门、输入门和输出门，用以优化处理历史特征。

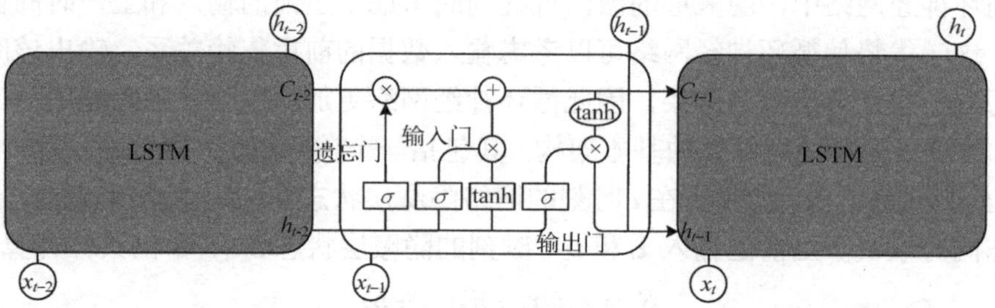

图 4-7　LSTM 链式结构

遗忘门用于控制前一时刻的隐藏层状态在当前时刻的隐藏层状态中的保留程度，其结构如图 4-8 (a) 所示。遗忘门的输出表示为 f_t。其包含的元素均位于[0, 1]内，表示上一时刻的状态 C_{t-2} 被用于计算当前状态 C_{t-1} 的比例，其值越接近 1，则表征保留输入和隐藏状态的信息越多。

$$f_t = \sigma(W_f[h_{t-1}, x_t] + b_f) \tag{4-34}$$

其中，σ 代表 sigmoid 激活函数；b_i 代表偏置量。

在 t 时刻，输入门根据隐藏状态 h_{t-1} 和输入 x_t，对记忆单元临时值进行更新，输入门 i_t 控制着该单元的当前状态 $\tilde{c}$ 的更新值，i_t 和 $\tilde{c}$ 由 x_{t-1} 和 h_{t-1} 分别经由神经网络层得到，其表达式如下：

$$i_t = \sigma(W_i[h_{t-1}, x_t] + b_i) \tag{4-35}$$

$$\tilde{c}_t = \tanh(W_c[h_{t-1}, x_t] + b_c) \tag{4-36}$$

输入门的整体结构如图 4-8 (b) 所示。当前时刻的状态 C_t 的计算优先于当前时刻的隐藏状态 h_t 的计算。当前状态由遗忘门确定的上一时刻状态保留程度结合输入门的输出计算而得，其具体公式如式 (4-38) 所示。而最终的隐藏层状态则通过输出门得出，输出门如图 4-8 (c) 所示，其由两部分构成：第一部分利用激活函数获得输出状态 o_t；第二部分由经过 tanh 激活函数处理后的当前状态 o_t 组成。输出状态 o_t 取决于上一时刻的隐藏状态 h_{t-1} 和当前时刻输入 x_t，具体计算公式如下：

$$o_t = \sigma(W_o[h_{t-1}, x_t] + b_o) \tag{4-37}$$

$$C_t = f_t \odot C_{t-1} + i_t \odot \tilde{c} \tag{4-38}$$

$$h_t = o_t \odot \tanh(C_t) \tag{4-39}$$

$$\tanh(x) = \frac{e^x - e^{-x}}{e^x + e^{-x}} \tag{4-40}$$

$$\sigma(x) = \frac{1}{1 + e^{-x}} \tag{4-41}$$

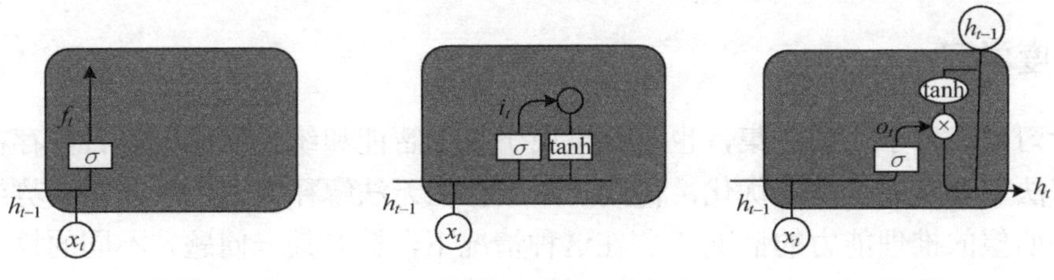

（a）遗忘门　（b）输入门　（c）输出门

图 4-8　隐藏层结构

4.6.3 卷积神经网络

卷积神经网络(CNN)被普遍应用于图形以及图像处理方向，CNN是在神经网络模型基础上演化而成的，其利用了反向传播算法完成对参数的优化以及捕捉数据的局部特征，其宏观架构同样是由输入层、隐藏层和输出层(全连接层与 softmax 层)组成的。近年来的技术研究和理论研究表明卷积神经网络在处理图像识别和分类问题上具有明显优势，其中的卷积层可以使用串联的方式工作，使模型的深度得到增强，还能使用并联的方式使模型的广度增强。卷积模型拥有参数共享特征，一方面降低了 CNN 复杂度，另一方面大大缩短了训练所耗费的时间。CNN 基本结构如图 4-9 所示：

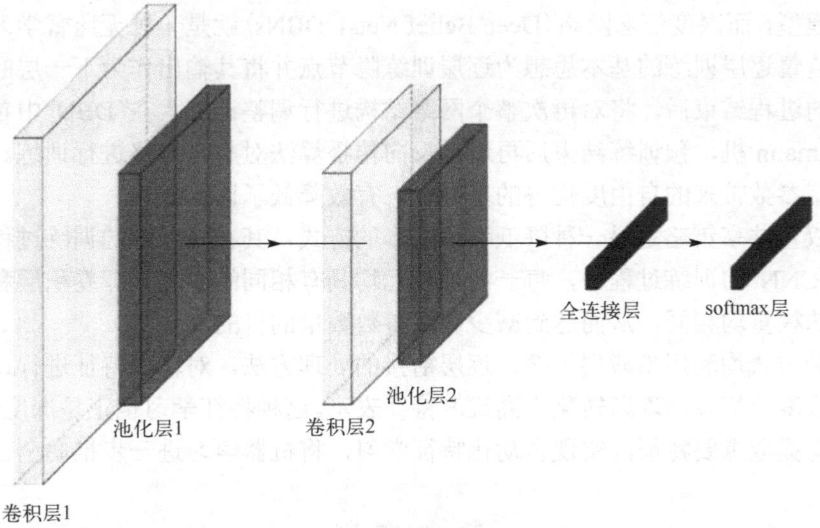

图 4-9　卷积神经网络基本结构

CNN 的输入层是经过分段处理后的向量矩阵。例如，在处理图像数据时，读取图像像素矩阵作为输入。隐藏层的构成部分分别为卷积层以及池化层，也是 CNN 的核心。CNN 通过复合多个大小各不相同的卷积层和池化层对输入信号进行处理，对图像矩阵依次完成卷积运算，之后便可得到一定数量的卷积映射。池化层与卷积层大多以交互的方式出现，主要功能便是完成一系列特征的压缩，以减少网络的计算开销。池化层主要由 average pooling 和 max pooling 构成，它的输入常常是卷积后的卷积映射中的最大值。CNN 的输出层在通常情况下利用全连接层和一个 softmax 层相连，从而实现与输出目标之间的映射，即完成分类概率以及最后划分结果的输出。

4.6.4 深度学习

深度学习是机器学习的子集，也因此隶属于人工智能和统计学研究。目前存在的大多数机器学习算法主要专注于功能优化，得到的结果存在无法解释数据中的潜在趋势或不具备人工智能所被期望的推理能力的情况[16]。在这种情况下，针对某一问题，不同的算法选择会产生截然不同的实验结果。这在自然语言处理和计算机视觉的情景下将产生较严重的问题。针对机器学习的部分缺陷，深度学习应运而生，并在自动驾驶、图像识别和流量预测等领域广泛应用。深度学习模型一般指的是深层次的神经网络架构，即包含多个隐藏层的神经网络。其动机在于构建并模拟人脑进行分析学习的神经网络，通过模拟人脑的信息处理机制来解析图像、文本等数据。深层次的网络训练使得深度学习模型可以处理更复杂的问题和更深刻地剖析数据，从而使模型对数据的理解更加深入。在过去，复杂的模型结构伴随着大量的参数，因此具有训练效率低和易过拟合等问题，无法成为求解问题的主流模型。随着计算机技术的发展和大数据时代的来临，计算能力的大幅提高将训练高度复杂的模型变为了可能，同时海量的存储数据使得模型可以提供丰富的训练样本，从而很大程度上规避了过拟合的风险。因此，近年来深度学习旗下的复杂模型成为主流，并在各行各业的科学研究中取得了傲人成绩。

同机器学习方法一样，深度机器学习方法也有监督学习与无监督学习之分。不同的学习框架下建立的模型差异很大。例如，前面介绍的卷积神经网络(CNN)就是一种有监督学习下的机器学习模型，而深度信念网络(Deep Belief Nets，DBNs)就是一种无监督学习下的机器学习模型。无监督逐层训练的基本思想为逐层训练隐节点并将其输出作为下一层的输入，这种称为预训练的进程结束后，将对再次整个网络结构进行调整训练。在 DBN 中首先逐层训练受限于 Boltzmann 机，预训练结束后再通过反向传播算法对整个网络进行训练。这种方式在保留大量模型参数带来的自由度优势的基础上，有效降低了训练成本。

此外，权重共享策略是另一种降低训练成本的方式，其在 CNN 的训练过程中发挥重要的作用。在 CNN 的训练过程中，每一组神经元均具有相同的权重，即卷积层和池化层的每一组神经元的权重均相同，从而达到减少训练参数数量的目的。

以上两种方式均利用隐藏层堆叠、逐层衔接的处理方法，对输入特征进行逐层处理，从而将初始低维度特征表示逐渐转化为高维度特征表示。这种特征学习也正是深度学习的特点，通过算法本身提取重要特征，实现自动化特征学习，将机器学习进一步推向全自动化。

参 考 文 献

[1] 周志华. 机器学习[M]. 北京：清华大学出版社, 2016.

[2] 韩家炜, 坎伯, 裴健. 数据挖掘：概念与技术[M]. 范明, 孟小峰, 译. 北京：机械工业出版社, 2012.

[3] 张宪超. 数据聚类[M]. 北京：科学出版社, 2017.

[4] WU X, KUMAR V, QUINLAN J R, et al. Top 10 algorithms in data mining[J]. Knowledge and information systems, 2008, 14(1): 1-37.

[5] GAN Z X, YANG M, FENG T, et al. Understanding urban mobility patterns from a spatiotemporal perspective: daily ridership profiles of metro stations[J]. Transportation, 2020, 47(1): 315-336.

[6] CERRETO F, NIELSEN B F, NIELSEN O A, et al. Application of data clustering to railway delay pattern

recognition[J]. Journal of advanced transportation, 2018: 1-18.

[7] DONG H H,WU M C,DING X O,et al.Traffic zone division based on big data from mobile phone base stations[J]. Transportation research part C: emerging technologies, 2015, 58: 278-291.

[8] BEHARA K N S, BHASKAR A, CHUNG E. A DBSCAN-based framework to mine travel patterns from origin-destination matrices: proof-of-concept on proxy static OD from Brisbane[J]. Transportation research part C: emerging technologies, 2021, 131: 103370.

[9] HONG Z H, CHEN Y, MAHMASSANI H S, et al. Commuter ride-sharing using topology-based vehicle trajectory clustering: methodology, application and impact evaluation[J]. Transportation research part C: emerging technologies, 2017, 85: 573-590.

[10] LYU Y, CHOW C Y, LEE V C S, et al. CB-planner: a bus line planning framework for customized bus systems[J]. Transportation research part C: emerging technologies, 2019, 101: 233-253.

[11] KIM K. Identifying the structure of cities by clustering using a new similarity measure based on smart card data[J]. IEEE transactions on intelligent transportation systems, 2020, 21 (5) : 2002-2011.

[12] HE L, AGARD B, TRÉPANIER M. A classification of public transit users with smart card data based on time series distance metrics and a hierarchical clustering method[J]. Transportmetrica a: transport science, 2020, 16 (1) : 56-75.

[13] KIM K. Spatial contiguity-constrained hierarchical clustering for traffic prediction in bike sharing systems[J]. IEEE transactions on intelligent transportation systems, 2022, 23 (6) : 5754-5764.

[14] HEREDIA C, MORENO S, YUSHIMITO W F. Characterization of mobility patterns with a hierarchical clustering of origin-destination GPS taxi data[J]. IEEE transactions on intelligent transportation systems, 2022, 23 (8) :12700-12710.

[15] HOCHREITER S, SCHMIDHUBER J. Long short-term memory[J]. Neural computation, 1997, 9 (8) : 1735-1780.

[16] 张金雷，杨立兴，高自友. 深度学习与交通大数据实战[M]. 北京：清华大学出版社, 2022.

第 5 章　出租车大数据分析

出租车作为城市交通系统中的重要运载工具，因其覆盖范围广、速度快、舒适和安全的特点一直备受出行者的青睐。2019 年 9 月，中共中央、国务院印发了《交通强国建设纲要》，强调加快推进基础设施布局完善、立体互联，构建便捷顺畅的城市(群)交通网。城市多元化出行成为常态，形成以地铁和 BRT 为骨架、普通公交车为主体、出租车为补充、共享自行车为延伸的立体化的公共交通体系。然而，出租车具有小容量公共交通特性，短期缓解城市交通拥堵的效果有限，城市中出租车的发展主要采取总量控制和需求引导，相较地铁等大容量公共交通较为缓慢。党的二十大指出：“加快推动产业结构、能源结构、交通运输结构等调整优化。”大数据在出租车行业的一个重要应用是优化出租车调度，提高整体服务质量和效率，这有助于加快交通运输行业发展，提高公共交通出行质量[1]。

浮动车数据具有成本低、移动性高、分布更广泛等优势[2]。而随着地理信息系统以及 4G/5G 通信技术(ICT)的飞速发展，装备北斗卫星导航系统(Beidou Navigation Satellite System)、全球定位系统(Global Position System，GPS)设备的出租车越来越多，城市交通参与者(行人、车辆等)的位置信息越来越容易被收集，这使得短时、大规模获取出租车轨迹数据变得更加容易。在出租车运营过程中可以获得数量巨大且优质的出租车载客数据，这些数据不仅仅是出租车运营中载客的相关记录，更可以反映出城市居民出行规律、城市结构及其他社会问题。通过各种数据分析与挖掘手段对出租车载客数据进行深入探究，对于智能交通、城市规划、出租车调度、居民出行等有着重要意义。随着滴滴出行等打车软件和共享出行方式的兴起，以及机器学习方法研究的热潮，出租车数据挖掘领域正面临着重大机遇和挑战。可以通过机器学习对这些载客数据进行挖掘和建模，并获得潜在的可用信息，出租车数据可以辅助科学决策和预测。

出租车海量的定位信息通常以 GPS 数据的形式存储于各种管理机构及政府部门，以哈尔滨市出租车为例，2021 年全市共计超过 1.3 万辆出租车安装了 GPS，这些出租车上的 GPS 模块每隔 30s 就会向哈尔滨市交通运输局信息管理中心发送一条 GPS 数据，其中包含车辆经纬度坐标、车头朝向、瞬时速度等信息。

截至 2022 年年底，全国城市客运装备拥有量见表 5-1。

表 5-1　全国城市客运装备拥有量

年份	公共汽车/万辆	轨道交通配属车辆/万辆	巡游出租车/万辆	城市客运轮渡船舶/艘
2016 年	60.86	2.38	140.40	282
2017 年	65.12	2.87	139.58	264
2018 年	67.34	3.40	138.89	250
2019 年	69.33	4.10	139.16	224
2020 年	70.44	4.94	139.40	194
2021 年	70.94	5.73	139.13	196
2022 年	70.32	6.26	136.20	183

5.1　出租车大数据及预处理

出租车大数据主要包括巡游出租车数据和网约车数据。随着 BDS、GPS 技术和电子技术的飞速发展，传感线圈、闭路电视(Closed Circle Television，CCTV)监控系统和浮动车数据(Floating Car Data，FCD)采集系统的覆盖面逐步扩大，通过对一个或多个移动对象过程采样获得数据信息，使出租车时空轨迹数据成为覆盖范围广、采集成本低的位置大数据。与传统人工调查获取的数据相比，轨迹数据能够提供更加准确完整时空信息，其采用被动记录的方式，可显著减轻数据采集者的负担，并且采用数字化、格式化的形式存储，为后期分析提供了便利。出租车大数据信息庞杂，分析其中的交通特性需要专业的信息采集方法以及科学合理的数据预处理方法。数据采集主要依赖于互联网、通信技术的发展，结合车载传感器形成出租车数据感知机制。其按照出租车大数据采集的方式可分为主动数据采集和被动数据采集，而数据预处理则需要对数据进行有针对性的清洗。

出租车数据预处理是为了从大规模、无序、不完整的轨迹数据或订单数据的统计总体中筛选出可以直接用于数据分析的样本[3]。由于出租车出行存在大量的随机行为，因此出租车大数据分析相较于其他交通大数据分析往往需要更加庞大的数据规模。在进行出租车大数据分析前，需要进行数据预处理，以确保不同来源的数据可以有效地融合，这需要一套科学、有效的理论和方法。

5.1.1　数据源

出租车大数据来源丰富。一般情况下，利用一定的编程手段，从百度、高德等地图软件开发商所提供的开放端口进行数据爬取，通过实名认证后可少量获取出租车出行数据，但数据规模往往受到限制，很难获取大量数据。这里主要介绍以下三种可以获取大规模的出租车数据的情况。

搜集查找运营公司、政府、科研院所等主动在网上发布的数据。例如，“滴滴盖亚数据开放计划”面向学界对外开放两个脱敏城市交通指数数据集，其中包括轨迹数据、交通指数数据和平均行驶速度。

与政府、公司进行产学合作以获取特定数据。大多城市(深圳、上海等)的政府和出租车公司与地方高校联合研发智能交通公用信息平台，旨在明确交通管理部门的实际需求，为交通管理者、交通出行者以及其他政府相关部门进行科学决策提供数据支持[4]。

通过互联网 GIS+商业平台获取特定数据。OSM(OpenStreetMap)、Maps.me、WikiMaps 等平台提供大量志愿者 GPS 轨迹数据；纽约市出租车和轿车委员会发布了一份出租运营数据集，其中包括 2009 年 1 月～2015 年 6 月超过 11 亿条的城市内部 Uber 平台出租车出行记录，该记录包括出行起讫点位置坐标、起讫点时间戳，出行费用、支付方式和出行距离等数据都可以免费获得。

目前出租车大数据采集主要分为主动数据采集和被动数据采集。主动数据采集指用户主动、偶发地输入个人的位置时间数据；被动数据采集指的是利用移动终端的内置传感器，实时记录用户活动的时间和位置。现有众源轨迹数据并不局限于单一“主动”或者“被动”的数据采集结果，而是将两者很好地结合起来以实现特定的服务。下面介绍几种数据采集方法。

出租车计价器数据是指计价器所记录的出租车运营信息，包括出租车每一次出行的起始时间、行程时间、行驶距离、交易金额等(表 5-2)。一般来说，出租车计价器可存储 300 条以上的乘客记录，每条乘客记录约占 50 字节，这样 300 条乘客记录约占 15000 字节。大容量 IC 卡的一般容量为 4Mbit(500000 字节)，利用好 IC 卡来采集出租车计价器中存储的数据，不仅携带方便，而且可一次采集多达 33 辆出租车的数据。数据采集完后，通过串行接口控制器将数据传输给出租车管理部门的 PC，基于计价器建立出租车宏观运营状态采集系统。通过出租车驾驶员固定周期的数据回传，与出租车运营管理中心进行数据交换，以获取较为准确的出租车运营状态信息。

表 5-2　出租车计价器事件字段含义对照表

字段名称	说明	字段名称	说明
ID NUMBER	出租车编号	DAY_ NUM NUMBER	上车数
DEAL_ TYPE NUMBER	交易类型	DAY_ TIME VARC 小时 AR2	上车时间
TRANS_ AMOUNT NUMBER	交易金额	CAR_ CODE VARC 小时 AR2	车牌号
DEAL_TIME DATE	交易时间	DRIVER_LICENSE VARC 小时 AR2	证号
RECORD_NUM NUMBER	记录序号	PRICE NUMBER	单价
WAIT_TIME VARC 小时 AR2	等候时间	TIME_CODE VARC 小时 AR2	车队编号

由于出租车出行的多样性，在原始数据中，包括行程时间极短、记录矛盾等错误数据，在进行统计分析前应对计价器数据进行预处理。同时，出租车计价器数据不能记录所经过路段的地理空间信息，在进行面向出租车的运行特征分析时，仅针对其时间特征进行宏观分析。

基于车载 GPS 的数据采集方法是利用出租车上安装的定位和无线通信装置，与调度管理中心实时交换数据，以获取高精度的实时道路交通信息[5]。出租车 GPS 轨迹数据采集系统主要由车载 GPS 设备、无线通信网络和信息处理中心组成。车载 GPS 设备主要由 GPS 模块和无线通信模块组成。GPS 模块首先通过接收卫星定位信号，根据定位算法推演得到车辆的经纬度坐标和瞬时速度，然后将车辆经纬度坐标、车辆速度、载客时间、设备状态等信息通过无线通信模块传送到信息处理中心。无线通信网络由通信运营商提供，主要有通信基站与数据交通设备等。信息处理中心包括 GPS 轨迹数据采集服务器、数据处理服务器和交通信息应用服务器等。

在基于车载 GPS 的数据采集方法中，最具代表性的方法是浮动车数据采集方法。浮动车数据采集法是目前国际上智能交通领域中一种先进的移动式道路交通信息采集技术，使用大量的出租车、公交车等车辆作为载体，通过已安装的 GPS 车载装置和无线通信装置，将车辆信息(如时间、速度、坐标、方向等参数)实时传送到浮动车信息中心，经过汇总、加工处理后生成反映实时道路路况的交通信息，并通过互联网、公众移动网络以及广播网络对外发布，为公众出行提供帮助，同时也为交通管理部门在交通控制、诱导方面提供决策支持。

浮动车数据采集处理主要由浮动车运行数据采集与预处理、地图匹配、行车路线推测、路段出行时间计算、道路交通状况计算、历史数据补充、交通信息评估等数据处理模块组成。浮动车运行数据采集与预处理模块用于将原始的采集数据处理成易于应用的交通流参数[6]。

车载设备向交通信息处理中心传输的 GPS 轨迹数据包含了车辆 ID、经纬度坐标、瞬时速度、行驶方向、记录时间戳、出租车载客状态等字段。浮动车数据采集方法使用广泛的主要原因是相较于传统固定检测方法的三个突出特点。

(1) 覆盖面广，采集范围不再仅仅是点、线，而是面。

(2) 投资少，浮动车系统通常结合调度和诱导系统建设，大大节省了投资。

(3) 采集数据多样、准确。

与出租车计价器数据采集方法相比，浮动车数据采集方法的优点在于数据的动态实时性，其能够从时、空两方面反映出租车的运行状态特征，便于出租车行业的动态监管。然而，GPS 误差、数据采集间隔、数据传输间隔以及地图匹配误差等因素直接影响车辆运行数据的行程时间和行程速度的计算精度。

5.1.2　数据格式

由于数据源不同，获取和处理数据的软件存在差异，包括书写程序的各种程序设计语言、管理数据的文件系统和数据库系统，以及各种数据处理方法的应用软件包，有时为了保证数据安全可靠，还需要一整套数据安全保密的技术。因此，所获取的数据往往无法直接用于统计分析，在数据处理前进行数据格式的统一校对显得十分必要。数据格式(Data Format)是描述数据保存在文件或记录中的规则，它一般表示数据的存储格式。而出租车数据格式还包括数据使用格式和数据处理格式，标准的数据格式可以提高数据处理速度并减少编程错误。

1. 数据字段格式

1) 定义字段格式

目前，大多数的数据分析中所用到的数据存储格式是“.csv”，这种数据存储格式便于快速存储和读写，可以用 SQL-Server 和 Python 等常用编程软件编辑。如果用 Python 创建“DataFrame”数据列表，则会将存储的数据以一种表格的方式列出，但每一列数据可能会因为数据格式不同，无法直接进行统计分析。因此，需要先定义数据的字段格式。例如，当以记录时间筛选或处理数据时，需要先对读取的时间数据进行格式化，以确保所有数据的时间格式相同。

2) 定义特征编码

特征编码是将复杂的文本信息用数字或字母表征，以便于大数据筛选的一种编码形式。例如，在表 5-3 中，用“0”表示“出租车中有乘客”，用“1”表示“出租车中无乘客”。当需要筛选有/无乘客的出租车进行研究时，只需要提取对应的数字即可完成处理过程。

3) 剔除多余属性

在数据预处理时，往往会存在一个数据有多种 ID 属性的问题。出现这种问题的原因主要有两点：一是数据进行合并或拆分后，数据量发生变化；二是原始数据存在多种编码方法。这些属性并不能刻画数据自身的分布规律，数据预处理需要根据使用目的统一编号方法，以免后期造成混乱和操作错误。

表 5-3　2021 年哈尔滨市出租车数据样例

出租车编号	载客 0/空载 1	乘车日期	乘车时间 /h	乘车时间 /min	乘车时间 /s	总乘车时间/s
713ED78F8DC23233 E0533C0BA8C09291	0	2021-08-27 06:40:56	6	40	56	
713ED78F8DC23233 E0533C0BA8C09291	1	2021-08-27 06:54:58	6	54	58	842
713ED78F8DC23233 E0533C0BA8C09291	0	2021-08-27 07:15:42	7	15	42	
713ED78F8DC23233 E0533C0BA8C09291	1	2021-08-27 07:33:13	7	33	13	1051

2. 数据处理格式

数据处理格式是在数据预处理阶段，将采集的原始数据通过初步加工转换成的适合统计分析的格式[7]。数据处理格式一方面可以提高数据质量，另一方面可以适应数据分析所需的软件或者方法。例如，使用 Python 处理数据的时候，“空”（NaN）的数据格式会在统计运算中产生无法计算的错误。当数据量过大时，如果不仔细校核数据量，就会对统计结果造成显著影响。因此，对于原始数据，仅仅定义数据字段格式是不够的，还需要在数据预处理的过程中注意数据处理格式。

1) 格式清洗

格式清洗就是在同一数据类别中，将含有异常数据格式的数据剔除，这种异常数据格式通常表现为数据缺失或带有特殊符号[8]。出租车大数据常见数据格式如表 5-4 所示。

表 5-4　出租车大数据常见数据格式

数据种类	数据类型	数据种类	数据类型
日期数据	格式化字符串	乘车时间数据	浮点型
位置数据	浮点型	出租车编号	整型
乘车状态数据	布尔型		

2) 格式转换

格式转换就是将不同格式的数据转化成特定的格式，来满足统一处理或共同分析的需要。例如，数据中出租车的行驶里程和乘车时间往往需要在数据预处理后通过计算获得。而在表 5-3 中，日期数据无法直接运算得到乘车时间，因此需要进行格式转换，以便于数值运算。

先将时间戳分解成“h”、“min”和“s”，再以“s”为单位计算总时间，以一次出租车上下车数据为单位，计算两个数据之间的时间差以得到乘车时间，如表 5-4 所示。

5.1.3 数据特征

出租车大数据是交通大数据的一种，它不但具有自己独特的数据特征，还具有同其他交通大数据一样的基本特征[9]。

1. 独特性

由于出租车大数据可在城市道路信息提取、交通分析、智慧城市研究等领域发挥重要作用，因此具有以下三方面特征[10]：

1) 覆盖面广

每天都有数万辆出租车在城市的大街小巷上行驶，海量的浮动车数据布满城市的每个车道，因此其产生的时空轨迹数据基本可以覆盖整个城市。

2) 实时性强

出租车 GPS 数据具有全天候运营和数据实时性的特点，道路上行驶的出租车以 10～40s 的频率 24h 不间断采集数据，并将采集的数据实时上传到交通管理中心。上海强生出租汽车有限公司的出租车更是达到了每隔 10s 自动向总部的服务器发送一个数据的频率。

3) 精度高

出租车通过车载通信设备将经纬度坐标、车速、车内是否有人、行驶方向等信息实时详细传送给网络服务器，这些信息通过简单的数据处理后即可使用。

出租车大数据的特征可以反映居民出行的时空模式和通勤行为。由于其移动性受限于城市路网拓扑，因而，通过出租车大数据也能够动态感知城市路网交通状态。出租车时空轨迹数据可以准确描绘出租车出行特征，因此，利用出租车时空轨迹数据，能够挖掘城市居民出行特征及城市空间结构的动态交互特征。

2. 普遍性

出租车大数据因采集设备和采集方法的局限，一般无法直接用于实际研究，往往需要进行有针对性的预处理，因此它还具有以下特征。

1) 规模大

出租车运营系统是一个复杂的系统，涉及人、车、线路、环境等，数据量巨大，如车辆的 GPS 数据、订单数据、道路流量数据和天气状况数据等。例如，武汉市有 1.2 万多辆出租车，每天可以产生 4000 万个数据。

2) 种类多

出租车大数据包括物理空间的数据，如车辆移动的 GPS 位置数据、车辆状态数据、摄像头视频数据、天气数据以及路网数据等；也包括与人类社会息息相关的移动数据，如订单数据、行程时间数据等；还包括网络空间数据，如出租车公司、大型互联网企业发布的运营数据等众包数据。

3) 价值密度低

出租车大数据的总量虽然很大，但对于具体应用而言，从其中挖掘有用的数据有可能像大海捞针一般。比如，为分析交通事故，可能只有与事故相关的天气、车辆、人员及视频数据才是有用的，而其他不相关的大量数据需要被过滤掉。

4) 速度快

出租车大数据具有实时性。它在移动、载客等过程中都会产生大量的数据。因此，这需要人们快速对数据进行处理、分析和挖掘。例如，网约车订单生成时，需要实时处理计算，并根据实时数据，将等待时间等信息反馈给出行者。

5.1.4 地图匹配

出租车时空轨迹数据除了具有传统数据库中包含的数字和字符外，还具有空间地理信息。因此，出租车大数据预处理还包括轨迹停留点识别和轨迹地图匹配等步骤。将采集的出租车 GPS 数据经坐标转换后与电子地图进行匹配，但由于误差可能导致一些 GPS 点不在相应的行驶轨迹上，因此需要再进行轨迹纠偏，将轨迹点匹配到正确的路网上[11]。地图匹配流程如图 5-1 所示。

1. 地图匹配方法

常用的地图匹配方法包括基于几何的方法以及基于隐马尔可夫模型的方法。

1) 基于几何的方法

基于几何的方法是最早使用的地图匹配方法，也最为简单，其原理图如图 5-2 所示，即对于某个不在路网的 GPS 离散点 P，假设其在电子地图路网中的坐标为 (x, y)，其中 x、y 分别为其到邻近的两条路段的投影距离。通过取 x、y 的最小值来确定最终的定位点。

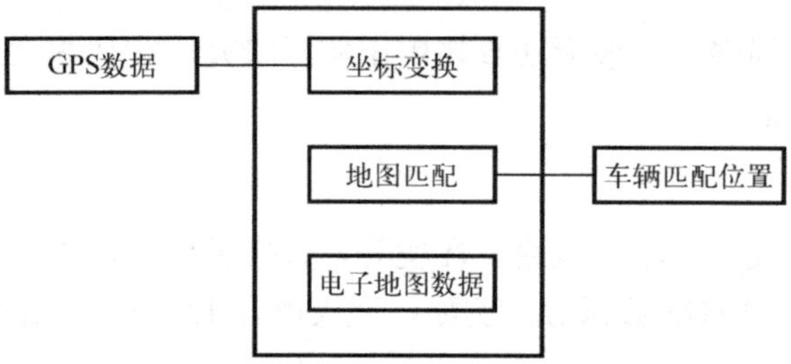

图 5-1　地图匹配流程

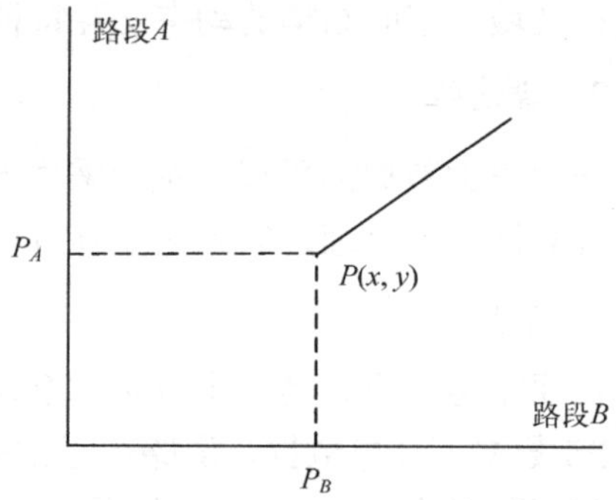

图 5-2　基于几何的方法原理

如果 $x<y$，则将 P 点定位到在路段 B 的投影 P_B 点处。

反之，如果 $x>y$，则将 P 点定位到在路段 A 的投影 P_A 点处。

如果 $x=y$，则将 P 点定位到路段 A 和路段 B 的交汇处。

2) 基于隐马尔可夫模型(HMM)的方法

基于几何的方法具有很大的局限性，尤其是当 GPS 点间隔很大时，它的计算结果很不准确，现在对于地图匹配的研究也大都使用隐马尔可夫模型方法。

隐马尔可夫模型主要涉及观察变量、隐藏状态、观测概率和状态转移概率。将隐马尔可夫模型运用到地图匹配中，主要涉及概率计算问题与预测问题，需要将地图匹配中的实际量代入隐马尔可夫模型中。

(1) 确定隐马尔可夫模型的观察变量：将从 GPS 设备中得到的位置信息(即 GPS 点经纬度坐标)作为观察变量。

(2) 确定元素隐藏状态：将出租车实际所在的位置路段作为隐藏状态。

(3) 测算观测概率：观测数据的 GPS 点离旁边道路越近，那么该数据的实际位置在这个道路的概率就越大。

(4) 计算状态转移概率：前后两个真实的位置点的距离越近，那么状态转移的概率越大。

2. 地图匹配数据预处理

1) 剔除非目标数据

出租车轨迹数据包括当前车辆的经纬度坐标、载客状态、载客时间、行驶方向、速度等信息。先新建一个数据表并把数据按相应格式导入数据表中，然后在数据表中将超出经纬度范围的数据剔除。

2) 剔除异常数据

出租车载客状态异常数据包括以下 3 种情况。载客状态非“0”和“1”的数据显然是错误的，此类数据应该剔除；出租车全天空载，即载客状态全天为“0”，这类数据没有研究意义，应剔除；出租车全天载客，即载客状态全天为“1”，可能是由设备故障或者人为因素导致的，通常，这种情况的出现概率几乎为零，此类数据会影响后续的分析，导致结论错误，应该剔除。

3) 剔除缺失数据

原始浮动车数据的记录中，可能存在缺失字段的记录，比如，某条数据记录的速度值为空。在出租车 GPS 数据中，出租车 ID、经纬度坐标、时间、行驶速度、载客状态等任意一个字段或多个字段的缺失对后续的数据挖掘和分析都会产生影响。因此在数据预处理时，将缺失字段的记录全部剔除。

4) 剔除轨迹漂移点

出租车行驶在高楼大厦或立交桥附近或者车载 GPS 发生故障都会导致 GPS 轨迹数据漂移，可以采取第 4 章 DBSCAN 聚类算法找出轨迹漂移点并将其剔除。DBSCAN 是一种基于密度的聚类算法，该算法近年来受到广泛关注，并被应用于图像处理和数据清洗[12]。

浮动车数据收集法收集到的直接数据是 GPS 数据，即车辆编号、经纬度坐标、瞬时速度，不能直接获取实时的道路交通信息，因此需要在空间电子地图的基础上，构建模型，计算出各个路段的实时信息。浮动车数据处理核心算法主要是地图匹配和路径搜索，高效精准的地图匹配和路径搜索是整个系统后台运作的基础。

5.2　基于大数据的出租车管理领域研究方法

随着移动网络和通信技术的发展和广泛应用，可以使用先进的大数据处理技术获取出租车运营过程中产生的 GPS 数据。一方面，从这些数据中挖掘和分析乘客的出行特征，可以为城市交通管理者和出租车行业管理者在城市交通规划与管理、城市交通流均衡与车辆调度等方面提供决策依据；另一方面，随着数据量的不断增长，如何快速处理和分析这些海量出租车 GPS 数据是当前大数据研究中的热点问题。大数据是近几年广受关注的研究领域，针对出租车大数据的研究也取得了一定的发展。

5.2.1 出租车市场利益主体及关系分析法

在当前的出租车行业中，传统出租车一方的出租车公司与网约车一方的网约车平台之间竞争关系明显，存在较大的利益冲突。自从政府逐步加强监管，将网约车定位为出租车，规范发展网约车，并强调网约车与传统出租车应融合发展，为人民提供更好的出行服务体验之后，助力传统出租车转型升级的形势已不可逆转，网约车与传统出租车的关系从单纯的竞争关系逐步变为竞争与合作共存的融合发展关系，相互之间的利益纠葛复杂。在网约车平台推行各种服务策略以扩大市场份额的同时，各级管理单位和出租车公司也顺应时代要求，在政府的规制范围内适时开展改革，推行各种策略来尝试改变出传统租车行业，以达到为人民提供优质出行服务这一人民利益的时代新要求。

1. 利益主体分析

出租车市场具有社会属性，覆盖面广阔，利益主体主要涉及政府管理部门、传统出租车行业、网约车行业、乘客等[13]。图 5-3 为出租车市场利益主体图。

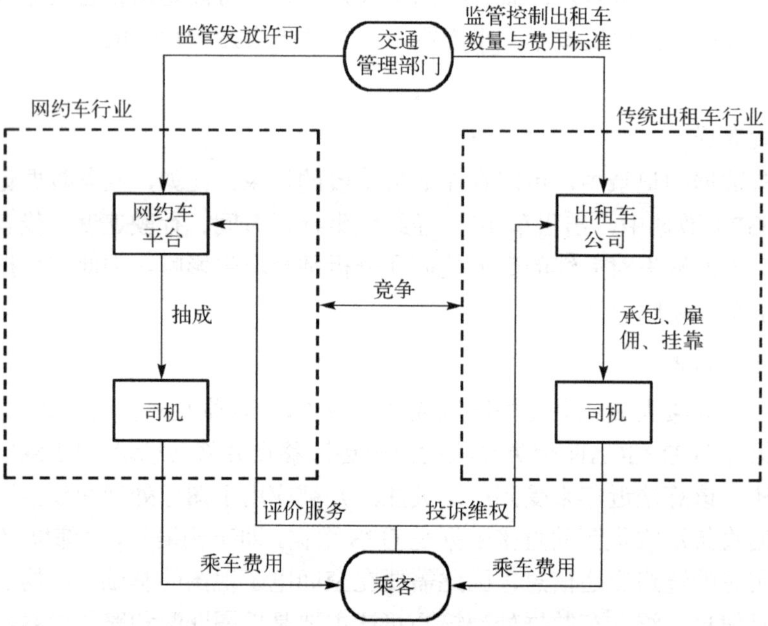

图 5-3　出租车市场利益主体图

1) 交通管理部门

交通管理部门主要是指政府的相关监管单位，如一些地方设立的出租车管理处等，这一利益主体主要起到监管作用：针对传统出租车行业，政府会打击非法出租车，向出租车公司收取经营权管理费用，监管控制出租车数量及收费标准；针对网约车行业，中央政府通过推行新政肯定了网约车的合法化地位，而地方政府则根据各地实际条件不同程度地提高网约车的入行标准，控制网约车的发展，维持城市出租车市场的利益均衡。可以看出，政府的监管态度直接影响着出租车市场的利益分配。

2) 传统出租车行业

传统出租车行业的利益主体主要指出租车公司和司机。毫无疑问，这一组利益主体受网约车发展的影响最大，与其存在竞争关系，这不利于出租车市场的和谐发展。

3) 网约车行业

网约车行业的利益主体主要指网约车平台和司机。事实上，在政府推行网约车新政之后，网约车行业的利益主体还要加上汽车租赁企业，他们为网约车合法化提供符合规定的车辆。不过，汽车租赁公司与网约车平台利益目标一致，抽成约占乘车费用的 2%，且无法对网约车平台收益和司机收入造成显著影响，为了简化模型，这里不再考虑汽车租赁公司。

参考 2019 年发布的《十字路口的网约车——网约车市场白皮书》，截至 2018 年 6 月底，网约车行业分为 B2C 和 C2C 两种模式，由于政府的监管，虽然区域性 B2C 网约车平台的竞争力逐渐增强，但目前仍是“一超多弱”的格局，滴滴出行占据了 96.93%的市场份额，其中快车业务占据网约车市场 93.26%的业务量。网约车平台的运营车辆来源复杂，如表 5-5 所示。

表 5-5　网约车运营车辆来源及市场份额占比表

品牌	业务类型	车辆来源	所占市场份额/%
滴滴出行	快车业务	汽车租赁公司、私家车	93.26
	专车业务	各城市的汽车租赁公司	3.37
首汽约车	专车业务	北京首汽集团提供的自营车	1.04
神州专车	专车业务	神州租车自有的租赁车辆	0.26
曹操专车	快车业务	吉利汽车集团统一提供的新能源电动汽车	0.62
美团打车	快车业务	汽车租赁公司、私家车	1.3

注：数据来源于德勤咨询公司，取网约车订单量最大的前 6 个城市进行统计；统计时间为 2018 年第二季度；所占市场份额是指订单交易量，不是交易额。

以滴滴出行为例，其没有自有车辆与司机，一般是由与其合作的合法有资质的汽车租赁公司负责提供符合规定的车辆和招募、管理司机，以北京为例，在北京与滴滴出行合作的汽车租赁公司多达上百家，这些租赁公司的车辆大部分是以车主自带私家车挂靠的形式来获取运营资质的(北京等一些城市不允许私家车办理网约车运营证)，小部分是租赁公司的公有车辆，通过招聘司机来提供网约车服务。还有一部分租赁公司用“以租代购也可以对公办理网约车运营证”的理由卖车给想进入网约车行业的司机，司机拿到车后除了和其他私家车司机一样交管理费用及订单抽成外，还需要按时还车辆的贷款费用。可见，网约车行业的运营车辆来源复杂。

4) 乘客

乘客这一利益主体在市场中除了最大化自身利益外，还有享受安全、舒适便捷的服务的诉求。选择出租车出行的乘客一般对乘车费用的敏感度较低，对车辆状态、候车时间、司机服务态度等比较在乎，因此企业在降低乘车费用的同时，还要提高服务质量，这样才能留住乘客。

2. 利益关系分析

在当前的出租车市场中，除了政府以平衡市场和最大化社会利益为目标外，各利益主体均以提高自身利益为目标。城市出租车市场各利益主体之间的利益关系如图 5-4 所示。

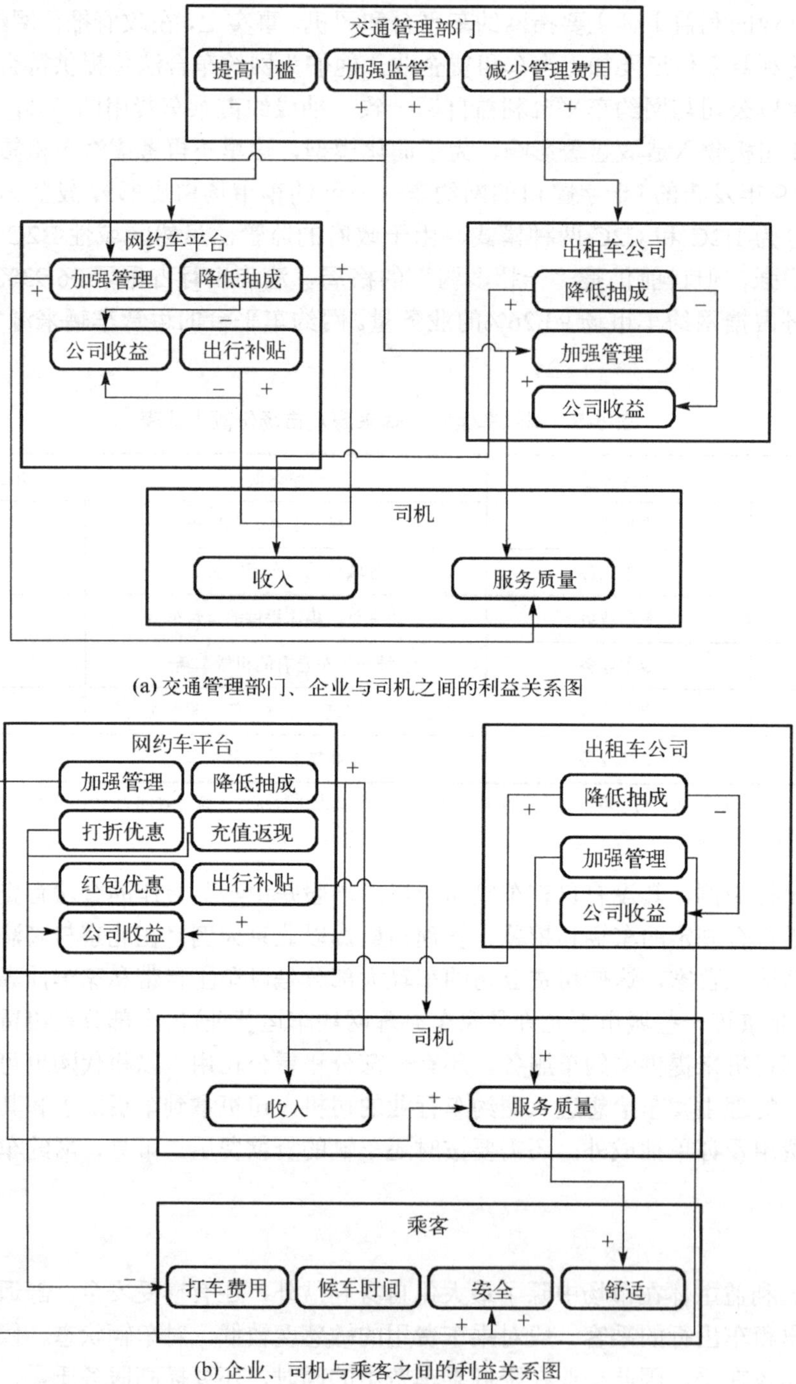

(a) 交通管理部门、企业与司机之间的利益关系图

(b) 企业、司机与乘客之间的利益关系图

图 5-4　利益关系图

5.2.2 出租车出行需求识别算法

出租车大数据的获取相对容易，但往往会出现数据信息不够完整。获取可以直接用于学习和研究的数据成本很高，甚至难以获取。为了解决这个问题，半监督学习方法便应运而生。半监督学习将有监督学习和无监督学习结合在一起，输入的数据一部分有标签，另一部分无标签，通过训练习得有标签数据的特点从而对无标签数据进行模式识别，主要应用在分类、聚类、回归等领域[14]。

其中的图半监督学习将数据集看作一个由节点和边组成的图，数据为图中的节点，节点与节点之间具有相连的边，边的权重正比于样本之间的相似性。如果将已标记样本视为已染色，那么图半监督学习对未标记样本的预测过程就可以视为颜色在图上的传播或者扩散的过程，边的权值就越大，颜色越容易传播，即相似度越高的样本其颜色越容易变得相似。

给定有标记样本集 $D_t=\{(X_1,y_1),\cdots,(X_l,y_l)\}$ 和无标记样本集 $D_u=\{X_{l+1},\cdots,X_{l+u}\}$，其中 $l\ll u$，$l+u=N$。基于 $D_l\cup D_u$ 构建一个图 $G=(V,E)$。其节点集合 $V=\{x_1,\cdots,x_l,x_{l+1},\cdots,x_{l+u}\}$，边集 E 的权重表示为一个基于高斯函数的亲和矩阵 $W=(w_{i,j})_{M\times N}$，由式(5-1)计算得到：

$$w_{i,j}=\begin{cases}\exp\left(-\dfrac{\left\|x_i-x_j\right\|_2^2}{2\sigma^2}\right), & i\neq j, \quad i,j\in\{1,2,\cdots,N\}\\ 0, & i=j\end{cases} \tag{5-1}$$

式中，$w_{i,j}$ 为节点 i 和节点 j 之间边的权重系数；x_i 为样本 i 的属性；y_i 为样本 i 的标签，且 $y_i\in\{0,1\}$；σ 为高斯函数带宽；N 为样本数。

假定从图 $G=(V,E)$ 学得一个函数 $f:V\to R$，使得 $y_i=\text{sign}(f(x_i))(y_i\in\{0,1\})$，图半监督学习的目标是将未标记样本贴上与其最相似的标签，记 $f=(f(x_1),\cdots,f(x_N))^{\text{T}}$ 为所有样本的预测结果，则其目标函数为式(5-2)：

$$\begin{aligned}\min E(f)&=\frac{1}{2}\sum_{i=1}^{N}\sum_{j=1}^{N}w_{i,j}(f(x_i)-f(x_j))^2\\&=\frac{1}{2}\left[\sum_{i=1}^{N}f(x_i)^2d_i+\sum_{j=1}^{N}f(x_j)^2d_j-2\sum_{i=1}^{N}\sum_{j=1}^{N}w_{i,j}f(x_i)f(x_j)\right]\\&=\sum_{i=1}^{N}f(x_i)^2d_i-\sum_{i=1}^{N}\sum_{j=1}^{N}w_{i,j}f(x_i)f(x_j)\end{aligned} \tag{5-2}$$

当两个样本之间的距离越远时，$(f(x_i)-f(x_j))^2$ 增大，而 $w_{i,j}$ 指数级减小，那么 $w_{i,j}$ $(f(x_i)-f(x_j))^2$ 整体减小，则目标函数的值由距离近的样本对决定，这样当具有相似标签的样本之间距离越近时，目标函数便越小。如果定义一个对角矩阵，$D=\text{diag}(d_1,\cdots,d_N)$，其中 $d_1=\sum_{j=1}^{N}w_{i,j}$ 为矩阵 W 第 i 行元素的和，则目标函数可以化简为式(5-3)：

$$\min E(f)=f^{\text{T}}(D-W)f \tag{5-3}$$

最终的预测结果应该满足式(5-4)，且如果将颜色的扩散过程看作能量的传播过程，规定能量只能从已标记样本流向未标记样本或从未标记样本流向其他未标记样本，则在能量的传播过程中存在两个能量守恒过程：其一是对于未标记样本而言，其向其他未标记样本传递的能量之和等于已标记样本流向它的能量之和；其二是对于已标记样本而言，其向未标记样本传播的能量之和为零，分别如式(5-5)和式(5-6)所示：

$$f(x_i)=y_i,\quad i=1,\cdots,l \tag{5-4}$$

$$\sum_{j=1}^{N} w_{i,j} f(x_i)=\sum_{j=l+1}^{N} w_{i,j} f(x_j)=d_i f(x_j) \tag{5-5}$$

$$\sum_{j=1}^{l} w_{i,j} f(x_j)=0 \tag{5-6}$$

结合上述两个能量守恒过程可以得到式(5-7)：

$$D\times\begin{bmatrix}0\\ \vdots\\ 0\\ f(x_{l+1})\\ \vdots\\ f(x_N)\end{bmatrix}=W\times\begin{bmatrix}0\\ \vdots\\ 0\\ f(x_{l+1})\\ \vdots\\ f(x_N)\end{bmatrix} \tag{5-7}$$

即

$$(D-W)\times(0,\cdots,0,f(x_{l+1}),\cdots,f(x_N))^{\mathrm{T}}=0$$

综上所述，图半监督学习是在约束条件为式(5-4)和式(5-7)的条件下求解目标函数式(5-3)的过程。

网约车乘客订单数据中包含下车点名称字段，可以准确地知道该乘客是否是来参加大型活动的，而出租车乘客的订单数据中不包含此字段，无法得知其是否是来参加活动的。考虑到出租车、网约车的出行行为具有相似性，因此将网约车出行记录看作有标签样本、出租车出行记录看作无标签样本，利用图半监督学习方法对出租车乘客的出行需求进行识别。

如果将每一位乘客的出行记录看作图中的一个节点，乘客之间出行的相似性看作节点与节点之间相连的边的强度，将参加大型活动的出行贴上标签“1”，非参加大型活动的出行贴上标签“0”，则对出租车乘客的需求识别过程可以看作 0-1 分类问题。构建一个基于图半监督学习的考虑乘客下车经度、下车纬度和下车时间的三维需求识别模型，如式(5-8)～式(5-12)所示：

$$\min E(h)=\frac{1}{2}\sum_{i=1}^{N}\sum_{j=1}^{N} w_{i,j}(h(a_i,b_i,c_i)-h(a_j,b_j,c_j))^2 \tag{5-8}$$

$$\text{s.t.}\quad w_{i,j}=\begin{cases}\exp\left(-\dfrac{\left\|(a_i,b_i,c_i)-(a_j,b_j,c_j)\right\|_2^2}{2\sigma^2}\right), & i\neq j,\\ 0, & i=j\end{cases}\quad i,j\in\{1,2,\cdots,N\} \tag{5-9}$$

$$h((a_i,b_i,c_i))=y_i,\quad i=1,2,\cdots,l \tag{5-10}$$

$$\sum_{j=1}^{N}w_{i,j}h((a_i,b_i,c_i))=\sum_{j=l+1}^{N}w_{i,j}h((a_i,b_i,c_i)) \tag{5-11}$$

$$\sum_{j=1}^{l}w_{i,j}h((a_i,b_i,c_i))=0 \tag{5-12}$$

式中，a_i 为乘客下车经度，$i\in(1,N)$；b_i 为乘客下车纬度，$i\in(1,N)$；c_i 为乘客下车时间，$i\in(1,N)$；σ 为高斯函数带宽；$h(x)$ 为标签映射函数；l 为有标签数据的数量；N 为全部样本的数量。

其中，约束条件(5-9)的含义是节点之间边的权重由高斯函数定义；约束条件(5-10)指在有标签数据上的学习结果与真实标签一致；约束条件(5-11)的含义是无标签样本上的能量输出与输入相等，保持能量守恒；约束条件(5-12)的含义是标签样本上的能量输入与输出相等，保持能量守恒。

根据上述证明过程，目标函数(5-8)可以化简为式(5-13)：

$$\begin{aligned}\min E(h)&=h^{\mathrm{T}}(D-W)h\\&=h_l^{\mathrm{T}}(D_{l,l}-W_{l,l})h_l-2h_u^{\mathrm{T}}W_{u,l}h_l^{\mathrm{T}}+h_u^{\mathrm{T}}(D_{u,u}-W_{u,u})h_u\end{aligned} \tag{5-13}$$

式中

$$W=(w_{i,j})_{N\times N}=\begin{pmatrix}W_{l,l} & W_{l,u}\\ W_{u,l} & W_{u,u}\end{pmatrix}$$

$$D=\operatorname{diag}(d_1,\cdots,d_N)=\begin{pmatrix}D_{l,l} & D_{l,u}\\ D_{u,l} & D_{u,u}\end{pmatrix}$$

式中

$$d_1=\sum_{j=1}^{N}w_{i,j}$$

$$h=(h(a_1,b_1,c_1),\cdots,h(a_N,b_N,c_N))^{\mathrm{T}}=h(h_l,h_u)^{\mathrm{T}}$$

这里，u 为未标记样本的数量，$u=N-1$。

因为 h 已知，当目标函数取得最小值时，有式(5-14)，则式(5-13)化简可得式(5-15)：

$$\frac{\partial E(f)}{\partial f_u}=0 \tag{5-14}$$

$$f_u=(D_{u,u}-W_{u,u})^{-1}W_{u,l}f_l \tag{5-15}$$

定义为从节点 i 转移到节点 j 的概率为 $p_{i,j}=w_{i,j}/d_i$，则有 $P=D^{-1}W$，代入式(5-15)，化简可得式(5-16)，于是将有标签数据的标记信息代入式(5-16)即可求得无标签样本的预测结果 $\hat{y}=(\hat{y}_{l+1},\cdots,\hat{y}_{l+u})$，因此利用 Python 编码求解基于图半监督学习的需求预测模型(表 5-6)：

$$f^{\langle t+1\rangle}=(I-P_{u,u})^{-1}P_{u,l}f^{\langle t\rangle} \tag{5-16}$$

表 5-6 基于图半监督学习的需求预测模型求解算法

输入：	有标签样本集 D_l；
	无标签样本集 D_u；
	构图参数 σ
过程 1：	
1	读取网约车数据，如果目的地为场馆，则贴上标签"1"，否则贴上标签"0"
2	读取出租车数据，贴上标签"–1"
3	合并出租车、网约车数据得到样本集
过程 2：	
1	根据式(5-13)得到 W
2	根据 W 构造 $P=D^{-1}W$
3	读取数据获得初始标签矩阵 $f^{(0)}=y$
4	$t=0$
5	迭代：根据式(5-16)计算 $f^{\langle t+1\rangle}=(I-P_{u,u})^{-1}P_{u,l}f^{\langle t\rangle}$
6	重置 $f_l^{\langle t+1\rangle}=(y_1,\cdots,y_l)^{\mathrm{T}}$
7	$t=t+1$
8	直到结果收敛
输出：	无标签样本的预测结果 $f_u^{\langle t+1\rangle}=(y_{l+1},\cdots,y_{l+u})^{\mathrm{T}}$

5.3 出租车领域大数据应用

通过对出租车大数据进行有效的车速分析，可以实时获取城市交通信息跟踪，这能够预先对节假日实施有效的交通运行管理，出台交通疏堵措施，进而引导居民顺畅出行。出租车运营参数的跟踪分析能够为出租车客流量及出租车政策方向提供参照。通过出租车大数据可以发现，市区逐渐向外推移，主城区多中心构架已成为主要发展趋势，居民活动范围也逐渐增加，民众乘坐出租车的出行距离也有所改变。因此，通过采集出租车 GPS 数据，分析拥堵演变模式并给出解决对策，是出租车大数据应用的重要方向。

5.3.1 哈尔滨市出租车时空特征分析

针对哈尔滨市路网及出租车 GPS 数据进行案例分析[15]，所采用的数据主要包括哈尔滨市城区空间网格数据和出租车 GPS 数据。

1. 案例范围说明

哈尔滨市二环由大新街、北新街、南直路、公滨路、三合路、三大动力路、和兴路、康安路、河鼓街、友谊路组成，全长约 30km，所围区域包括哈尔滨市南岗、道里、道外、香坊四个主要城区，此二环所围区域面积约为 67km^2。

1)确定研究范围

哈尔滨市二环路经纬度范围分别是东经 128.58，126.7 和北纬 45.71，45.8，南北跨度约为 10km，东西跨度约为 10km，设步长为 200m，计算可知，制定南北方向网格划分数量 50

个，东西方向网格划分数量 50 个。通过微调研究区域经纬度坐标(经度范围 128.582505，126.706473 和纬度范围 45.712555，45.799049)，划分 50×50 网格。

2) 划分网络栅格

进一步划分二环路范围内的网格，此区域即为哈尔滨市常发性交通拥堵演变模式案例研究空间范围。此区域共包含 1680 个 200m×200m 的网格，区域面积为 67.2km^2。使用 $G<i, j>$，$i\in[1, 200]$，$j\in[1, 200]$表示第 i 行第 j 列的栅格。

2. 哈尔滨市出租车 GPS 数据说明

采用哈尔滨市出租车 GPS 数据作为案例研究对象，数据的时间跨度、数据量等内容详情。哈尔滨市气候属中温带大陆性季风气候，冬长夏短，春季为 4～6 月，夏季为 7 月和 8 月，秋季为 9 月和 10 月，冬季为 11～次年 3 月。哈尔滨市出租车 GPS 数据跨度为 2015 年 1～12 月，受限于数据毁损、数据缺失等原因，每个自然月选取两个自然周(即星期一～星期日)作为数据来源，每个自然日的数据采集时段为 00:01～23:59。数据采样自 168 个自然日，原始数据条目共计 133811 万行，经过数据预处理，获得案例有效数据条目共计 120355 万行。

3. 哈尔滨市出租车流量分布特性分析

基于出租车 GPS 数据，并结合二环路范围内全部网格的空间信息，统计计算 2015 年全年夜间时段(18:00～次日 07:00)、早高峰时段(07:00～09:00)、平峰时段(09:00～16:00)和晚高峰时段(16:00～18:00)的出租车车流分布情况[17]。

4. 哈尔滨市出租车行驶速度分布特性分析

统计计算夜间时段(18:00～次日 07:00)、早高峰时段(07:00～09:00)、平峰时段(09:00～16:00)和晚高峰时段(16:00～18:00)的车辆平均速度分布情况(可参见文献[17])。

哈尔滨市季节变化对城市交通的影响较大，图 5-5 为哈尔滨市二环路范围内出租车四季的速度变化曲线，可以发现由于哈尔滨冬季降温、降雪等气候影响，城市出租车行驶速度明

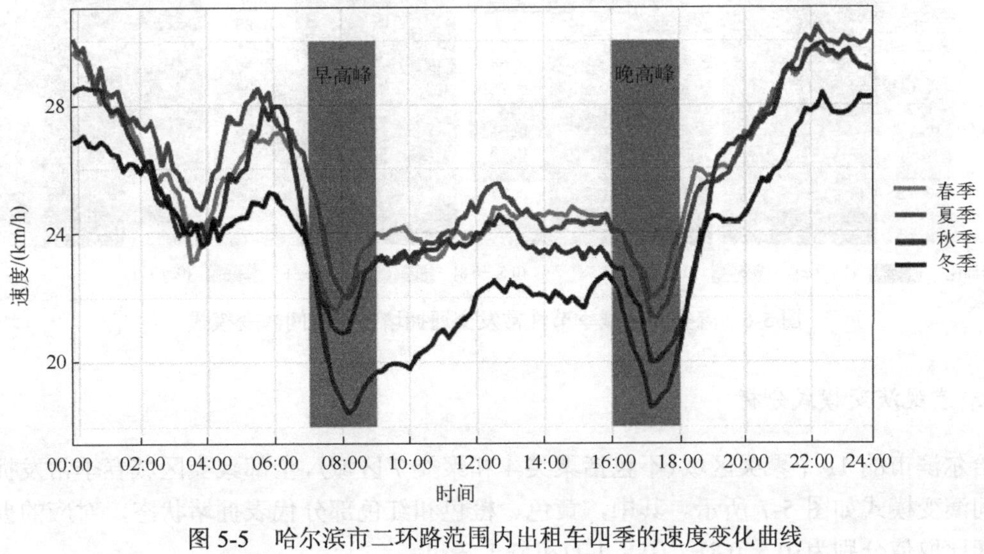

图 5-5　哈尔滨市二环路范围内出租车四季的速度变化曲线

显降低。同时可推断，哈尔滨市冬季客观条件的恶劣，会导致城市交通拥堵加剧，因此主要研究哈尔滨市季节性常发性交通拥堵及其演变规律。

5.3.2 基于出租车 GPS 数据的交通拥堵演变模式

1. 微观演变模式分析

通过时空维度拥堵演变模式分析方法[16]，针对个体常发性交通拥堵区域，说明其微观演变模式细节，聚类 *A* 区域自西向东分布，区域内道路包括石头道街、地段街、买卖街和一面街，区域内包括哈尔滨市第一中学和哈尔滨市第一医院等主要出行生成和吸引点。聚类 *B* 区域自西北向东南分布，区域内道路包含红军街、建设街、邮政街等，区域周边包含哈尔滨火车站、哈尔滨第十七中学等主要出行生成和吸引点。

采用常发性交通拥堵演变模式分析方法，绘制聚类 4 区域季节性常发拥堵延误时间演变模式如图 5-6 所示，颜色框中数值代表对应网格和时间段内的拥堵延误时间比(即拥堵导致的延误时间与最短网格行程时间的比值)，绿色、草绿色、黄色、橙色和红色分别代表畅通、基本畅通、轻度拥堵、中度拥堵和重度拥堵(参照北京市交通委员会标准)。

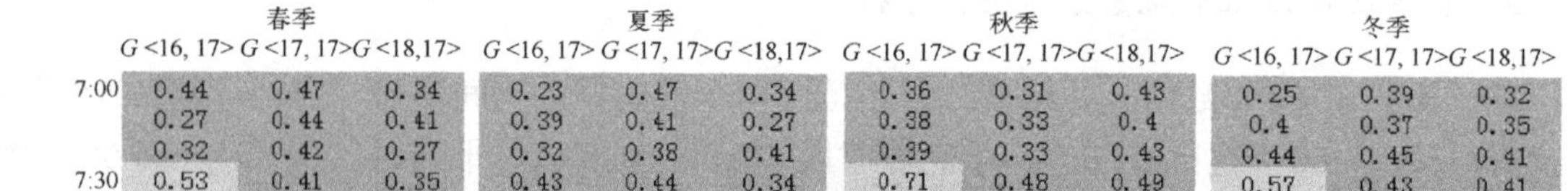

图 5-6　聚类 4 区域季节性常发交通拥堵延误时间演变模式

2. 宏观演变模式分析

哈尔滨市的 11 个聚类区域(不包括聚类 4 和聚类 7 区域)，全部聚类区域春季常发拥堵延误时间演变模式如图 5-7 所示。其中，黄色、橙色和红色部分代表拥堵状态，对应的拥堵延误时间比取值分别为(0.5, 0.8]、(0.8, 1.1]和(1.1, +∞]。

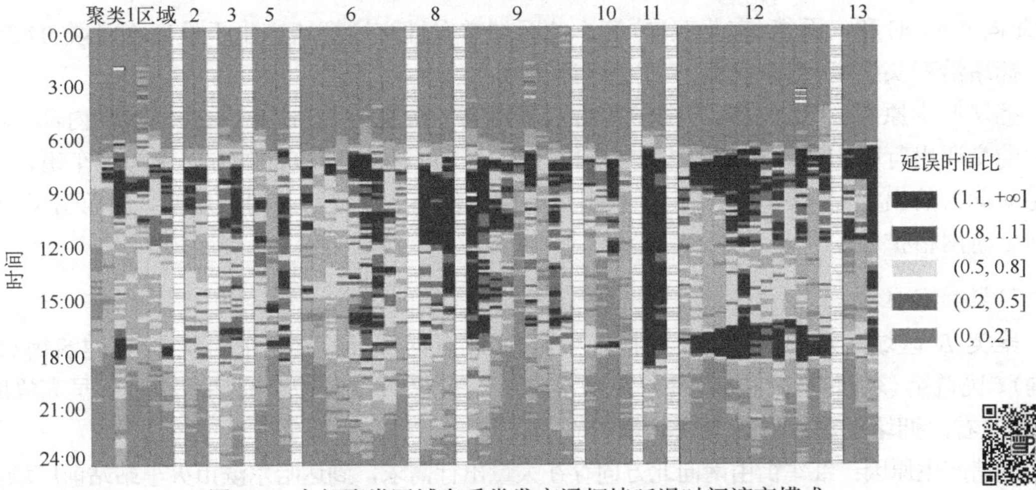

图 5-7　全部聚类区域春季常发交通拥堵延误时间演变模式

根据图 5-7 可获得如下关于哈尔滨市季节性常发性交通拥堵时间维度演变模式的相关结论。

(1) 哈尔滨市高峰时段常发性交通拥堵开始时间受季节影响较大。冬季期间，10 个区域早高峰时段常发性拥堵开始时间早于 07:00，13 个区域早高峰时段常发性拥堵平均开始时间为 6:42，比秋季和春季分别早 3min 和 19min，而夏季早高峰时段常发性拥堵平均开始时间最晚，为 07:14。

(2) 哈尔滨市早高峰时段常发性拥堵持续时长受季节影响较大。冬季期间，13 个区域早高峰时段常发性交通拥堵持续时间最长，平均数为 296min，相对于夏季期间提升 31%(226min)。春季期间和秋季期间，拥堵平均持续时长分别为 261min 和 279min。

(3) 哈尔滨市早高峰时段常发性交通拥堵扩散时间、高峰时间、消散时间呈现季节性变化规律，即冬季时间最长，秋季和春季其次，夏季时间最短。春夏秋冬四季拥堵扩散时间分别为 45min、38min、52min、62min；高峰时间分别为 141min、125min、150min、149min；消散时间分别为 75min、63min、77min、79min。

(4) 哈尔滨市早高峰时段常发性交通拥堵区域(共 13 个)对居民出行影响呈现季节性规律。对于所有区域内全部网格的平均拥堵延误时间比(早 00:00 至晚 24:00)，夏季最低，为 0.34；冬季平均拥堵延误时间比相对于夏季提升 97.1%，达到 0.67；春季和秋季平均拥堵延误时间比分别为 0.5 和 0.51。早高峰时段，对于所有区域内全部网格的平均拥堵延误时间比，春夏秋冬四季分别为 0.65、0.47、0.7 和 0.94；晚高峰时段，对于所有区域内全部网格的平均拥堵延误时间比，春夏秋冬四季分别为 0.52、0.35、0.79 和 1.21。

5.3.3　基于出租车 GPS 数据的拥堵成因及缓解策略

1. 哈尔滨市常发性交通拥堵成因分析

分别针对各常发性交通拥堵进行内部特征及形成原因分析[17]。

1) 聚类 *A* 区域

聚类 *A* 区域涉及的道路主要包括石头道街(东西双向)、地段街(由南向北单向)、买卖街

(由北向南单向)和一面街(南北双向)等。此区域常发性交通拥堵产生于早高峰时段 07:30 左右，拥堵沿石头道街(自东向西方向)向东扩散。

拥堵产生原因：哈尔滨第一中学和哈尔滨市第一医院的入口均位于同一网格内部，产生巨大的交通出行吸引量。车流的方向为自东向西，而石头道街该行驶方向仅为单车道，无法满足如此大的出行需求。车辆在出行吸引点的路边停车、在道路入口处堵塞，从而引发拥堵，并向上游网格扩散。

2)聚类 B 区域

聚类 B 区域涉及的道路主要包括红军街(南北双向)、银行街(东西双向)、建筑街(东西双向)、民益街(东西双向)和邮政街(东西双向)等。此区域常发性交通拥堵产生于早高峰时段 06:50 左右，拥堵经由红军街向南扩散。

拥堵产生原因：红军街由南向北方向存在大量出行需求，到达哈尔滨市火车站站前广场，单向道路变更为三个方向道路，分别为火车站方向、道里区方向和一曼街方向，在此之前缺少有效手段进行车辆分流，导致在此区域产生交通交织、冲突，车辆排队导致交通拥堵扩散至周边区域。

2. 哈尔滨市常发性交通拥堵缓解策略制定

缓解城市常发性交通拥堵的主要途径包括交通控制、交通诱导，本部分基于常发性交通拥堵演变模式和拥堵成因分析结果，提出最合适的交通拥堵缓解策略。

1)交通控制策略

交通控制是依靠交通警察或采用交通信号控制设施，随交通变化特性来指挥车辆和行人的通行。根据常发性交通拥堵成因分析结果，有效的交通控制策略有：在聚类 4 区域设置潮汐车道、加强监管、杜绝路边停车现象。

2)交通诱导策略

交通诱导是综合考虑人、车、路各要素，通过诱导道路使用者的出行行为来改进路面交通系统，防止交通拥堵的发生。有效的交通诱导策略有：在聚类 7 区域红军街上游路段设置交通诱导板，并加强监管，在车流进入火车站站前广场区域之前即分流完成，减少高峰时段车辆临时变道带来的交通迟滞拥堵。

总体来讲，出租车大数据应用应以真实数据为基础，通过对大数据的采集和预处理，有针对性地分析数据特征并寻找潜在问题。在学习和掌握出租车管理领域的研究方法后，根据实际问题创新性地提出科学的模型和方法，以完成对实际问题的研究。出租车交通系统还涉及其他有趣的大数据应用，如研究居民出行行为、指导路网规划、分析城市土地利用情况以及缓解中心城区停车供需矛盾等。

参 考 文 献

[1] 2019 年我国交通运输行业发展统计公报发布[J]. 隧道建设(中英文), 2020, 40(6): 820.

[2] 陆化普, 等. 交通大数据分析与应用教程[M]. 北京：人民交通出版社股份有限公司, 2020.

[3] 唐炉亮, 杨雪, 任畅. 轨迹大数据挖掘与高时空精度道路众包测图[M]. 北京：科学出版社, 2019.

[4] 白竹，胡晓伟，王健. 混合服务模式背景下出租车系统参与主体行为研究[M]. 北京：人民交通出版社股份有限公司, 2019.
[5] 黄再银. 基于大容量 IC 卡 AT45D041 的出租车数据采集系统[J]. 电子产品世界, 2004, (12): 68-70, 87.
[6] 邹娇，吴坚，高万宝，等. 基于 FCD 和 DAB 交通信息采集与服务系统研究[J]. 交通信息与安全, 2012, 30(4): 104-108.
[7] 季航宇，蔡忠亮，姜莉莉，等. 出租车出行的空间不平等及其与人口结构的关联[J]. 武汉大学学报(信息科学版), 2021, 46(5): 766-776.
[8] 吕江波，张永忠. Hadoop 支持下海量出租车轨迹数据预处理技术研究[J]. 城市勘测, 2016, (3): 46-49.
[9] 谢振东，李之明，徐锋，等. 城市交通一卡通大数据应用[M]. 北京：人民交通出版社股份有限公司, 2016.
[10] 张昕，曾鹏，张瑞，等. 交通大数据的特征及价值[J]. 软件导刊, 2016, 15(3): 130-132.
[11] 徐杨. 基于出租车 GPS 数据的出租车载客情况分析与可视化[D]. 广州：华南理工大学, 2018.
[12] 张昀，李小龙. 基于 DBSCAN 算法的浮动车数据预处理[J]. 江西科学, 2020, 38(3): 293-297, 319.
[13] 孙云瑞. 需求驱动的城市出租汽车服务策略仿真研究[D]. 哈尔滨：哈尔滨工业大学, 2019.
[14] 段宗涛，张凯，杨云，等. 基于深度 CNN-LSTM-ResNet 组合模型的出租车需求预测[J]. 交通运输系统工程与信息, 2018, 18(4): 215-223.
[15] 李先通，全威，王华，等. 基于时空特征深度学习模型的路径行程时间预测[J]. 吉林大学学报(工学版), 2022, 52(3): 557-563.
[16] AN S, YANG H Q, WANG J, et al. Mining urban recurrent congestion evolution patterns from GPS-equipped vehicle mobility data[J]. Information sciences,2016, 373: 515-526.
[17] 杨海强. 基于出租车 GPS 数据的城市常发性交通拥堵演变研究[D]. 哈尔滨：哈尔滨工业大学, 2018.

第 6 章　城市公共交通领域大数据分析

城市公共交通作为公众出行的基本保障，对居民的日常生活至关重要，本章将从大数据分析与挖掘的角度入手，探究城市公共交通大数据的处理方法及应用。

城市公共交通是城市基础设施的重要组成部分，在我国经济发展、城市建设和社会生活中占有重要地位，它直接关系着城市的经济发展与居民生活，对城市经济具有全局性、先导性的影响。推动公共交通的优先发展，是解决关系人民群众切身利益的现实问题与建设资源节约型、环境友好型社会，以及实现可持续发展的重要途径。随着城市经济发展水平的不断提高，对基础设施建设的要求越来越高，尽管近些年来城市公共交通日益完善，但时间可靠性及信息可靠性较差、运行速度慢、换乘不便、舒适性差、线路优化费时费力等问题依旧存在，导致公众通过常规公交出行的积极性不高，甚至在很多地铁网络不够完善、可达性较低的城市中，地铁的受欢迎程度也不高，没有充分发挥出公共交通的社会效能。

随着产业发展进程不断加快，大数据技术作为打造交通数据平台、构建大数据交通系统的重要手段，受到社会各界的广泛关注，为我国交通运输发展提供了新的途径。通过运用大数据技术，可实现跨区域、跨平台的数据资源共享，充分发挥其组合效率及信息集成优势，打造出综合而完善的交通信息服务体系。大数据技术能够对海量离散、无序的交通数据资源进行整合并深入分析，找到其背后的联系与规律，有效降低交通运输成本，提高交通运输效率与质量。不难发现，要想大数据技术在交通运输领域的价值得到充分发挥，需要海量交通数据资源提供强有力的支撑，而完善交通大数据交易又是低成本、高效率获取海量多源交通数据的有效途径。在移动互联网时代，交通交易大数据需求迎来爆发式增长，在提高交通管理水平、优化车辆驾驶路线、满足民众智能出行需求、交通应急处理等诸多方面产生了良好的实践效果。毋庸置疑，大数据在公共交通建设方面具有极大的发展潜能，能够充分挖掘公共交通运行特性，优化地铁、轻轨等轨道交通与常规路面公共交通衔接，有效提高公共交通升级改造效率[1]。

6.1　公共交通大数据及数据预处理方法

大数据在公共交通领域有许多潜在的用途和影响。自 2010 年出现以来，大数据已被纳入诸多交通问题的研究当中，包括交通行为分析、交通环境影响、公交线路优化、公交地铁时刻表优化等。2013 年前后，大数据开始被应用到公共交通领域的研究当中，并在后续的研究当中得到丰富和发展。本节内容中涉及的公共交通大数据包括公交车大数据和地铁大数据两类。

6.1.1　常用公共交通大数据类型及采集方法

公共交通领域的大数据包括公交站点数据、IC 卡数据、公交 GPS 轨迹数据、自动数据（自动乘客计数(APC)、自动票价控制(AFC)、自动车辆定位(AVL)、传感器数据、手机数据、网络数据和社交媒体数据等)，其中最常用的研究数据如下。

1. 公交站点数据

公交站点数据中记录了站点的位置及服务线路的相关信息，其具体字段如表 6-1 所示，地铁站点数据与之相似。

表 6-1　公交站点数据字段

字段名称	数据样例	字段说明
STATION_NAME	三河总站	站点名称
LINE_CODE	930	公交线路名称
LINE_MES	930(郎家园—三河总站)	公交线路信息
STATION_ORDER	1	站点序号
STATION_LNG	117.0889	经度
STATION_LAT	39.99564	纬度

2. IC 卡数据

最常使用的公交或地铁 IC 卡数据中记录了乘客的上下车时间及站点、刷卡线路的相关信息等，对于常规公交而言，只有采取分段计费刷卡模式的运行线路所记录的数据才会收集乘客的上下车信息，大部分常规公交数据通常只记录了乘客的上车时间及站点相关信息。具体字段如表 6-2 所示。

表 6-2　公交 IC 卡数据字段

字段名称	数据样例	字段说明
DEAL_TYPE	6	刷卡交易类型
CARD_TYPE	1	IC 卡持卡用户类型
MONTH_TYPE	17	月票类型
LINE_CODE	18	公交车所属线路编号
ON_STATION	12	上车站点编号
OFF_STATION	14	下车站点编号
UP_TIME	20160831130401	上车刷卡时间
DOWN_TIME	20160831130501	下车刷卡时间

3. 公交 GPS 轨迹数据

公交 GPS 轨迹数据中记录了常规公交车辆的实时位置，具体字段如表 6-3 所示。

表 6-3　公交 GPS 轨迹数据字段

字段名称	数据样例	字段说明
LINE_ID	104	线路名称
VEHICLE_ID	21	车辆编号
DATA	2021-08-13	数据收集日期
TIME	06:30:25	数据收集时间

续表

字段名称	数据样例	字段说明
LONGITUDE	116.3453	车辆位置经度
LATITUDE	38.2357	车辆位置纬度
SPEED	25	车辆瞬时速度
DIRECTION	01	行驶方向

IC 卡系统采集是最常见的公共交通大数据采集方法，除此之外，公共交通大数据的采集方法还包括视频识别法、自动乘客计数、网络爬虫等。

1) IC 卡系统采集

IC 卡系统采集方法最为高效便捷，信息传递迅速，数据采集在乘客上车刷卡的同时就已经完成，而且数据可靠性强，可以准确反映出城市公交车乘客的出行信息，数据可靠性和信息质量均较高。

2) 视频识别法

视频识别法通过录像设备采集视频数据，并通过后台进行自动处理或人工统计。该方法的优点是数据收集过程简单；缺点是对视频设备的要求较高，且收集的数据容易出现错误识别，依靠人工统计虽然能够保证数据精度，但后期处理数据需要大量的人力，工作强度较大。

3) 自动乘客计数法

自动乘客计数法只是机械地统计数量，虽能够实时上传收集的数据，但数据结构单一，信息量较少。

4) 网络爬虫

网络爬虫能够快速获取网页中记录的公共交通数据，数据可靠性较高，但容易受到网页访问权限限制。

6.1.2　数据预处理

在公共交通大数据收集、存储、转换和调用等过程中，不可避免会产生数据的缺失、重复、错误以及冲突，称此类数据为脏数据。因此，在使用数据之前，需要对数据进行清洗，以降低脏数据对研究结果的影响。常见的数据清洗方法及要点如下。

1. 四分位数法

四分位数也称四分位点，是指在统计学中把所有数据由小到大排列并分成四等份后，处于三个分割点位置的数据。该方法将全部数据分为 4 等份，其中每份包含 25%的数据。很显然，中间的四分位数即为中位数，通常所说的四分位数是指处在第一个分割点位置上的数据(下四分位数)和处在第三个分割点位置上的数据(上四分位数)。箱形图是四分位数最直观的表达方式，其能够有效地识别数据的离异值，亦可通过箱体的长度、中位数的大小来判断数据的离散程序与偏向，找出异常数据，从而实现异常数据的清洗。

2. 缓冲区分析

缓冲区分析是指以点、线、面实体为基础，建立其周围一定宽度范围内的缓冲区多边形图层，主要用来解决空间邻近性问题的空间分析。在公交系统中，站点是点要素，线路是线要素，点要素的缓冲区通常是以站点为圆心，以一定距离为半径的圆；线要素的缓冲区通常是以线为中心轴线，距中心轴线一定距离的平行条带多边形。线路缓冲区可以过滤不按线路行驶的车辆的数据，如临时封路改道时车辆的行驶轨迹。站点缓冲区可以判断公交车进出站点数据的正确性。这两类缓冲区都可以过滤范围异常的数据，起到范围清洗的作用，同时，在首末站点，还可以利用站点缓冲区，过滤大量的冗余数据，起到冗余清洗的作用[2]。

3. 数据格式规整

原始数据部分关键字段(时间、车辆编号、线路编号等)的数据格式可能不一致，需将其统一成一个或多个格式相同的字段，这类数据可以通过代码实现自动转换。

4. 数据筛选、补全与修正

公交刷卡数据的筛选工作主要是根据字段筛选出所需群体的数据，此外要对冗余数据进行识别与剔除，即识别在逻辑上有错误的数据并剔除。此外，一些数据可能由不同类型的数据拼接而成，应酌情对其进行修正。

5. 数据匹配

在公交车或地铁大数据预处理过程中，通常需要对 IC 卡数据和站点数据进行匹配，即将刷卡数据与空间坐标关联起来。

在 6.3.2 节的案例分析中，使用 pandas.DataFrame.replace 函数对站点名称进行标准化处理，包括异常空格和中英文括号不一致的处理；使用 pandas.to_datetime 函数将时间戳数据从字符串变量转化为时间类型变量，计算时间差并将时间差大于最大阈值的无效数据剔除。随后，通过 DEAL_TYPE 准确筛选出年龄在 65 周岁以上的老年人的刷卡数据。案例中还以智能卡数据中的上车站点名和下车站点名为基准，在站点 GPS 数据中查询站点坐标，借助 Python 编程语言中的 pandas.merge 函数进行匹配，将刷卡数据与空间坐标关联在一起，以方便后续的时空特征分析。

6.2 基于大数据的公交管理与分析方法

6.2.1 上下车及换乘判定

1. 上车判定方法

首先，将一条线路上每辆车的刷卡数据按时间先后顺序排列；其次，查询车辆运行时间，包括到站时间及离站时间；最后，乘客刷卡时间一定是在停车时间范围内的，因此，如果乘客刷卡时间介于车辆到站时间与离站时间之间，即判定乘客在该站上车。

2. 下车判定方法

只考虑途经站点数量时，站点下车概率 F_{ij}：

$$F_{ij} = \frac{e^{-\lambda}\lambda^{(j-i)}}{(j-i)!} \tag{6-1}$$

站点吸引强度 W_j：

$$W_j = \frac{S_j}{\sum_{i=1}^{m} S_j} \tag{6-2}$$

$$P_{ij} = \begin{cases} \dfrac{F_{ij}W_j}{\sum_{k=i+1}^{m} F_{ik}W_k}, & i < j \\ 0, & i \geqslant j \end{cases} \tag{6-3}$$

公交站点下车人数：

$$D_j = \sum_{i=1}^{j-1} S_i P_{ij} \tag{6-4}$$

3. 换乘判定方法

在公交出行过程中，换乘现象十分普遍，此类出行的行程时间组成如图 6-1 所示。

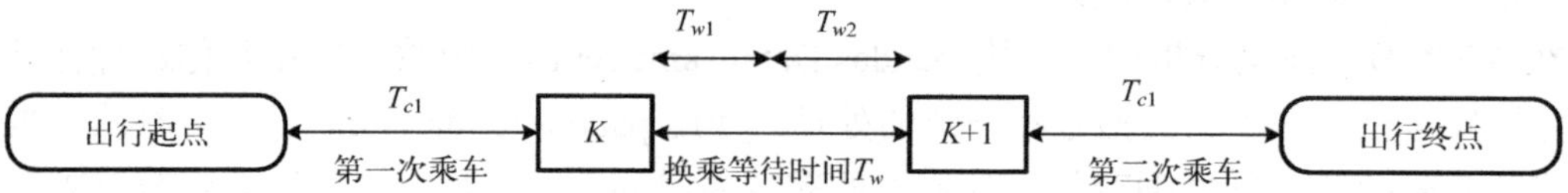

图 6-1　具有换乘过程的公交出行行程时间组成

换乘阈值 T_h：

$$T_h = T_{c1} + T_{w1} + T_{w2} \tag{6-5}$$

式中，T_{c1} 为第一次乘车时间；T_{w1} 为步行至换乘站点时间；T_{w2} 为站点候车时间。

根据乘客两次刷卡时间间隔 Δt 是否小于换乘阈值 T_h 来判断是否发生换乘行为。当 $\Delta t \leqslant T_h$ 且第二次乘车方向不为返程方向时，乘客发生换乘行为；当 $\Delta t > T_h$ 时，则乘客不发生换乘行为[3]。

6.2.2 时空特征分析

分析乘客在公共交通网络中的移动特征对于理解乘客的出行行为和设计更个性化的公共交通服务非常重要。通过识别具有相似空间、相似时间出行模式的乘客并了解他们的特征，公交运营者可以设计能够更好地满足不同乘客群体不同需求的运输服务，并通过策略调整诱导乘客出行需求，从而提高现有公交网络的使用效率。

1. 时间相似度

时间相似度是指两趟行程出行时间的相似程度，通过重合时间的长度与两趟行程中较长行程的比值来衡量。如式(6-6)所示。

$$\mathrm{TS}(T_1,T_2)=\begin{cases}\dfrac{\min(A_1,A_2)-\max(B_1,B_2)}{\max[(A_1-B_1),(A_2-B_2)]}, & (B_1>B_2,A_1>A_2)\,\|\,(B_1<B_2,A_1<A_2)\\ 0, & \text{其他}\end{cases} \tag{6-6}$$

式中，A_i、B_i 分别为行程 T_i 的下车和上车时间。

式(6-6)适用于仅有一段行程的两位乘客出行的时间相似度计算，当其中至少一位乘客的行程由多段子行程组成时，时间相似度计算应去除中间间隔部分时长，如图 6-2 所示，A、B 两位乘客的时间相似度为 40min/60min = 66.7%。

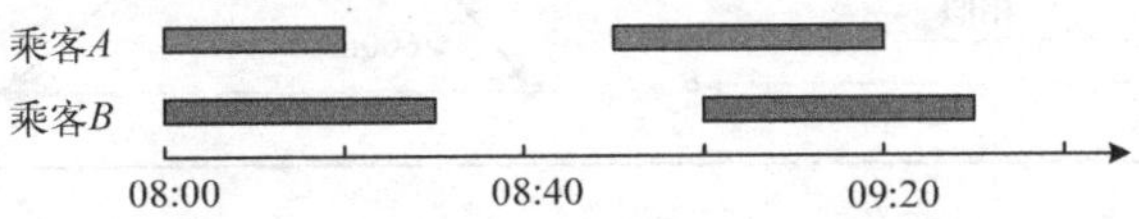

图 6-2　多行程时间相似度计算示例

2. 空间相似度

空间相似度是指两位乘客某次出行在空间上的相似程度。以起点间距 $d(O_1,O_2)$、终点间距 $d(D_1,D_2)$、行程方向 $\mathrm{di}(T_1,T_2)$ 作为空间相似度的度量指标。其中，起点间距是指两行程起点 O_1、O_2 之间的距离；终点间距是指两行程终点 D_1、D_2 之间的距离；行程方向是指两行程 T_1、T_2 之间的角度。空间相似度度量方法如式(6-7)所示。

$$\mathrm{SS}(T_1,T_2)=\begin{cases}\dfrac{\min\{l(T_1),l(T_2)\}}{\max\{l(T_1),l(T_2)\}}, & \{d(O_1,O_2)<600\mathrm{m}\,\|\,d(D_1,D_2)<600\mathrm{m},\mathrm{di}(T_1,T_2)<6^\circ\}\\ 0, & \text{其他}\end{cases} \tag{6-7}$$

式中，T_i 为起点为 O_i，终点为 D_i 的一段行程；$\mathrm{SS}(T_i,T_j)$ 为行程 T_i、T_j 之间的空间相似度；$l(T_i)$ 为行程 T_i 的长度。

式(6-7)适用于仅有一段行程的两位乘客，当一位或两位乘客的行程多于一段时，空间相似度为近似重合路段长度与行程较长乘客总行程长度之比。例如，乘客 A 某次出行由长度分别为 3km 和 6km 的两段行程组成，乘客 B 出行仅由一段长度为 4km 的行程组成，其中有 3km 与乘客 A 近似重合，则两位乘客该次出行的空间相似度为 3/(3+6)×100% = 33%。需要注意的是，一位乘客的类似行程只被视为一段行程；如果乘客在同一条线路上有几段行程，则只考虑其中一段进行空间相似度度量。另外，假设每段行程都可以与另一段行程具有空间相似度；如果某一段行程与多段行程有相似度，则选择相似度中最大的一个，空间相似度示例如图 6-3 所示。

3. 时空相关性

相关性是指两个变量之间的相关关系，主要分为线性相关性和非线性相关性，Pearson 相关系数是描述线性相关性最常用的指标之一，其计算原理如式(6-8)所示。

$$r=\frac{N\sum x_i y_i-\sum x_i\sum y_i}{\sqrt{N\sum x_i^{\,2}-\left(\sum x_i\right)^2}\sqrt{N\sum y_i^{\,2}-\left(\sum y_i\right)^2}} \tag{6-8}$$

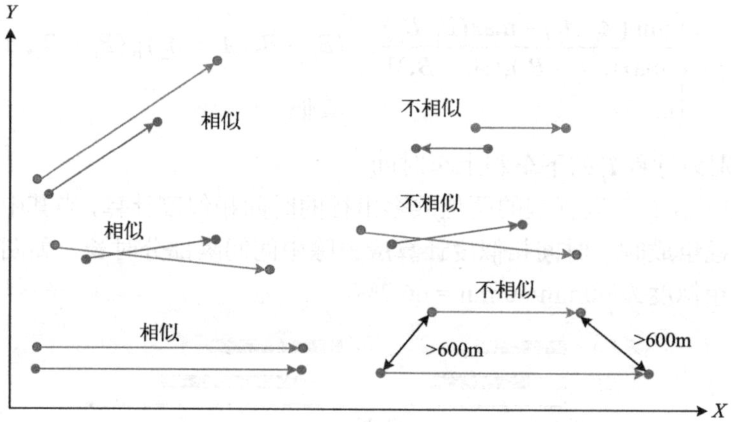

图 6-3　空间相似度示例

相关系数介于 0.8～1 时表示两变量极强相关，介于 0.6～0.8 时表示两变量强相关，介于 0.4～0.6 时表示两变量中等相关，介于 0.2～0.4 时表示两变量弱相关，介于 0～0.2 时表示两变量极弱相关。当 r 大于 0 小于 1 时表示两变量呈正相关关系，当 r 大于−1 小于 0 时表示两变量呈负相关关系，当 $r=1$ 时表示两变量完全正相关，$r=-1$ 表示两变量完全负相关，当 $r=0$ 时表示两变量不相关[4]。

4. 时空距离

公交出行的时空模式是指具有规律性的一类行为模式，即用户在使用公交时，其行程时间或者出行起讫点具有一定的规律。依据出行时空模式，可将出行分为无时空模式、有时间模式、有空间模式、有时空模式四大类出行。其中，无时空模式的出行不具有空间和时间上的规律性，具体来说，其发生的频率小于等于一个月一次，属于随机性很强的出行。具有时间模式的出行有固定的时间规律，其往往在相似的时间发生。类似地，有空间模式的出行拥有固定的空间规律，其往往具有类似的起点和终点。有时空模式的出行拥有固定的时间和空间规律，其往往具有类似的起点和终点，并且发生的时间有明显的规律性。对于此类出行的乘客来说，他们明确公交出行是要去做什么，而且需要在规定的时间完成。

时空距离用以度量两次公交出行之间的时空相似程度，通过计算两次出行的时间和空间距离来判定这两次出行是否相似。

1) 时间距离

假设两次出行 t（起点 $t_O=(\alpha_O^t,\delta_O^t)$，上车时间 h_O^t，终点 $t_D=(\alpha_D^t,\delta_D^t)$，下车时间 h_D^t）和出行 t'（起点 $t'_O=(\alpha_O^{t'},\delta_O^{t'})$，上车时间 $h_O^{t'}$，终点 $t'_D=(\alpha_D^{t'},\delta_D^{t'})$，下车时间 $h_O^{t'}$），对于两次出行的时间距离 $\mathrm{Tdis}_{t,t'}$ 定义如下：

$$\mathrm{Tdis}_{t,t'}=\left|h_O^t-h_O^{t'}\right| \tag{6-9}$$

2) 空间距离

两次出行起点间的距离与终点间的距离之和作为两次出行的空间距离。在实际的情况中，出行是沿路网进行的，因此路网中的最短距离是首选的距离度量指标，可以借助 ArcGIS 的网络分析工具提取。对于出行 t 和 t' 的空间距离 $\mathrm{Sdis}_{t,t'}$ 定义如下：

$$\mathrm{Sdis}_{t,t'} = d(t_O, t'_O) + d(t_D, t'_D) \tag{6-10}$$

式中，$d(t_O, t'_O)$ 为出行 t 的起点和 t' 的起点间的路网最短距离。

5. 时空可达性

公交时空可达性是指公交出行者从公交系统的任一站点出发，在给定出行目的地、出发时间以及时间预算的情况下，利用公交系统所能到达的位置的覆盖范围，反映了公交出行者参与活动所受到的空间上的限制，通常采用公交出行者的潜在路径所覆盖的区域(潜在路径区域)来度量[5]。

传统的时空棱锥假定了不受约束的空间以及恒定的最大速度，因此，以传统的时空棱锥去刻画个体在路网中的时空约束是不切实际的。对于个体在路网中的时空约束，需要使用网络时间棱锥进行描述。网络时间棱锥是基于网络路径的，并且在该棱锥中网络弧段速度具有时变性。然而，在公交网络中，还需要考虑公交网络本身的诸多特性，如公交站点间行程时间的时变特性、公交出行者的步行时间、公交出行者的候车时间、公交出行者的换乘次数及换乘时间、公交车辆在站点的停靠时间以及公交出行者在活动位置持续的活动时间。

将公交站点抽象为网络节点，将公交运行线路抽象为网络边，引入动态站间行程时间作为网络边参数，即可将公交网络描述为时变加权有向图 $G = (N, A, \text{weight})$。其中，weight 表示权重；$N$ 表示所有节点的集合；A 表示所有有向弧段的集合，集合中的每条弧段表示为 (i, j, X, D) $(i \in N, j \in N)$，X 表示该弧段所在线路的线路号，D 表示该线路的方向(上行用“0”表示，下行用“1”表示)。

经典的潜在路径区域(N-PPA)算法是基于一般性路网进行计算的，为了将经典的 N-PPA 算法扩展到公交网络中，需要以公交网络的时变加权有向图模型为基础，考虑公交出行者的行程起终点可能不是公交站点、公交出行者所能容忍的最大换乘次数、公交车辆的停靠时间以及乘客的换乘时间等限制条件对其进行改进，本部分将改进的 N-PPA 算法称为公交潜在路径区域(PTN-PPA)算法。

总的来说，PTN-PPA 算法主要包含两部分算法：一是计算满足换乘次数的站间最短行程时间；二是计算潜在路径区域。前者是后者的子算法，并且这两部分算法都需要基于公交网络的时变加权有向图进行计算，下面将对这两部分算法的输入输出及具体步骤进行详细阐述。

首先计算满足换乘次数的站间最短行程时间，算法的输入为出行者在公交网络中的行程起讫点(在公交站点上)、出发时间以及公交出行者所能容忍的最大换乘次数；算法的输出为由行程起点到终点满足出行者换乘次数要求的最短行程时间。计算满足换乘次数的站间最短行程时间算法的具体步骤如表 6-4 所示。

表 6-4　满足最大换乘次数的最短行程时间算法

输入：	起讫点、出发时间、最大换乘次数
过程：	
1	定义算法中所使用的变量并赋值
2	为节点赋予合适的停靠时间，为时变加权有向图中的弧段赋予行程时间
3	if 节点 C 与行程终点不同
4	选择一个与节点 C 相连的弧段 $A(C,j,X,D)$
5	if 节点 C 为起点 then
6	将 $A(C,j,X,D)$ 添加到路径集 PATHS 中
7	将 $A(C,j,X,D)$ 添加到路径集 PATHS 中
8	else 节点 j 不在此路径 R 中 then
9	将该弧段与所选路径 R 末端的弧段的 X 值和 D 值分别进行比较
10	if X 值和 D 值完全一样 then
11	fR 不变
12	else $fR = fR+1$
13	if $fR \leqslant$ 最大换乘次数 F then
14	将 $A(C,j,X,D)$ 连接到该路径 R 的末端组成一条新的路径并添加到 PATHS 中
15	if PATHS 不为空集
16	if 满足最大换乘次数到达出行终点的路径集 RESULTS 不为空集
17	从 RESULTS 中选择一条路径 R，计算累积行程时间 TRAARC(R) 和累积停靠时间 STIME(R)，将 TRAARC(R)、STIME(R)、FTIME(R) 这三者之和赋予 TRAVEL(R) 并将其添加到 TRAVELS 中
18	else 为 TRAVEL(R^*) 赋值为无穷大，break
19	else 为 TRAVEL(R^*) 赋值为 0，break
20	将 TRAVELS 中的最小值赋予 TRAVEL(R^*)，算法终止
输出：	最短行程时间

其次计算潜在路径区域，该算法用于计算公交出行者的潜在路径区域，算法的输入为公交出行者的起讫点(可不在公交站点上)、出发时间、所参与活动的位置及持续时间、时间预算以及公交出行者所能容忍的最大换乘次数；算法的输出为在公交网络中出行者在一定时间预算内由行程起点到终点可进行公交出行的潜在路径集合。公共潜在路径区域(PTN-PPA)算法的具体步骤如表 6-5 所示。

表 6-5　公共潜在路径区域(PTN-PPA)算法

输入：	起讫点、出发时间、所参与活动的位置及持续时间、最大换乘次数
过程：	
1	**步骤 1**：定义算法中所需变量并赋值 C：弧段计算中指向基本节点的指针 N：对当前弧段进行计数的标号，初始值为 1 OTIME：从行程起点到距其最近的公交站点所用时间 DTIME：从公交站点到行程终点所用时间 NTIME(C)：沿满足换乘次数要求的路径从距行程起点最近的公交站点到节点 C 的累积行程时间 ENTARC(C)：指向在满足换乘次数要求的路径中从距行程起点最近的公交站点进入节点 C 的弧段的指针

续表

	CTIME(*N*)：从距行程起点最近的公交站点出发沿满足换乘次数要求的路径到达弧段 *N* 且通过弧段 *N* 的累积行程时间 TRAVEL(*N*)：仅通过弧段 *N* 的行程时间 DWELL(ENTRAC(*C*), *N*)：在节点 *C* 处公交车辆的停靠时间，乘客换乘时间以及活动的持续时间 BUDGET：时间预算 START：弧段计算中被当作基本节点的点集，初始为空集。
2	为节点赋以合适的停靠时间，为时变加权有向图中的弧段赋以行程时间，设置 *C* 为行程起点
3	**步骤 2**：从起点开始进行弧段的累计以选出候选弧段 计算满足换乘次数要求的从距行程起点最近的公交站点到节点 *C* 的累积行程时间，并将此值依次赋于 NTIME(*C*)，如果 *C* 为起点，则 ENTRAC(*C*)为(*O*, *O*)。
4	选择一个与节点 *C* 相连且暂时不在潜在路径区域 PPA 中的弧段 *A*(*C*, *j*, *X*, *D*)
5	设置 DWELL(ENTARC(*C*), *N*)为通过节点 *C* 从弧段 ENTARC(*C*)进入弧段 N 所需的时间
6	if ENTARC(*C*)为(*O*, *O*)
7	在节点 *C* 处公交车辆的停靠时间，乘客换乘时间以及活动的持续时间 DWELL(ENTARC(*C*), *N*)为 0
8	设置 TRAVEL(*N*)为步骤 1 中计算的弧段 *N* 的行程时间。将 NTIME©, DWELL(ENTARC(*C*), *N*), TRAVEL(N)三者之和赋值给累积行程时间 CTIME(*N*)
9	如果每条路径的 CTIME(*N*) 小于或等于(BUDGET-OTIME-DTIME)或者由距行程起点最近的公交站点到节点 *C* 的路径与该弧段 *N* 组成的路径的换乘次数不大于 F，CTIME(*N*)取满足上述条件的路径中的最小值
10	添加弧段 *N* 到暂时的 PPA 中
11	if 节点 *j* 还未在 START 中则将其添加到 START 中
12	*N*=*N*+1，返回步骤 2 起始
13	从 START 中选择一个还未被选过的节点，若无节点可选，则进入步骤下一步；否则将选择的节点定名为 *C* 并跳至步骤 2 起始
14	if 无节点可选 then
15	进入步骤 17
16	else 将选择的节点定名为 C 并跳至步骤 3
17	选择弧段 *N*
18	if *N* 在暂时的 PPA 中不指向任何弧段，则跳至步骤 22
19	else 将(时间预算 BUDGET-从行程起点到距其最近的公交站点所用时间 OTIME–从公交站点到行程终点所用时间 DTIME)与 CTIME(*N*)之差赋值给 T^*
20	在网络中从弧段 *N*(包括 *N*)到行程终点沿满足换乘次数的最短路径按旅行顺序列举出权重不为无穷大的弧段。在每个弧段和节点处，从 T^* 中减去节点的停靠时间以及弧段在当前时段的权重，反复进行，直到 T^* 耗尽
21	如果上一步中列举的路径能够到达距行程终点最近的公交站点(也就是连接了该公交站点)，则弧段 *N* 是可行的，在 PPA 中保留它；反之，则将弧段 *N* 从 PPA 中移除
22	*N* 自减 1；*N* 为 0 时，算法终止，否则跳至步骤 17
输出：	公交网络中出行者在一定时间预算内由行程起点到终点可进行公交出行的潜在路径集合

6.2.3 公交需求识别及预测

1. 基于神经网络的站点上下车乘客数预测

主动实时控制策略建立在由 *N* 个站点组成的单向环路网络中，公交线路由 *K* 辆公交车运营，所有的公交车从其起点站(1 站)出发，经过所有的站点，到达第一站对应的 *N*+1 站。

主动实时控制策略包括三个阶段：服务可靠性评估、公交车上下车乘客数量预测、调度时间优化。当公交车到达站点时，首先对其可靠性进行评估，并预测接下来该辆车的时间可靠性，如果接下来的运输服务是可靠的，则保持该辆车的运行状态；如果接下来的运输服务不可靠，则预测公交需求和下车乘客数量，进而以乘客总等待时间最少为目标优化调度时间。

虽然乘客不会按照一定的分布到站，但对于每辆公交车来说，它的公交需求是可追溯的。公交站点的公交需求一般与时段有关，如高峰时段的公交需求高于非高峰时段的公交需求；通勤者的出行习惯在高峰期是相对固定的。目标车与前车的车头时距(通常车头时距越大，公交需求越高)、上游站点数、上游站点的公交需求(上游站点公交需求可以反映该线路的需求，并影响公交负载)均能从一定程度上反映公交需求。因此，本文将以上三种类型的变量作为解释变量对公交需求进行预测。通过 IC 卡刷卡数据获取实时的公交需求信息。通过 GPS 数据获取车头时距信息，公交车 k 在站点 n 的公交需求可表示为式(6-11)：

$$l_{k,n} = f(ta_{k,n}, h_{k,n-1}, \cdots, h_{k,n-\mu}, l_{k,n-1}, \cdots, l_{k,n-\mu}) \tag{6-11}$$

式中，$l_{k,n}$ 为公交车 k 在站点 n 的公交需求；$ta_{k,n}$ 为公交车 k 到达站点 n 的时间；μ 为上游站点数；$h_{k,n-1}, \cdots, h_{k,n-\mu}$ 为公交车 k 和 k–1 在上游 μ 个公交站点的车头时距；$\ell_{k,n-1}, \cdots, \ell_{k,n-\mu}$ 为公交车 k 在上游 μ 个公交站点的公交需求。

在确定控制行为时，应考虑多站多辆公交车的公交需求。因此，在预测站点 n+1 上公交车 k 的公交需求时，需以站点 n 上公交车 k 的公交需求 $\ell_{k,n}$ 作为解释变量，如式(6+12)所示。

$$l_{k,n+1} = f(ta_{k,n+1}, h_{k,n}, \cdots, h_{k,n-\mu+1}, l_{k,n}, \cdots, l_{k,n-\mu+1}) \tag{6-12}$$

下车乘客数量的预测方法与公交需求的预测方法相似。二者的主要区别表现在两个方面：一是不直接预测下车乘客的数量，而是预测下车乘客的百分比，然后将预测的百分比乘以公交车载客量；二是将式(6-11)中的公交需求变量替换为下车乘客的百分比。

$$\varphi_{k,n} = f(t_{k,n}, h_{k,n-1}, \cdots, h_{k,n-\mu}, \varphi_{k,n-1}, \cdots, \varphi_{k,n-\mu}) \tag{6-13}$$

$$\delta_{k,n} = \varphi_{k,n} L_{k,n} \tag{6-14}$$

式中，$\varphi_{k,n}$ 为公交车 k 在公交站点 n 时下车乘客的预测百分比；$\varphi_{k,n-1}, \cdots, \varphi_{k,n-\mu}$ 为公交车 k 在上游 μ 个站点的下车乘客的百分比；$\delta_{k,n}$ 为公交车 k 在公交站点 n 时下车乘客的数量(人)；$L_{k,n}$ 为公交车 k 在公交站点 n 时的载客量(人)。

DBN 已成功应用于交通流预测等诸多领域的预测分析当中，下面是基于 DBN 的公交站点公交需求及下车乘客数量的预测方法(含公交站点公交需求预测模型 DBN-TD 和下车乘客数量预测模型 DBN-AP)。

步骤 1：初始化。将数据集分为训练集和测试集；设置 DBN 模型结构参数的范围，包括层数、隐藏单元、迭代、学习率，并初始化 RBM 的权值。

步骤 2：利用 CD(Contrastive Divergence)算法训练 DBN 模型。从底层提取特征并将其转移到顶层；迭代更新 RBM 的权重，直到达到最大迭代次数；若能提高预测精度，则将此结果与相应的结构参数组合保存；利用 BP 神经网络对权值进行微调；输出预测结果，保存最优 DBN 模型。

步骤 3：实时预测公交需求和下车乘客数量。更新目标车辆载客量、最新的 μ 个停靠站、目标车辆与前车之间的车头时距、公交需求及下车乘客百分比；分别使用 DBN-TD 模型和 DBN-AP 模型预测公交需求及下车乘客百分比，并计算下车乘客数量[6]。

2. 基于梯度提升决策树的公交客流预测

1) 梯度提升决策树原理

梯度提升决策树包括两个主要部分：一是梯度提升决策树(Gradient Boosting Decision Trees，GBDT)模型；二是通过叠加方法提取和生成特征。

GBDT 是一种高效的机器学习算法，它使用 Cart 回归树模型作为基函数，通过一系列增强过程不断训练之前学习过程中的分类错误，提高决策精度。其原理是：首先构造 m 个子决策树 $h(x;a_1), h(x;a_2), \cdots, h(x;a_m)$，然后通过叠加模型和增强方法组装成 GBDT 模型。第 n 个子树 $F_n(x)$ 基于基函数 $h(x;a_m)$，其形式如下[7]：

$$F_n(x) = F_{n-1}(x) + \varepsilon\beta_n h(x;a_n) \tag{6-15}$$

式中，$F_{n-1}(x)$ 为前 $n-1$ 个子树的累计和；β_n 为第 n 个子树的权重；ε 为学习效率，亦称为收缩比例。

GBDT 的运行步骤如下。

步骤 1：初始化 F_0。

$$F_0 = \arg\min \sum_{i=1}^{n} L(y_i, c) \tag{6-16}$$

步骤 2：连续迭代分类器，分别令 $m=1,2,3,\cdots,M$， M 为迭代次数。

(1) 计算当前模型中损失函数的负梯度 $\tilde{y}_{im}$ 来估计残差。

$$\tilde{y}_{im} = -\left[\frac{\partial(y_i, F(x_i))}{\partial F(x_i)}\right]_{F(x)=F_{m-1}(x)} \tag{6-17}$$

(2) 拟合 Cart 回归树得到第 m 棵回归树 $\{(x_1,\tilde{y}_{1m}),(x_2,\tilde{y}_{2m}),\cdots,(x_n,\tilde{y}_{nm})\}$ 及其叶子节点区域 $R_{jm}(j=1,2,\cdots,J)$，J 表示每棵树的叶节子点数。

(3) 通过线性搜索计算每个叶子节点的最优拟合值，即 $j=1,2,\cdots,J$ 。

$$c_{jm} = \arg\min_c \sum_{x_i \in R_{jm}} L(y_i, f_{m-1}(x_i + c)) \tag{6-18}$$

(4) 更新回归树。

$$f_m(x) = f_{m-1}(x) + \sum_{j=1}^{J} \varepsilon c_{jm}, \quad x_i \in R_{jm} \tag{6-19}$$

步骤 3：获取最后的学习结果。

$$F(x) = \sum_{j=1}^{J}\sum_{m=1}^{M} \varepsilon c_{jm}, \quad x_i \in R_{jm} \tag{6-20}$$

2) 基于多源数据的公交客流预测

客流的预测精度在很大程度上取决于特征的选择以及特征与预测目标之间的相关性。在基于多源数据的公交客流预测问题中，特征与预测标签之间的关系可以是明确的，也可以是隐式且相互关联的。此外，乘客需求结构的复杂性和乘客行为的独特性使得公交客流预测更加复杂。

现有的单机器学习模型很难在此类多源数据上取得最佳性能。为了利用这些模型所体现的潜在有效性，需要对多源客流数据进行再处理，使不同特征状态下的客流表现出更明显的差异。因此引入缩放叠加的方法，用于整合和增强不同特征与预测目标之间的相关性，从而获取跨时段的与预测目标的相关性较高的特征，便于后续的客流预测。

此外，在基于多源数据的公交客流预测中，多重共线性问题是不可忽视的。虽然更多的特征可以更全面地描述数据，但也造成了特征之间的高相关性问题，从而降低了模型的鲁棒性并增加了训练过程中发生过拟合的可能性。主成分分析法(PCA)常被用于降低多源特征的维度，避免多重共线性问题，但是其可能会导致大量的信息丢失，从而降低了模型的训练精度。

叠加方法的原理是利用多级模型进行特征生成和模型融合。叠加过程由两层组成。第一层采用一对精度较高的异构机器学习模型作为基础模型，通过 K 重交叉验证提取原始数据的特征。然后将提取的特征添加到第二层模型中进行叠加。叠加过程可以有效地提取原始多源客流数据的特征，其机制类似于神经网络，但该叠加过程不存在反向传播，它利用基本模型之间的差异来组合原始特征。该方法获得的新特征与预测标签的关联度更大，从而降低了新特征之间的共线性程度。

虽然在叠加方法中，基础模型的数量是没有限制的，但基础模型越多，意味着需要更多的训练时间，且应保证不同基础模型的预测效果相似，否则，叠加方法的精度可能低于单一模型的精度。由于公交客流随时间往往呈现出周期性和非周期性的变化模式，因此，在相邻时间间隔、日周期性和周周期性等不同时间粒度上捕捉客流潜在的时间依赖性有利于提高预测精度。由于长短期记忆(LSTM)递归神经网络被广泛用于时间序列预测，因此将其作为一种基础模型；另外，随机森林(Random Forest，RF)在处理高维数据时通常表现出优越的性能，且具有优越的抗干扰能力，因此将其作为另一种基础模型。以这两种模型为基础模型，将其应用到叠加方法中，可以自动提取表征时间依赖性的特征及各自相关的影响因素。首先使用这两个模型分别进行叠加，然后使用第二级梯度提升决策树(GBDT)模型对新数据集进行预测和分析，得出最终结果。

虽然与传统的单机器学习模型相比，叠加法在可扩展性方面有优势，但仍存在一定的缺陷。首先，由多重交叉验证生成的预测结果具有不同的参数组合和预测精度，如果测试集的新特性只是简单地通过平均获得，那么高精度项目的优势将被削弱；其次，对于时间序列预测，数据的时间顺序极其重要，假设训练集按时间顺序分成 K 部分，使训练集第 k 部分的时间间隔距离训练集最远，第 1 部分距离训练集最近。显然，排在前面部分数据的时间权重明显高于其他训练集组合获得的时间权重。为弥补以上缺陷，本部分采用一种“按比例”的叠加方法。

(1)基于精度的缩放：将简单的平均加权修改为基于精度的平均加权，见式(6-21)。

$$p_u = \frac{\mathrm{MAPE}_u^{-1}}{\sum_{u=1}^{K} \mathrm{MAPE}_u^{-1}} \tag{6-21}$$

式中，p_u 表示第 u 次“预测”的精度；MAPE_u^{-1} 表示第 u 次“预测”的平均绝对百分比误差(MAPE)。

(2)基于时间的缩放：类似地，在 K 重交叉验证后对训练集添加时间加权。

$$\text{pT}_u = \frac{u^\tau}{\sum_{u=1}^{K} u^\tau} \tag{6-22}$$

式中，τ 表示加权距离的缩放参数。

(3)联合缩放：综合考虑时间和精度。

$$\text{predictions} = \sum_{u=1}^{K} \frac{p_u + \text{pT}_u}{2} \text{predict}_u \tag{6-23}$$

3. 短时客流预测

前面介绍了基于神经网络和深度学习的预测方法，下面将以地铁刷卡数据为例，介绍基于时间序列的客流预测方法。

t 时间站点 s 的客流数据表示为 $x_s^{(t)}$，目标是预测 t+1 时间的客流数据 $x_s^{(t+1)}$。定义站点 s 客流的时间序列 $X_s^{(t)} = \{x_s^{(t)}, x_s^{(t-1)}, \cdots, x_s^{(t-m)}\}$，$x_s^{(t)}$ 不仅与站点 s 的客流数据有关，还与其他站点中以 s 为目的地的客流数据相关。因此，短时客流预测需要综合考虑站点 s 的时间序列和地铁网络中其他站点的数据。预测框架如图 6-4 所示。首先基于历史订单数据构建时间序列 $X_s^{(t)}$，其次分别提取站点 s 客流的时间和空间分布特征，然后与其他外部数据源一起作为输入，通过预测模型实现目标预测[8]。

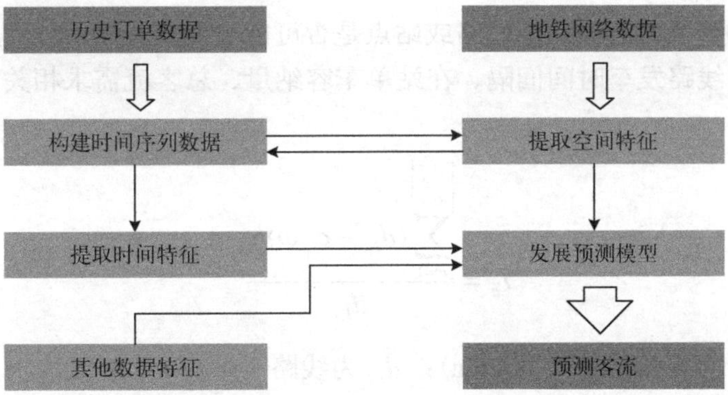

图 6-4　短时客流预测框架

预测模型采用三种典型的方法：自回归移动平均模型、线性回归模型和支持向量回归模型。其中，自动回归移动平均模型表示为

$$x_s^{(t)} = c + \varepsilon_t + \sum_{i=1}^{p} \phi_i x_s^{(t-i)} + \sum_{j=1}^{q} \theta_j \varepsilon_{t-j} \tag{6-24}$$

式中，$\sum_{i=1}^{p} \phi_i x_s^{(t-i)}$ 描述自动回归；$\sum_{j=1}^{q} \theta_j \varepsilon_{t-j}$ 描述移动平均；p 为自回归周期；q 为滞后预测误差

数；θ 为移动平均参数；ε 为残差。

线性回归模型表述为

$$x_s^{(t)} = \beta_0 + \sum_{j=1}^{d} \beta_j X_j + \varepsilon \tag{6-25}$$

式中，β_0 为截距；$\boldsymbol{X}$ 为输入向量；β_j 为斜率；d 为特征数；ε 为残差。

支持向量回归模型表述为

$$\begin{aligned} &\min \|\omega\|^2 + C\sum_{i=1}^{n}(\xi_i + \xi_i^*) \\ &\text{s.t.}\quad y_i - f(X_i,\omega) \leqslant \varepsilon + \xi_i^* \\ &\qquad f(X_i,\omega) - y_i \leqslant \varepsilon + \xi_i \\ &\xi_i, \xi_i^* \geqslant 0,\quad i = 1,2,\cdots,n \end{aligned} \tag{6-26}$$

式中，$\boldsymbol{X}$ 为输入向量；ξ_i, ξ_i^* 为松弛变量；$f(\boldsymbol{X}_i,\omega)$ 为损失函数，定义为 $f(\boldsymbol{X}) = \sum(a_i - a_i^*)K(X_i, X), 0 \leqslant a_i, a_i^* \leqslant C$。

4. 可预知大客流识别及预测

大客流指在相应客流聚集时段，到达站点的客流量超过正常情况下站点的客运设施或客运组织措施所能承担流量的客流。可预知大客流主要包括：①早晚高峰时段的公交车/地铁大客流；②公交车/地铁沿线及周边举办的大型活动、集会、赛事等引发的大客流；③节假日（五一假期、十一黄金周）期间公交车/地铁沿线各景区旅游观光引发的大客流；④可预知恶劣天气引发的公交车/地铁大客流[9]。

采用乘客平均等待时间来判断线路或站点是否可能出现大客流。以线路为研究基础，乘客平均等待时间与线路发车时间间隔、在站单车容纳量、总客流需求相关，具体计算公式如式(6-27)所示。

$$T_a = \frac{\sum_{\omega=1}^{\left\lceil \frac{d_{l,i}}{c_{l,i}} \right\rceil} (d_{l,i} - c_{l,i}\omega) h_l}{d_{l,i}} \tag{6-27}$$

式中，T_a 为站点乘客平均等待时间(min)；$d_{l,i}$ 为线路 1 站点 i 的客流需求(人)；$c_{l,i}$ 为线路 1 站点 i 的单车容纳量(人)；ω 为已运载乘客的车次数(次)；h_l 为线路 1 的发车时间间隔(min)。

以 T_a' 表示正常情况下的乘客平均等待时间，正常情况下的乘客平均等待时间阈值为线路发车时间间隔的 1/2。

在此基础上，为了弥补乘客平均等待时间在大客流识别中的不足，提供线路相对于单站点的运力计算公式，进一步辅助潜在大客流识别，具体如式(6-28)所示。

$$d_{l,i,\max} = c_{l,i,b} \times \frac{T_{l,b}}{h_{l,b}} \tag{6-28}$$

式中，$d_{l,i,\max}$ 为线路 1 站点 i 的最大可运载人数(人)；$c_{l,i,b}$ 为线路 1 站点 i 的原公交线路单次最大运载人数(人)；$T_{l,b}$ 为线路 1 客流聚集时段(min)；$h_{l,b}$ 为线路 1 原公交线路发车时间间隔(min)。

当线路 1 站点 i 在客流聚集时段聚集人数超过站点最大可运载人数时，结合乘客平均等待时间相较于正常情况的异常程度，可最终判定潜在可预知大客流出现与否。

假设通过某种交通方式来到吸引点的乘客也会选择通过该种交通方式从吸引点返回，以客流到达吸引点过程中的公交客流波动情况预测从吸引点离开时段的公交客流线路 OD 需求及客流量。

根据公交 IC 卡数据各字段，在已知聚集点、聚集时间的情况下，通过客流聚集过程中乘客下车站点、下车时间及刷卡量分析，即可知道大客流疏散时的客流需求。预测原理如图 6-5 所示。

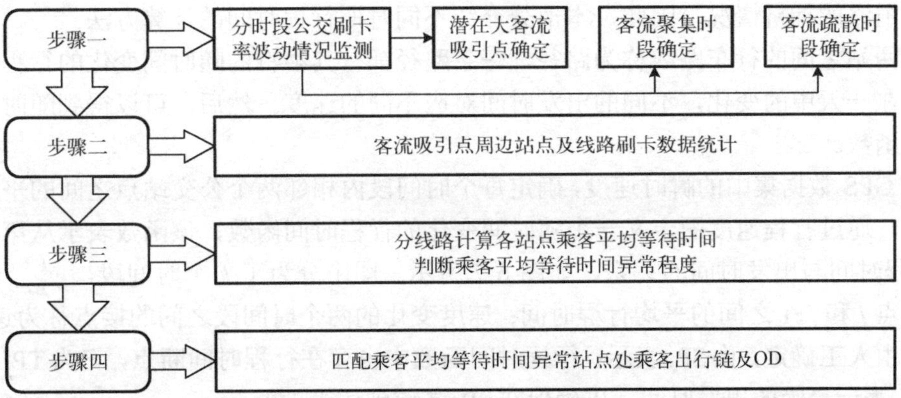

图 6-5　可预知大客流预测流程

6.2.4　时刻表优化

日常公交车运营如图 6-6 所示。实心圆圈表示公交车辆已经经过的站点，空心的圆圈表示未经过的站点。时刻表优化问题即为确定相邻两辆车发车的时间间隔，如 $t_2 - t_1$。时间间隔的大小影响乘客等待公交车辆的总时间和车队维持日常运营所需的车辆数量。车内乘客数量随时间和车站的变化而变化。

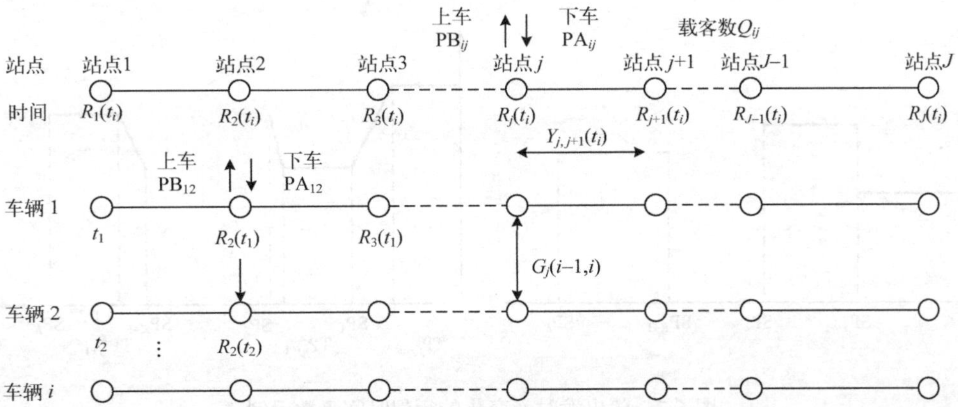

图 6-6　日常公交车运营示意图

以平衡乘客和公交公司利益为目标，建立了融合智能卡和 GPS 数据集的双目标时刻表优化模型。时刻表优化模型由决策变量、目标函数和约束条件三部分组成。决策变量为每辆车离开第一站的时间；目标函数表征两个优化目标，一个是日常运营的出发次数，另一个是所有站点的乘客的平均等待时间；约束条件包括运行周期、间隔限制、到达时间、车辆数。

1. 变量分析

本节所用方法依托数据为公交车辆 GPS 数据和公交 IC 卡数据，关键变量包括与时间相关的行程时间、客流量和车辆停靠时间三个。

1)行程时间

行程时间可用来估计车辆到达时间，进而计算乘客的总等待时间，同时，行程时间也直接反映了道路的拥挤情况。因此，本部分介绍不同时期行程时间的计算方法。

相邻两站之间的行车路线称为路径，每条路径都有其独特的随时间变化的行程时间函数来表示其在一天中的变化，不同的出发时间对应不同的速度。然后，可以得到随时间变化的行程时间函数。

利用 GPS 数据集中的瞬时速度，确定每个时间段内相邻两个公交站点之间的平均行驶速度。然后，通过行程速度图定义一个随时间变化的行程时间函数，该函数表示从第 j 站到第 j+1 的行程时间与出发时间的关系，如图 6-7 所示。图中分为了 k 个时间段，$y_{j,j+1}^{k}$ 表示 k 个时间段站点 j 和 j+1 之间的平均行程时间；速度变化的两个时间段之间的接点称为速度断点，速度断点由人工确定，由 SP_k 表示；行程时间函数中也存在行程时间断点，记为 $\mathrm{TP}_{j,j+1}^{k}$ ($k=1, 2,\cdots, K$)，表示最晚的出发时间，以确保在 SP_k 之前到达第 j 站。

$$\mathrm{TP}_{j,j+1}^{k}=\begin{cases}\mathrm{SP}_k-y_{j,j+1}^{k}, & 1\leqslant k\leqslant K\\ \mathrm{SP}_k, & k=K\end{cases} \tag{6-29}$$

加上速度和行程时间断点，行程时间函数可表示为

$$Y_{j,j+1}(t)=\begin{cases}y_{j,j+1}^{k}, & \mathrm{SP}_{k-1}\leqslant t<\mathrm{TP}_{j,j+1}^{k}\\ y_{j,j+1}^{k}+\dfrac{t-\mathrm{TP}_{j,j+1}^{k}}{\mathrm{SP}_k-\mathrm{TP}_{j,j+1}^{k}}(y_{j,j+1}^{k+1}-y_{j,j+1}^{k}), & \mathrm{TP}_{j,j+1}^{k}<t\leqslant \mathrm{SP}_k\end{cases} \tag{6-30}$$

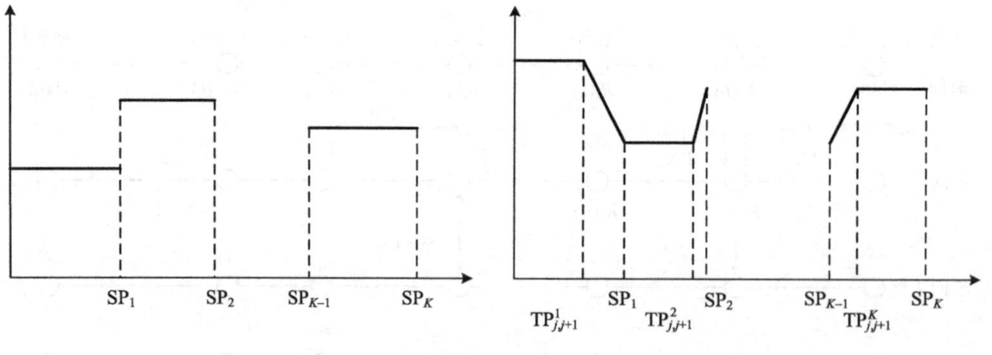

图 6-7　随出发时间变化的行程时间函数示例

2）客流量

基于 IC 卡数据，可以提取每一个站点上下车乘客的信息，用上车率（人/min）和下车率表示。相邻公交车到达同一站点的时间间隔越长，在站点上下车的乘客就越多。H_m 表示相邻公交车的最大时间间隔，t_i 表示第 i 辆车从第一站出发的时间，$R_j(t_i)$ 表示第 i 辆车到达第 j 站的时间，$G_j(i-1,i)$ 表示第 i–1 辆车和第 i 辆车到达第 j 站的时间间隔，其计算方法为

$$G_j(i-1,i)=\begin{cases}H_m, & i=1\\ t_i-t_{i-1}, & i>1, j=1\\ R_j(t_i)-R_j(t_{i-1}), & i>1, j>1\end{cases} \tag{6-31}$$

$G_j(i-1,i)$ 也可表示相邻两辆车的车头时距，由式（6-31）可以看出，车头时距会随行程时间和停留时间而变化。第一辆车在运行之前运行状况是无法确定的，因此假设第一辆车乘客在每一站的等待时间均为最大时间间隔 H_m。公交车运营的时间段为 $[W_f,W_l]$，将其分为 K 个时间段，假设第 i 辆车在第 k 个时间段到达第 j 站，则 k 可表示为

$$k=\frac{K(R_j(t_i)-W_f)}{W_l-W_f} \tag{6-32}$$

基于乘客等待时间 $G_j(i-1,i)$ 和下车率 $\gamma_j(k)$，可获得下车乘客数 PA_j^i，表示第 i 辆车在第 j 站的下车乘客数，且下车乘客数不超过车上乘客总数 Q_j^i。

$$\mathrm{PA}_j^i=\min\{\gamma_j(k)\cdot G_j(i-1,i),Q_j^i\} \tag{6-33}$$

同理，基于上车率 $\varphi_j(k)$、乘客上限 CAP 和乘客等待时间 $G_j(i-1,i)$，可获得上车乘客数 PB_j^i：

$$\mathrm{PB}_j^i=\min\{\varphi_j(k)\cdot G_j(i-1,i),\mathrm{CAP}+\mathrm{PA}_j^i-Q_{j-1}^i\} \tag{6-34}$$

通常情况下，公交车的容量能够满足乘客需求。然而，在高峰时段，乘客数量经常会超过第一辆到站公交车的剩余容量，许多乘客不得不等待第二辆公交车，假设在公交站点 j 乘坐第 i 辆车失败需要等待第 i+1 辆车的乘客数量为 CB_j^i，计算方法如下：

$$\mathrm{CB}_j^i=\varphi_j(k)G_j(i-1,i)-\mathrm{PB}_j^i \tag{6-35}$$

假设未成功乘坐第一辆公交车的乘客有优先乘坐第二辆公交车的权利，考虑到这部分乘客，上车乘客数更新为

$$\mathrm{PB}_j^i=\min\{\varphi_j(k)\cdot G_j(i-1,i)+\mathrm{CB}_j^i,\mathrm{CAP}+\mathrm{PA}_j^i-Q_{j-1}^i\} \tag{6-36}$$

已知第 j 站上下车的人数，则第 i 辆公交车通过第 j 站时的乘客总数为 Q_j^i：

$$Q_j^i=Q_{j-1}^i+\mathrm{PB}_j^i-\mathrm{PA}_j^i \tag{6-37}$$

3）车辆停靠时间

公交车停靠时间受诸多因素影响，包括站点类型、支付方式、上下车乘客数等，但最重要的因素是上下车乘客数。当前后门同时开启的时候，上下车几乎是同时进行的，本节通过上下车时间之间的最大值来描述公交停靠时间。乘客一般都是一个接一个上车缴费，因此缴费时间可以用等差数列来近似估计。定义 m 为相邻两位乘客使用智能卡的时间间隔，并假设

在此间隔内的乘客数量服从一定的概率分布 $P(m)$，则上车时间为 $m.\mathrm{PB}.P_1(m)$；同理，下车时间为 $m.\mathrm{PA}.P_2(m)$，停靠时间 D_j^i 可表示为

$$D_j^i = \max\left\{\mathrm{PB}_j^i \sum_{m=1}^{M} mP_1(m), \mathrm{PA}_j^i \sum_{m=1}^{M} mP_2(m)\right\} \tag{6-38}$$

2. 优化模型

下面将建立公交发车时刻表优化的多目标规划(Multi-Objective Programming，MOP)模型，车队的最大发车次数为 I，在实际运营中，公交公司可以在不使用所有车辆的情况下满足客运量的需求，同时保证一定的乘客满意度。因此，第一个目标函数 f_1 的目的是根据公交公司的运营情况确定实际的发车次数，且不能超过 I。决策变量为每辆车从第一站出发的时间 t_i，设置 0-1 变量 N_i：

$$N_i = \begin{cases} 0, & t_i = t_{i-1} \\ 1, & t_i \neq t_{i-1} \end{cases} \tag{6-39}$$

$N_i=0$ 时表示在 t_i 时刻没有车辆从第一站发车，$N_i=1$ 时表示在 t_i 时刻第一站有车辆服务乘客，则实际发车次数为

$$f_1 = 1 + \sum_{i=2}^{I}\sum_{m=1}^{M} N_i \tag{6-40}$$

第二个目标函数 f_2 是乘客在所有车站的等待时间之和，主要包括两个部分：一是正常等待第一辆车的时间；二是因第一辆车达容量上限而等待下一辆车的时间。每位乘客到达公交站点的确切时间是很难确定和收集的，因此采用一种近似的方法处理，即当发车时间间隔较小时，大多数研究认为乘客的平均等待时间是相邻两辆车到站时间间隔的一半。对于能正常上车的乘客，每位乘客的平均等待时间可表示为 $G_j(i-1,i)/2$，对于第一辆车乘坐失败而不得不乘坐第二辆车的乘客，在前一站的等待时间已经考虑在 PB_j^{i-1} 中。因为乘客等待第 i 辆车的时间介于 $[R_j(t_{i-1}), R_j(t_i)]$，所以这部分时间表示为车头时距，则总等待时间 f_2 表示为

$$f_2 = \sum_{i=1}^{I}\sum_{j=1}^{J}\left[\mathrm{PB}_j^i \frac{G_j(i-1,i)}{2} + \mathrm{CB}_j^i G_j(i-1,i)\right] \tag{6-41}$$

加上约束条件，MOP 模型如下：

$$\min f_1 \tag{6-42}$$

$$\min f_2 \tag{6-43}$$

约束为

$$t_1 = W_f \tag{6-44}$$

$$t_I \leqslant W_f \tag{6-45}$$

$$0 \leqslant t_{i+1} - t_i \leqslant H_{\mathrm{m}} \tag{6-46}$$

$$R_j(t_i) = \begin{cases} t_i, & j=1 \\ R_{j-1}(t_i) + D_{j-1}^i + Y_{j-1,j}(R_{j-1}(t_i)), & 其他 \end{cases} \tag{6-47}$$

$$Q_j^i = Q_{j-1}^i + \mathrm{PB}_j^i - \mathrm{PA}_j^i \tag{6-48}$$

式(6-42)和式(6-43)表示发车数量和乘客的总等待时间最小化的优化目标；式(6-44)和式(6-45)表示第一辆车和最后一辆车的出发时间约束；式(6-46)表明相邻两辆公交车的出发时间之间存在一个间隔上限；式(6-47)表示第 i 辆公交车到达第 j 站的时间，其值对应于最终时刻表中 $j=1$ 时的时间[10]。

6.3　公共交通领域大数据应用

6.3.1　可预知大客流识别及公交调度优化

通过北京市 2017 年 10 月公交 IC 卡数据分析，寻找出潜在的大客流聚集时段及大客流吸引点。本次公交调度优化案例的潜在大客流聚集日期为 2017 年 10 月 08 日，大客流吸引点为北京市国家体育场，大客流吸引事件为《中国新歌声》鸟巢之夜，中国新歌声鸟巢之夜持续时间大概为 20:30～22:30，大客流聚集时间大概在 18:00～20:30 内，大客流开始疏散时间大概为 22:30。以国家体育场周边步行距离 2km 范围内的公交站点为研究对象，主要公交站点为慧忠北路西口、慧忠路西口、安慧桥北、国家体育场东、国家体育馆、亚运村等[10]。

根据 6.2.3 节中可预知大客流的预测方法，本节公交调度优化的数据预测以"通过某种交通方式来到吸引点的乘客，也会选择通过该种交通方式从吸引点返回"为前提，通过 18:00～20:30 内以公交方式到达北京国家体育场周边站点的乘客数量确定离开国家体育场时间段的公交需求。

对国家体育场周边站点经停的线路及客流量进行分析，以发车时间间隔的一半为正常线路乘客平均等待时间标准，以站点单车最大容纳量 75～100 人为基本单车承载量标准，计算得出正常情况下，在站乘客数最大应在 150～200 人内，当超过这一阈值时，有可能出现站点大客流。

经过分析，客流主要聚集在国家体育场东及亚运村站，主要大客流聚集线路为 386 路、407 路、419 路、538 路及 658 路，主要换乘线路为 675 路。对各大客流线路进行公交 IC 卡数据分析、整理及统计，具体统计结果如表 6-6 所示。

表 6-6　线路公交需求数据统计

线路名称	上车站点	下车站点	需求量/人	换乘站点
386 路	亚运村	北京航空航天大学 知春路 巴沟	600	无
407 路	亚运村	四拨子 西三旗桥北 北郊农场桥东 回龙观	1200	无
419 路	国家体育场东	安慧桥东 太阳宫桥 静安庄 燕莎桥东	1000	甜水园街北换乘 675 路

续表

线路名称	上车站点	下车站点	需求量/人	换乘站点
419 路	国家体育场东	甜水园街北口 金台路	1000	甜水园街北换乘 675 路
538 路	国家体育场东	大屯路东口 南湖南路 望京 东郊农场	800	无
658 路	亚运村	牡丹园东 魏公村 国家图书馆 车道沟	800	无
675 路	甜水园街北口	黄渠 草房 物资学院路	330	无

6.3.2　老年人公交出行时空模式挖掘

1. 老年人公交出行时空轨迹聚类参数标定与结果

本节以北京市公交出行数据为例，挖掘老年人公交出行时空模式。大多数人可以接受的步行距离是 400～600m，考虑到研究对象为老年群体，因此以 400m 作为公交出行中的最大步行距离。算法的 ε 设置为 2 倍最大步行距离，即 800m，为简化运算，采用 Haversine 距离替代路网最短距离[11]。

对公交出行数据进行聚类后，产生了北京市老年人公交出行时空模式结果。表 6-7 所示，0、1、2 没有具体含义，只用于对比，比如第 2 行第 6 列和 6 行第 6 列均为 0，则表示对应的两趟行程具有相同的时间模式。

表 6-7　某用户出行时空模式挖掘结果

IC 卡编号	上车站点	上车时间	下车站点	下车时间	时空模式	时间模式	空间模式
41****47	东大桥路口西	13.0002	和平里西街	13.2738	0	0	0
41****47	小黄庄	10.6002	东大桥路口东	10.92	1	1	1
41****47	小黄庄	10.8669	蒋宅口	10.8741	1	–1	–1
41****47	和平里路口北	16.5002	青年沟东口	16.5047	2	–1	–1
41****47	东大桥路口西	12.4002	和平里西街	12.7411	0	0	0
⋮	⋮	⋮	⋮	⋮	⋮	⋮	⋮

注：值为–1 表示不具有模式

对于某一个用户来说，其出行时空模式可能是多样的，例如，对于图 6-8 所展示的用户，他在一个月中出行 35 次，其中有 33 次是具有时间模式的，20 次具有空间模式，17 次具有时空模式，无时空模式的随机出行有 2 次。

通过上述描述可以知道，对于整个北京市的公交出行时空模式的描述，应该从乘客和出行两个角度来看。首先是从乘客的角度出发，分析公交乘客属于哪种人群，主要如表 6-8 所示的四种人群。

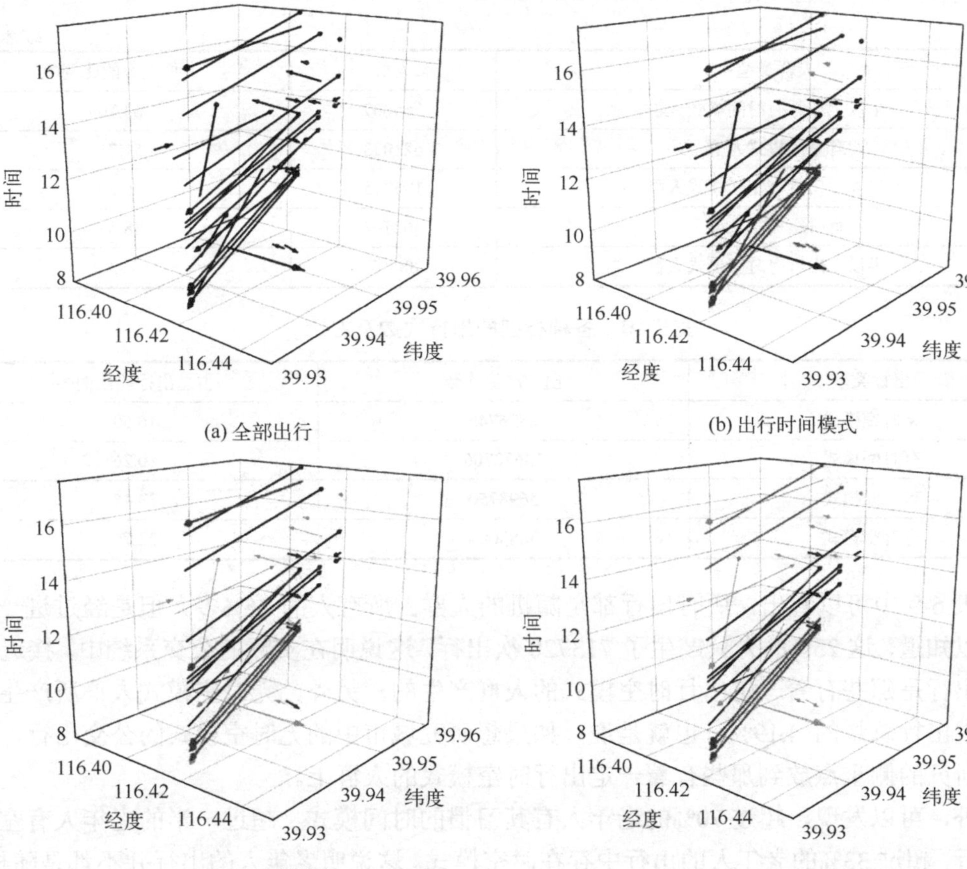

(a) 全部出行　　(b) 出行时间模式

(c) 出行空间模式　　(d) 出行时空模式

图 6-8　某用户出行时空模式挖掘结果可视化

表 6-8　公交乘客人群类型及解释

人群类型	解释
无时空模式人群	乘客的所有出行都不具有时空模式
有时间模式人群	乘客的所有出行中存在具有时间模式
有空间模式人群	乘客的所有出行中存在具有空间模式
有时空模式人群	乘客的所有出行中存在具有时空模式

不难理解，一个人的出行可能包含多种出行时空模式，因此上述的四种人群是存在交叉关系的。再者是从整个北京市的所有出行角度出发，从整体的角度观察所有公交出行是否具有一定的规律性。

通过两种角度观察北京市公交出行时空模式，可以得到如表 6-9 和表 6-10 所示的各种人群的人数及占比和各种类型的出行次数及占比。

表 6-9　各种人群的人数及占比

人群类型	人数	占总人数的比例/%
无时空模式人群	317551	26.44
有时间模式人群	865624	72.08

续表

人群类型	人数	占总人数的比例/%
一半以上出行有时间模式人群	765007	63.70
有空间模式人群	621093	51.71
一半以上出行有空间模式人群	195215	16.25
有时空模式人群	462702	38.53
一半以上出行有时空模式人群	88897	7.40

表 6-10　各种类型的出行次数及占比

出行类型	出行产生次数	占总出行的比例/%
无时空模式	2826745	16.59
有时间模式	13672706	80.26
有空间模式	5698750	33.45
有时空模式	3883008	22.79

从表 6-9 中可以看出，所有出行都是随机的人群占所有人的 25%多，但是经过进一步的分析可以知道，这 25%的人只产生了 713720 次出行，这说明在实际的公交系统中，接近 75%的随机出行是那些有着一定出行时空模式的人群产生的。另外，无时空模式人群所产生的出行仅仅占出行总量的 4.19%。也就是说，如果想研究城市中的无时空模式的公交出行，可能需要将研究的侧重点放到那些有着一定出行时空模式的人群上。

此外，可以发现，超过 70%的老年人有其习惯的时间模式，超过一半的老年人有空间模式的出行，超过 33%的老年人的出行中存在时空模式。这说明老年人的出行并不都是随机的、无规律的，因此，在老年人和其他群体产生公交资源竞争时，不能盲目地限制老年人的出行。

2. 聚类结果有效性检验

对于不同人群出行的时间方差，计算结果如表 6-11 所示，可以明显看出，具有时间或者空间模式的人群的方差明显小于无时空模式人群的方差。不同人群的方差具有较大的差异，说明聚类结果在时间上的分类具有科学性。同时结果符合预期，即在时间方面，具有时空模式的人群的出行会比仅仅具有时间模式的人群的出行更具规律性。

表 6-11　不同人群出行的时间方差

人群类型	时间方差的均值	时间方差的中位数
无时空模式人群	9.589492	6.417315
一半以上出行有时间模式人群	2.902413	0.080000
一半以上出行有空间模式人群	6.097244	1.395992
一半以上出行有时空模式人群	2.057980	0.070528

不同人群出行的空间熵计算结果如表 6-12 所示，可以看出，一半以上出行只有时间模式而不具有空间模式的人群具有最高的空间熵，其次才是无时空模式的人群。在空间上具有规律性的有空间模式和时空模式的人群具有最低的空间熵，与时间规律性所体现的特征类似，具有出行时空模式的人群在空间上的规律性高于其他群体。

表 6-12　不同人群出行的空间熵

人群类型	空间熵均值	空间熵的中位数
无时空模式人群	1.705701	1.567765
一半以上出行有时间模式人群	2.297448	2.158040
一半以上出行有空间模式人群	1.572201	1.172369
一半以上出行有时空模式人群	1.552365	1.045681

对聚类结果的时间标准差和空间熵均值的验证表明通过本部分所提出的聚类思路和方法所挖掘出的老年人出行时空模式不仅是科学有效的，也是符合现实情况的。

3. 不同出行时空模式老年人群体出行特征分析

通过分析不同时空模式的出行距离，本部分对出行距离与出行时空模式之间的关系进行了剖析。如图 6-9 所示，发现出行距离在 1km 以内的时候，除了无时空模式的出行相对频率较低，其他三种时空模式的出行相对频率大致相当，基本没有区别。但是在 1～3km 的出行距离中，在空间上具有一定规律性的空间模式和时空模式的出行相对频率明显高于另外两种。当出行距离超过 5km 之后，无时空模式的出行相对频率明显高于其他 3 种。不同出行时空模式的出行距离频率分布所反映出的情况符合预期，也从侧面说明了前面对于出行时空模式的聚类结果是合理的。

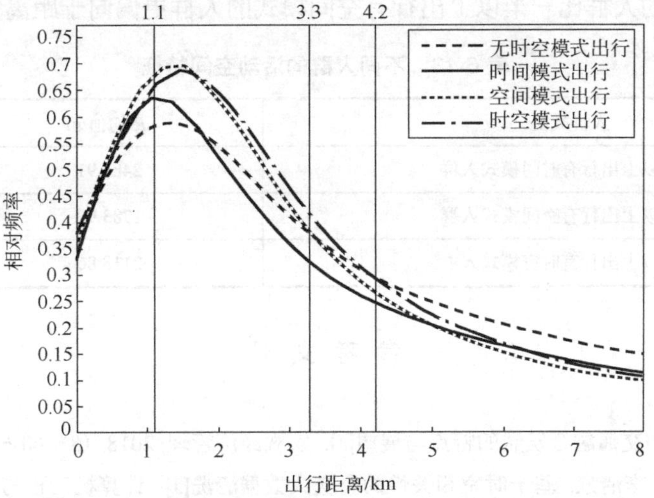

图 6-9　不同出行时空模式的出行距离频率分布

不同的出行时空模式显然具有不同的出行相对频率，考虑到随着出行量的增加，其在时间或者空间上产生出行时空模式的概率也随之增大，因此在分析出行相对频率与各种人群之间的关系时，考虑的是一半以上的出行有特定出行时空模式的人群与其每个月出行的天数之间的关系。通过对数据的筛选，出行时空模式与每个月出行的天数之间的关系如图 6-10 所示。对于一半以上出行有时空模式的人群，一个月出行的天数超过 15 天的比例远超于平均水平，而对于所有出行均无时空模式的人群，每个月出行的天数集中在 5 天之内。

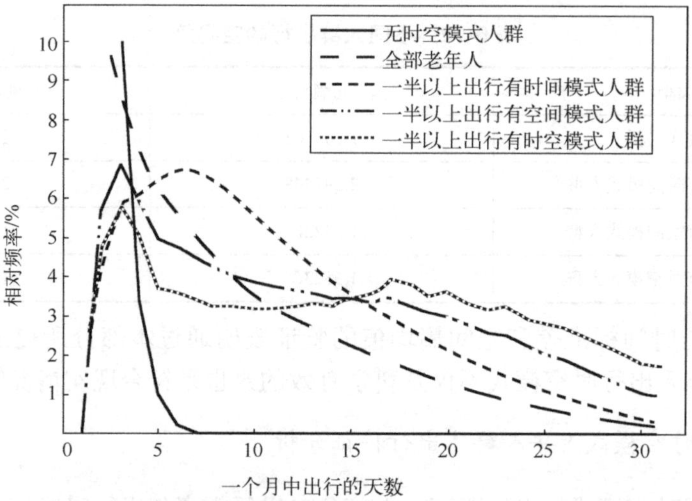

图 6-10 出行时空模式与每个月出行的天数之间的关系图

由于不具有出行时空模式的人群出行次数通常较少，平均每个人一个月的出行只有 2 次左右，因此考虑活动空间特征时，只考虑一半以上出行有时间模式、空间模式或时空模式的人群的活动空间。不同人群的活动空间均值和偏心率 e 如表 6-13 所示。可以发现随着出行规律的增强，偏心率逐渐接近 1，说明活动空间更具有明显的方向性。一半以上出行有时间模式的人群有最大的移动半径，一半以上出行有空间模式的人群的移动半径反而最小。换句话说，一半以上出行有时间模式的人群比一半以上出行有空间模式的人群更偏向于距离更远的出行。

表 6-13 不同人群的活动空间特征

人群类型	R 均值/m	e 均值
一半以上出行有时间模式人群	2484.91	0.9093
一半以上出行有空间模式人群	1783.90	0.92361
一半以上出行有时空模式人群	2118.86	0.93578

参考文献

[1] 赵光辉. 大数据与交通融合发展的特点与展望[J]. 宏观经济管理, 2018, (8): 60-67.

[2] 谢智颖, 何原荣, 李清泉. 基于时空相关性的公交大数据清洗[J]. 计算机工程与应用，2022,58（1）：113-121.

[3] 王周全. 基于 IC 卡数据与 GPS 数据的公交客流时空分布研究[D]. 成都: 西南交通大学, 2016.

[4] FAROQI H, MESBAN M, KIM J. Spatial-temporal similarity correlation between public transit passengers using smart card data[J]. Journal of advanced transportation, 2017，2017：1-14.

[5] 谢兵. 集成 GPS 数据的公交时空可达性度量及应用[D]. 哈尔滨：哈尔滨工业大学, 2017.

[6] WANG W S, ZONG F, YAO B. A proactive real-time control strategy based on data-driven transit demand prediction[J]. IEEE transactions on intelligent transportation systems, 2021,22 (4) :2404-2416.

[7] WU W T, XIA Y S , JIN W Z. Predicting bus passenger flow and prioritizing influential factors using

multi-source data: scaled stacking gradient boosting decision trees[J]. IEEE transactions on intelligent transportation systems, 2021, 22（4）：2510-2523.

[8] TANG L Y, ZHAO Y, CABRERA J, et al. Forecasting short-term passenger flow: an empirical study on Shenzhen metro[J]. IEEE transactions on intelligent transportation systems, 2019, 20(10):3613-3622.

[9] 李南希. 基于可预知大客流的公交调度优化研究[D]. 哈尔滨：哈尔滨工业大学, 2018.

[10] TANG J J, YANG Y F, HAO W, et al. A data-driven timetable optimization of urban bus line based on multi-objective genetic algorithm[J]. IEEE transactions on intelligent transportation systems, 2021, 22(4): 2417-2429.

[11] 李景. 老年人公交出行时空模式挖掘及服务提升研究[D]. 哈尔滨：哈尔滨工业大学, 2022.

第 7 章　交通安全大数据分析

结合《中华人民共和国国民经济和社会发展第十四个五年规划和 2035 年远景目标纲要》以及《交通强国建设纲要》的核心思想，“大力发展智慧交通，推动新技术与交通行业深度融合，完善科技创新机制”是新时代做好交通工作的重点任务。本章旨在使学生了解交通大数据在交通安全领域的基本应用以及相应安全评估方法，并且能够对交通安全问题进行综合分析、评估和处理。

高速发展的社会经济和交通基础设施促使我国机动车保有量、公路里程和驾驶人数量迅猛增长，截至 2022 年底我国高速公路总里程已达到 17.73 万 km，超越美国的 9.2 万 km，居世界首位。根据 2022 年发布的《国家公路网规划》，未来我国将建成总规模约 46.1 万 km 的国家公路网，其中国家高速公路约 16.2 万 km。然而，普遍存在的不文明交通行为和交通违法行为引发了相当数量的交通事故，一方面给交通管理部门带来沉重压力，另一方面给社会造成了巨大的人员伤亡和财产损失。如何挖掘与道路交通安全相关的行为及因素，为交通运输管理部门提供有价值的决策支持信息，从而减少事故发生率，已成为现代信息化交通运输过程中迫切需要解决的关键问题[1]。

截至 2020 年，根据中国政府网发布的《2020 年交通运输行业发展统计公报》，全国年均查处超速行驶 4000 余万起、客车超员 19 万起、无证驾驶 250 万起，其中由交通违法行为所引发的交通事故年均达数十万起，每年所造成的死亡人数高达 6.3 万，这些数据表明，尽管我国交通基础建设迅速发展，交通管理水平日益提升，但是社会经济发展和日常生活出行引发的交通“供需”矛盾依然十分突出，交通安全管理形势依然严峻，需要在现有管理基础之上，通过对海量交通管理数据的分析挖掘，寻找隐含其中的变化规律，为交通主管部门有效开展道路交通安全管理工作，不断提升交通管理能力和服务水平提供决策支持，而交通安全的保证作为保障交通运输正常进行的有力把手，结合当下科技创新大力发展的趋势，如何结合大数据背景解决交通安全问题就成为继续研究的热点。

7.1　道路交通事故数据及预处理

7.1.1　道路交通事故数据

1. 我国交通事故数据

我国交通事故数据体系包括交通事故信息采集数据和数据库数据两套结构，其中数据库数据是信息采集数据的整理和集成。道路交通事故数据由公安交通管理部门负责采集与管理，均遵循相同标准，即公安部交通管理局 2006 年编制的《道路交通事故信息采集项目表》（以下简称《采集项目表》）、《道路交通事故信息代码(GA/T16.1-16.18—2012)》等。《采集项目表》的制定规范了我国道路交通事故信息的采集，保证了全国范围内统一的事故数据在公安部得以汇总，为事故数据的及时准确分析和发布以及数据的深层次挖掘和应用奠定了一定的基础[2-4,10]。

《采集项目表》的数据来源主要包括事故发生时的现场记录和事故发生后的事故调查两个方面。事故发生时的现场记录主要指通过调用实时监控设施(包括视频、检测器等)的相关记录，获得事故发生时刻的对应数据，包括车速、事故环境、事故形态等，而事故发生后的事故调查主要指通过对事故现场的分析(如环境踏勘、路面痕迹识别、散落物分析、当事人询问、目击者呈词等)，和从其他关联信息数据库中获取有关数据，如车辆维修记录、违法记录、涉事人员属性、保险记录等。该表将道路交通事故信息划分为 5 类，分别为“快报信息(基本信息)”、“其他基本信息”、“当事人信息”、“车辆信息”和“补充信息”。

《采集项目表》中的 56 个单项即构成了事故信息采集的主要内容，对应于道路交通事故信息库中的事故基本信息、涉事驾驶人信息、事故车辆信息、道路条件信息和环境信息，实现了对事故属性的多角度描述。

(1) 事故基本信息。事故基本信息包括事故的类型、事故等级、事故伤亡、事故直接财产损失、事故时间、事故地点等信息。该信息构成对道路交通事故本身的基本描述。

(2) 事故驾驶人信息。事故驾驶人是事故发生的重要因素之一。事故驾驶人信息包括驾驶人的性别、年龄、职业、驾龄等基本信息，以及驾驶人在事故发生时的身体心理状况、事故发生前后的驾驶操作行为等附属信息。

(3) 事故车辆信息。事故车辆信息包括车辆类型、车辆安全状况、车辆驾驶性能等，获得事故车辆信息的意义一方面在于记录事故驾驶人车辆、统计事故损失，另一方面在于辅助分析事故成因、划定事故责任。

(4) 道路条件信息。道路交通事故发生地包括城市道路和公路。道路条件信息包括道路等级、路面形式、路面状况、安全设施、线形设计等。该信息是分析事故成因的重要依据，同时为评价道路安全、改善交通安全状况提供支持。

(5) 事故环境信息。事故环境信息包括事故发生时刻道路交通状况、行车视距、天气状况、标志标线、照明条件等，这些都将直接或间接地影响交通事故的发生。对事故环境的调查是保证道路交通事故记录完整性的一个重要环节，还可以作为事故统计、分析的重要储备信息。

以《信息采集项目表》为来源构建分类自变量集。

(1) 基本信息 8 项：事故时间、事故地点、死伤情况、事故形态、现场状态、是否装载危险品、事故后果以及事故初查原因。

(2) 其他基本信息 9 项：直接经济财产损失、天气、能见度、逃逸事故是否侦破、路面状况、路表情况、交通信号方式、照明条件、事故认定原因。

(3) 当事人信息 12 项：身份证号码(驾驶证号)、户籍所在地行政区划代码、当事人属性、户口性质、人员类型、交通方式、驾驶证种类、违法行为、事故责任、伤害程度、受伤部位、致死原因。

(4) 车辆信息 10 项：车牌种类、机动车车牌号码、实载吨数、车辆合法状况、车辆安全状况、车辆行驶状态、车辆使用性质、公路客运区间里程数、公路客运经营方式、运载危险物品种类。

(5) 补充信息包括道路关联信息、当事人关联信息和机动车关联信息。其中，道路关联信息 8 项：道路类型、公路行政等级、地形、道路线形、路口路段类型、道路物理隔离、路面结构、路侧防护设施类型。当事人关联信息 5 项：姓名(单位名称)、性别、年龄、驾驶证档案编号、驾龄。机动车关联信息 4 项：车辆类型、核载数、第三者责任强制保险、有无危险物品运输许可证。

我国现行道路交通事故处理程序包括一般程序和简易程序，而不同事故处理程序记录的事故信息有所不同。一般程序适用于轻伤及以上伤亡事故、公共财产损失事故和轻微或无伤害的责任纠纷事故，简易程序处理则适用于其他事故，交警部门在进行交通事故现场信息采集时，按一般程序处理的事故需要记录《信息采集项目表》中的全部信息，按简易程序处理的事故则只记录基本信息。

2. 美国交通事故数据

美国联邦政府从 20 世纪 70 年代开始系统地进行道路交通事故数据采集标准制定，建立了一系列事故信息采集标准和规范。联邦政府以《道路交通事故分类手册》与《交通记录系统数据编码手册》为事故采集记录参考标准。数据库系统方面，美国国家公路交通安全管理局于 1975 年建立死亡事故分析报告系统(FARS)。FARS 的数据来源基于美国全国的交通死亡事故，是参考引用最为广泛的死亡事故数据来源。该机构另于 1979 年建立了国家机动车事故抽样系统(NASS)，具体包括事故总评系统(GES)和车辆碰撞数据系统(CDS)。为了规范各州的事故信息采集，美国道路交通安全管理局、美国联邦公路局参考 FARS 和 NASS 的事故信息编码标准，于 1998 年合作制定了事故信息采集最低标准模板(MMUCC)，现已更新到 2008 年第 3 版。第 3 版包含 107 个事故信息，其中 75 个为交警在事故现场踏勘采集的基本事故信息，另外 32 个通过事故再现或相关数据库获取，MMUCC 针对每一个事故信息均给出了定义、属性值及该事故信息的实际意义说明，供各州政府参考。

3. 日本交通事故数据

日本通过 35 年的努力，使得交通事故死亡人数降低了一半以上，是世界上交通事故预防工作成效十分显著的国家。1992 年，日本警察厅、原建设省和原运输省联合建立了日本道路交通事故综合分析中心(ITARDA)，其主要工作之一是将警察厅提供的 124 个事故信息数据和驾驶人数据，与国土交通省提供的道路数据和车辆数据进行整合，形成统一的全国道路交通综合数据库并对各类数据进行宏观统计分析。除此之外，ITARDA 还有一项重要的研究内容，日本称之为交通事故案例深度调查。交通事故案例深度调查分析工作由 ITARDA 下属的运输安全委员会完成。交通事故调查事务所每年选择约 300 起交通事故进行深度调查，调查事故类型既包括死亡交通事故、受伤交通事故，也包括财产损失交通事故，调查项目涵盖人、车、路、救援、管理等各个环节及事故死伤人员情况，总数多达 650 项。根据调查结果，ITARDA 建立了交通事故微观调查数据库，作为交通事故案例分析的基础素材。与此同时，宏观统计分析和微观调查分析的有机结合，为政府和社会团体确定交通安全预防对策及汽车制造商改进车辆设计和制造提供了依据。ITARDA 的研究成果在日本政府近年来修改道路交通法、道路构造令(相当于我国的《公路工程技术标准》和《综合交通体系规划标准》的合成)和提高汽车安全基准等方面发挥了十分重要的作用。

4. 欧盟交通事故数据

奥地利、比利时、丹麦、芬兰、法国、希腊、爱尔兰、意大利、卢森堡、葡萄牙、西班牙、瑞典、荷兰和英国 14 国为了确定和量化道路安全问题、评估道路安全措施的效用、界定各成员国道路交通安全行动的一致性，于 1993 年创建了欧盟道路交通事故数据库 CARE，其主要内容包括 14 国的死亡事故基本数据及其特征规律分析。CARE 数据项目具体包含交通事故类型、国别信息、人员类型、事件类型、车辆类型等五个大方面，又可以细分为事故类型 16 项、国别信息 7 项、人员类型 16 项、事件类型 4 项、车辆类型 6 项等共计 49 项。CARE 与其他数据库的最大不同是，对各成员国事故数据进行分开统计，只在后期事故分析时将各国事故数据统一纳入到其中。虽然这种数据结构使得数据分析功能更为灵活多用，但在数据融合阶段也存在多种数据兼容性问题。

7.1.2 道路交通事故数据的预处理

事故数据本身存在很多可能影响数据质量和后续数据挖掘工作的问题，这些问题包括：①数据缺失(Incomplete)，即属性值为空的情况，例如，在事故数据中，“事故发生时间”为空；②数据噪声(Noisy)，即数据不合常理的情况，如“Age” = “–20”；③数据冗余(Redundant)，即数据量或者属性数目超出数据分析需要的情况：④数据集不均衡(Imbalance)，即各个类别的数据量相差悬殊的情况；⑤数据重复(Duplicate)。

数据预处理主要有以下步骤，前面提及的各种冗余数据的处理就在这些步骤中完成：数据清洗(Data Cleansing)、数据转换(Data Transformation)、数据描述(Data Description)、特征选择(Feature Selection)、特征提取(Feature Extraction)等。Python 中 pandas 库、numpy 库就能够很好地进行数据清洗工作。

除此之外，道路交通事故数据部分来源于轨迹数据的处理，轨迹数据的预处理详见 4.5 节与 5.1 节。

7.2 基于大数据的交通安全研究方法

7.2.1 基于数据挖掘的道路交通事故黑点识别常用方法

1. 基于多分类算法的事故热点识别方法

从数据挖掘的角度可将事故严重程度视作一个分类问题。分类的目的是提出一个分类函数或分类模型，通过分类算法将数据对象映射到某一个给定的类别中。在众多分类模型与方法中，支持向量机能够根据有限的样本信息在模型的复杂性(即对特定训练样本的学习精度)和学习能力(即无错误地识别任意样本的能力)之间寻求最佳折中，能较好地解决小样本、非线性、高维数和神经网络易陷入局部最优点等实际问题，是分类识别领域的强有力工具，在机器学习、模式识别、人工智能等方面应用广泛[3]。

确定学习机器结构是支持向量机具有的另一个特点。目前，解决实际工程问题最常见的方法之一是神经网络。针对不同情况，其算法的具体操作步骤与过程需要研究人员根据自身的经验确定。在算法结构方面，支持向量机与三层前馈神经网络较为相似，二者的区别在于，前者的隐藏层与后者不同，其可以根据不同的情况进行自动调试，使得学习机器的复杂程度与实际情况保持较高的一致性，并且可以根据不同情况自动选取合适的方法。支持向量机在交通工程领域已逐步应用。利用其出色的分类特性能够对高速公路交通流状态进行分类，进而实现交通安全事件的自动检测和高速公路交通安全风险研判分析。

SVM 模型处理多分类问题的方法主要是把多分类转化为二分类，然后通过二分类器间的组合来间接实现多分类，比较具有代表性的方法有一对一、一对多以及二叉树等。

对于训练样本矩阵 $x \in \mathrm{R}^{l\times n}$，类别标签 $y=(y_1,y_2,\cdots,y_k)^{\mathrm{T}}$ 表示因变量 y 有 k 个类别。一对一 TPMSVM 需要构造 $k(k-1)/2$ 个分类器，即需要寻找同等数量对的分类间隔超平面。在识别阶段，通过子分类器的投票策略实现分类。

对于给定训练集的分类问题，在线性可分的情况下，TPMSVM 需要寻找 $k(k-1)/2$ 对分类间隔超平面，用矩阵代表第 i 类训练样本，用矩阵 $x \in \mathrm{R}^{l_i\times n}$ 代表第 i 类训练样本，其中 l_i、l_j 分别表示第 i 类第 j 类的样本数目，多分类线性 TPMSVM 训练过程如表 7-1 所示。

表 7-1　TPMSVM 训练过程

输入：训练样本矩阵 $x=(x_1,x_2,\cdots,x_l)^{\mathrm{T}}$ 训练样本标签 $y=(y_1,y_2,\cdots,y_l)^{\mathrm{T}}$ 待测样本 x'
过程：
交叉验证方法获得适宜的参数 c、v/c
for $i=1:k-1$
for $j=i+1:k$
$x_i=(\hat{x}_1;\hat{x}_2;\cdots;\hat{x}_i;\hat{x}_{l_i}),\hat{x}_i=\{x_i \mid y_i\in L_i\}$
$x_j=(\hat{x}_1;\hat{x}_2;\cdots;\hat{x}_j;\hat{x}_{l_j}),\hat{x}_j=\{x_j \mid y_j\in L_j\}$
求解线性 TPMSVM 的对偶优化问题，得到拉格朗日乘子向量 α、β
计算权值向量 w_i、w_j，偏置项 b_i、b_j
if $f_m(x)=iV(i)\leftarrow V(i)+1$
if $f_m(x)=jV(i)\leftarrow V(j)+1$
end
end
输出：判定输入 x 属于第 j 类，其中 j 是向量 v 最大值的下标

2. 基于主成分聚类分析的事故热点识别方法

由于传统方法大都从事故数据统计分析角度出发，通过设定某些参数阈值实现事故热点的识别，它们割裂了相邻事故的相互关系，本部分在充分借鉴传统方法的基础上，提出应用基于主成分聚类分析开展事故热点识别方法研究，在以往的热点识别方法中，热点识别模型的建立需要多个变量，且各个变量间在某种程度上存在一定的多重共线性、量纲、权重等问题，基于此而建立的模型含有大量的冗余信息，因此，为避免多变量之间的共线性问题，本部分提出利用主成分分析量化各路段信息并提取主分量，之后通过获取主分量得分组成新矩阵进行型聚类分析，该方法的优势是集成了理论计算和历史统计值，不仅能使具有相似变量的路段单元较好地聚类，同时也体现了不同路段单元的个性特征，克服了历史统计数据的偶然性，原理清晰，可操作性高[3,7]。

对比以往的方法，可以发现本方法的优势如下。

(1) 主成分聚类分析算法利用公共因子特征值确定目标区域的事故热点主要影响因子，以此为基础开展聚类分析，能够避免传统数学模型的多变量共线性问题，还能够对各路段安全性进行量化处理，原理清晰，可操作性强，模型结论客观可信。

(2) 主成分聚类分析算法通过将历史数据和理论计算相结合，在有效体现不同路段单元特征基础上，较好地实现了相似变量路段的有效聚合，能够有效避免统计历史数据可能引起的偶然性问题。

(3) 主成分聚类分析算法本身具有较好的数据适应性，调整部分指标和参数后即可应用到其他各种等级公路的事故热点识别分析工作当中。

识别思路如下：选取若干事故热点绝对指标，如死亡人数、直接经济损失等，经数据标准化处理后，进行主分量分析，通过指定累计方差贡献率并结合主分量因子荷载矩阵构建主分量综合评价模型，利用 Canopy-Mcans 聚类对综合得分因子进行聚类分析，得到簇综合得分均值，依据“均值越高，发生交通事故的可能性越高”原理，选出事故热点簇。

(1) 选取交通事故数量、死亡人数、受伤人数、经济损失等指标对事故热点进行分析，选取的绝对指标不仅要能够直接反映出事故热点的事故特性，而且在实际操作中还要能够简化计算，可操作性强。

(2) 为消除不同属性取值的量级、量纲差别对统计和分析结果的影响，避免输入值较高的属性主导算法训练过程，需要根据数据的实际情况对事故数据进行标准化预处理，将属性值按比例缩放至较小的区间，避免不同量纲和量级的属性值大小不一造成的结果偏差，目前常用的标准化方法主要为归一化。

(3) 主分量提取：利用 SPSS Modeler 平台中的主成分分析/因子分析模块对上一步骤预处理后的数据进行主分量提取。

(4) 利用 Canopy-*k*-means 聚类组合算法统计各路段冲突频率，获取临界指数，继而进行事故热点查找，通过对道路进行过滤筛选，提取单类型事故热点的路段信息，形成 SLD (Straight-Line Diagram) 数据组织，生成报告并在 GIS 地图上渲染。

3. 基于自组织神经网络的事故热点识别方法

自组织映射(Self-Organizing Map，SOM)是一种无监督神经网络学习算法，通过自适应的学习竞争可以进行数据的聚类划分，由于其引入了具有拓扑关系的邻域函数，较传统的*K*-means 等聚类算法受初值影响小，结果较为稳定。自组织神经网络中每个输入层神经元都与所有的输出层神经元相连，计算方法为首先将权值 w_{ij} 随机初始化，并令迭代次数为 0，然后随机加入输入向量 x，并计算输入向量 x 与输出层神经元 j 之间的距离 d_j，选择与输入向量 x 距离最小的输出层神经元作为获胜神经元，最后更新获胜神经元及其领域内其他神经元的连接权值，完成之后增加迭代次数，重复以上操作，直到达到最大迭代次数时聚类结束，计算公式如下：

$$d_j = \left|\sum_{i=1}^{m}(x_i - w_{ij})^2\right| \tag{7-1}$$

$$w_{ij}(t+1)=w_{ij}(t)+\alpha(t)(x_i-w_{ij}(t)) \tag{7-2}$$

$$\alpha(t)=1/t \tag{7-3}$$

式中，d_j 为输入向量与输出层神经元 j 之间的距离；m 为输入层神经元个数；x_i 为第 i 个输入向量；w_{ij} 为第 i 个输入层神经元与第 j 个输出层神经元的网络连接权值；t 为迭代次数；$a(t)$ 为学习速率。

神经网络常与核密度估计共同用于事故热点分析，核密度估计(Kernel Density Estimation，KDE)原理的基本思想：认为某一点处的密度与该点一定范围内所包含的数据点有关。时空网络核密度估计原理是在核密度估计原理的基础上用网络距离代替欧几里得距离，基本分析单元由空间子路段拓展为时空子路段形成。其搜索区域不再是以核中心为圆心，以宽窗为半径的圆形区域(虚线圆表示)，而是以核中心为起点，以宽窗为长度极限所能到达的所有道路的线段范围(加粗线表示)，其公式为

$$\hat{\lambda}(d_i,t_i)=\frac{1}{nh_1h_2}\sum_{i=1}^{n}K\left(\frac{d_i}{h_1}\right)K\left(\frac{t_i}{h_2}\right) \tag{7-4}$$

式中，$\hat{\lambda}$ 为时空网络核密度估计值；n 为研究区域内样本数据的总量；h_1 为空间窗宽；h_2 为时间窗宽；k 为核函数；d_i、t_i 分别为第 i 个样本点到该核中心的网络距离与时间距离。

空间统计方法主要有空间自相关法(Global Moran's I)、高/低聚类法(Getis-Ord General G)、聚类和异常值分析法(Anselin Local Moran's I)、热点分析法(Getis-Ord Gi)等。其中热点分析法非常适合犯罪、流行病学、投票模式、经济地理学、零售、交通事故[2]分析以及人口统计学分析。热点分析法计算研究区域中每个要素的 Getis-Ord Gi 统计，其原理是查看每一要素，计算每个要素及其相邻要素的局部总和并与预期的局部总和进行比较，当局部总和与预期的局部总和差距较大，无法成为随机产生的结果时，会产生一个具有显著统计学意义的 z 得分。正值 z 得分越高，高值(热点)的聚类就越紧密；负值 z 得分越低，低值(冷点)的聚类就越紧密，其计算公式为

$$G_i=\frac{\sum_{j=1}^{n}\omega_{ij}x_j-\bar{x}\sum_{j=1}^{n}\omega_{ij}}{S\sqrt{\frac{\left[n\sum_{j=1}^{n}\omega_{ij}^{2}-(\sum_{j=1}^{n}\omega_{ij})^2\right]}{n-1}}} \tag{7-5}$$

$$\bar{x}=\frac{\sum_{j=1}^{n}x_j}{n} \tag{7-6}$$

$$S=\sqrt{\frac{\sum_{j=1}^{n}x_j^2}{n}-(\bar{x})^2} \tag{7-7}$$

式中，x_j 为要素 j 的属性值；ω_{ij} 为要素 i 与要素 j 的空间权重；n 为要素总数；G_i 为 z 得分。

7.2.2 基于数据挖掘的道路交通事故成因分析方法

1. 基于层级聚类的道路交通事故成因分析方法

在数据挖掘领域，聚类分析是研究“物以类聚”问题的一种有效分析方法。聚类与分类的区别在于前者表现为无监督的学习过程，即不事先制定分类标准，而是完全根据数据的特征，按照其性质上的“亲疏程度”进行自动分组，使组内数据的特征具有较大相似性，组间数据的特征具有较小相似性。尽管无监督的学习过程可以充分挖掘数据规律，但其结果既包含了有实际意义的规律，也包含了无实际意义的规律，因此多数情况下，应用聚类分析方法对数据特征进行分析时，除需要根据具体研究目标对数据集进行划分并执行相应的数据预处理外，还需要研究人员依据专业经验对聚类结果进行判别和评估。

本部分以受伤事故和死亡事故数据为研究对象介绍聚类分析方法，进行道路交通事故的分布特征聚类分析，探究事故影响因素间的差异性，并通过解读各类事故影响因素的聚类特征，挖掘事故因素的分布规律[5]。

主要挖掘步骤如下。

(1) 将道路交通事故数据按照严重程度分为若干个类 $C=\{C_1,C_2,\cdots,C_p\}$，其中 $D=C_1\cup C_2\cup C_3\cup\cdots\cup C_p$。

(2) 应用聚类算法对数据集 D 进行聚类分析，确定聚类数目，提炼出能够描述每种事故严重程度特征分布的若干个子类，设全部子类为 $R=\{r_1,r_2,\cdots,r_q\}$，通常 $q\geqslant p$。

(3) 对每个聚类的实际物理意义进行解读，通过特征规则的合理性和有用性判定模型聚类效果。

层级聚类算法有效弥补了 *k*-means 算法的不足，其主要特点表现在：既可以处理数值型变量，也能够处理分类型变量；能够根据一定准则确定聚类数目；能够诊断样本中的孤立点或噪声数据。

该聚类算法经过两个步骤实现数据聚类。

第 1 步：预聚类。预聚类过程是聚类数目不断增加的过程。初始状态条件下，将所有样本视为一个大类，每读入一个新的观测样本时，根据距离测度决定该观测样本是否派生为一个新的子类或者合并至旧子类，最终形成 L 个子类。

第 2 步：再聚类。在预聚类的基础上，再次根据距离测度决定 L 中哪些子类可以合并，最终形成 L^* 个类。再聚类过程是聚类数目不断减少的过程，随着聚类的进行，子类之间的差异性将不断增大。

2. 基于故障树的事故成因分析模型

目前对于事故成因的分析方法常见的有 Meta 分析法、关联规则、神经网络等。这些方法多为对整个公路系统进行整体成因分析，对细化的因素分析缺乏准确性。而故障树等方法可通过逐层寻找事件发生原因来解决安全评估问题[6,7]。

在基于故障树的事故成因分析中，通过逐级分解，找到导致事件发生的根本原因。各层事件间的逻辑关系用“与”门、“或”门描述，故障树结构函数 $\varphi(X)$ 为

$$\varphi(X)=\sum_{p=1}^{2n}\varphi_p(X)\prod_{i=1}^{n}X_i^{Y_i}(1-X_i)^{1-Y_i} \tag{7-8}$$

式中，p 为基本事件的状态组合序号，$p=2^0,2^1,\cdots,2^n$；X_i 为第 i 个基本事件；Y_i 为状态变量；$\varphi_p(X)$ 为第 p 个事件的状态组合对应的顶事件状态值，取 1 或 0 分别表示事件发生或不发生。通过对故障树计算概率重要度及临界重要度，从而找到引发系统故障的基本因素，进而为系统安全提供保障。其中，通过概率重要度确定降低哪个基本事件发生概率将使顶事件发生概率迅速下降；临界重要度在概率重要度的基础上进一步考虑了基本事件对顶事件的敏感性，表示基本事件发生概率的变化率引起顶事件发生概率变化的变化率。

$$I_{p(i)}=\frac{\partial P(T)}{\partial P_i} \tag{7-9}$$

$$C_i=\frac{\partial \ln p(T)}{\partial \ln p_i}=\frac{p_i}{P(T)}I_{p(i)} \tag{7-10}$$

式中，$I_{p(i)}$ 为事件 i 的概率重要度；$P(T)$ 为顶事件发生的概率；p_i 为第 i 个基本事件发生的概率；C_i 为事件 i 的临界重要度。将年龄超过 55 岁定义为“年龄大”，驾龄在 2 年及以下定义为“驾龄短”，图 7-1 展示了事故树样例。道路因素方面，根据《公路项目安全性评价规范》(JTG B05—2015)将路段类型进行划分。表 7-2 展示了平纵面划分类型。此外，山区高速公路存在较多的长大下坡路段，车辆在此类路段上的制动距离更长，且制动频繁，容易造成制动器过热失效，进而引发交通事故。将平均坡度在 3%以上、连续下坡坡长大于 5km 的路段认为是长大下坡路段，因此，在确定危险线形时将陡坡路段、小半径平曲线路段、弯坡组合路段、长大下坡路段定义为危险线形。环境因素方面，根据《高速公路交通气象条件等级》中不同能见度对交通运行的影响程度，将能见度小于 100m 时定义为“能见度低”。

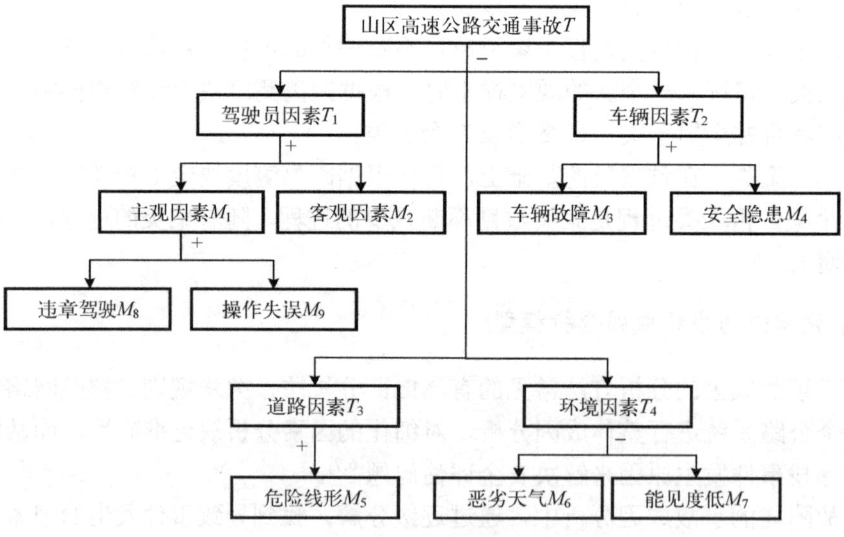

图 7-1 事故树样例

表 7-2　平纵面划分类型

纵断面	平面	
	圆曲线半径＞1000m	圆曲线半径≤1000m
–3%<坡度<3%	平直路段	小半径平曲线路段
坡度≥3%或坡度≤–3%	陡坡路段	弯坡组合路段

3. 基于贝叶斯网络的事故成因分析模型

贝叶斯网络可以进行事故成因分析，且能够实现双向推理功能，相比故障树的单向推理，其成因分析功能更为全面，但模型的构建往往较为复杂困难。故障树转化为贝叶斯网络是贝叶斯网络模型构建的良好方法之一，不仅降低了模型建立的难度，且延续了模型中事件间因果逻辑关系良好表达的优点。因此本部分基于构建好的伤亡事故故障树模型实现贝叶斯网络模型的建立与分析。

贝叶斯网络推理包含以下三类问题。

(1) 后验概率问题：某些变量取值固定，将其作为证据变量，更新网络概率，以获取其他变量的新概率(后验概率)。概率推理包括由果推因的故障诊断、由因推果的风险预测、系统中不同因素间影响程度的关联推理以及综合上述三种的混合推理四类。

(2) 最大后验假设(MAP)问题：设定证据变量，获取该条件下后验概率最大的状态组合。

(3) 最大可能解释(MPE)问题：已知证据变量，与其相一致的所有状态组合中概率最大的那个组合是 MAP 的特例。

依据故障树到贝叶斯网络的映射关系，将山区高速公路伤亡事故故障树的顶上事件、中间事件和基本事件分别转换为贝叶斯网络的叶子节点、中间节点和根节点，彼此之间通过有向弧连接，构成贝叶斯网络的拓扑结构。

1) 网络节点概率分布的确定

根节点先验概率的确定：对应于故障树事件的二态性，贝叶斯网络各事件也只有两个状态，分别为“发生”和“不发生”，各对应状态“1”和“0”。对于根节点，各事件状态为“1”的概率即为各事件发生的基础概率，按照所有状态发生概率之和为 1 的原则，可以得到各事件状态为“0”的概率。非根节点条件概率分布的确定不同于根节点边缘概率分布的确定，非根节点需要确定的是条件概率。

2) 伤亡事故贝叶斯网络定量分析

借助 Netica 软件实现贝叶斯网络的概率推理：Netica 是一款专用于网络建模分析的软件，它能够直观显示模型图形和概率参数，能够实现网络参数学习、贝叶斯推理等功能。在 Netica 中绘制网络模型，并输入先验概率，在输入根节点先验概率和非根节点的条件概率后，Netica 软件自动求解各父节点的先验概率，比较先验概率与后验概率，结果与故障树自基本事件至顶上事件的定量分析相同。在贝叶斯网络分析中，后验概率比先验概率更具体地反映了事故特征，可有效降低参数的不确定性。因此，后验概率分析结果更具一定的解释意义。

7.3　交通安全大数据应用

7.3.1　基于聚类分析的高速公路事故致因分析的研究实例

1. 数据来源

本节分析数据均来源于吉林省交通运输厅科技项目“寒冷地区高速公路交通安全评估与提升技术研究”中京哈高速公路长春至扶余段(简称长余高速公路)[8]。本节收集到了长余高速公路 K993+484～K1137+000 段的几何线形、年均日交通量及 2010～2012 年发生的交通事故数据。经统计，2010～2012 年长余高速公路共发生交通事故 151 起，死亡 70 人，受伤 182 人(不含路政数据)。本节应用灰色聚类评价法鉴别长余高速公路的事故黑点，并得到事故黑点排序。

1)划分路段单元及事故指标的无量纲化

以 1km 为单位进行路段单元划分，采用交通事故的 4 项绝对指标(事故次数、死亡人数、受伤人数以及直接经济损失)为评价指标，4 项绝对指标是异量纲的且直接经济损失与事故次数、死亡人数及受伤人数的数值差异较大，因此有必要对指标数据进行无量纲化处理。

2)确定 4 项绝对指标属于不同灰类的白化权函数

将长余高速公路灰色聚类评价等级分为 3 个灰类，分别为正常路段、一般路段(事故次黑点)、事故黑点，表 7-3 展示了事故黑点路段所在桩号。将 4 项绝对指标的实际数据进行无量纲化处理后分析数据的累计百分频率，并选取 30%、50%、70%累计百分频率特征点来确定正常路段、一般路段、事故黑点。以事故次数指标为例，对事故次数指标分别属于 3 个不同灰类时特征值的计算过程进行阐述。首先绘制其累计频率曲线并求出特征值，然后观察事故次数指标数据，总结事故次数的分布特征呈反 J 型分布。以 0.1 为组距进行分组，根据拟合累计百分频率曲线来确定特征点值，分别对应事故黑点、一般路段、正常路段，同理可计算其余指标特征值。

$$A=[A_j^s]_{4\times 3}=\begin{bmatrix}0.315 & 0.417 & 0.529\\ 0.188 & 0.277 & 0.403\\ 0.041 & 0.145 & 0.283\\ 0.052 & 0.129 & 0.271\end{bmatrix}$$

表 7-3　事故黑点路段

编号	桩号	编号	桩号
X1	K998+876～K999+220	X6	K1078 +420～K1078 +554
X2	K1037 +118～K1038 + 600	X7	K1086 +200～K1086 + 342
X3	K1057 +900～K1058 +245	X8	K1093 +449～K1093 + 658
X4	K1073 +600～K1073 +814	X9	K1110 +889～K1110 +935
X5	K1077 +780～K1077 +909	X10	K1117 +331～K1117 +923

续表

编号	桩号	编号	桩号
X11	K1135 +200～K1135 +538	X16	K1087 +248～K1087 +341
X12	K1018 + 100～K1019 +220	X17	K1098 +284～K1098 + 548
X13	K1037 +622～K1037 + 900	X18	K1129 +900～K1130 +500
X14	K1051 +84～K1052 +518	X19	K1130+ 950～K1132 + 863
X15	K1078 +420～K1078 +554	X20	K1134 +438～K1134 + 650

3) 确定 4 项绝对指标属于不同灰类时的聚类系数

可计算得到各灰类的聚类系数：

$$\eta_j^k = [\eta_j^k]_{3\times 4} = \begin{bmatrix} 0.529 & 0.315 & 0.069 & 0.087 \\ 0.431 & 0.286 & 0.150 & 0.133 \\ 0.363 & 0.277 & 0.174 & 0.186 \end{bmatrix}$$

4) 确定各路段评价单元所属灰类

以路段单元 $i=1$ 为例，计算路段单元 1 分别属于不同灰类时的聚类值，进而确定路段单元 1 所属灰类。当 $i=1$ 时，有

$$\sigma_1^1 = \sum_{j=1}^{4} f_j^1(d_{ij}) \times \eta_j^1 = f_1^1(d_{11}) \times \eta_1^1 + f_2^1(d_{12}) \times \eta_2^1 + f_3^1(d_{13}) \times \eta_3^1 + f_4^1(d_{14}) \times \eta_4^1 = 0$$

同理可得 $\sigma_1^2 = 0$，$\sigma_1^3 = 1$，根据公式 $\sigma_i^{k^*} = \max(\sigma_i^k)$ 鉴别事故黑点，得到 $\max\{\sigma_1^k\} = \max\{\sigma_1^1, \sigma_1^2, \sigma_1^3\} = \max\{0,0,1\} = \sigma_1^3$，可知 $i=1$，$k^*=3$，即事故黑点，依次对各路段进行聚类以鉴别事故黑点。

5) 长余高速公路事故黑点鉴别结果

本部分对长余高速公路事故黑点鉴别结果进行了整理，并依据交通事故的发生机理，将处于相邻路段的事故黑点进行合并。

2. 计算步骤

将聚类思想应用于整个鉴别及成因分析过程，可为交通事故黑点排查和整治提供新思路，尤其在资金不足的情况下，可以优先改善事故黑点。灰色聚类评价法(步骤 1～5)将评价路段单元分为事故黑点、事故次黑点(一般路段)及正常路段并进行事故黑点鉴别，聚类因子法(步骤 6～7)将道路几何条件、交通条件、环境特性属性相似的事故黑点聚为一类并进行事故成因分析，这有助于更好地挖掘事故成因内在机理。基于聚类分析的事故黑点鉴别及成因分析过程的具体步骤如下[8]。

步骤 1：明确聚类对象个数 n、评价指标 m 以及灰类数 s。

评价时，将某条道路划分成等长的 n 段小单元(通常以 0.5～3km 为单位)，即聚类对象个数为 n，代表被划分道路的 n 段。评价指标可以选定为交通事故的 4 项绝对指标(事故次数、受伤人数、死亡人数、直接经济损失)，也可以选取相对指标(亿车千米事故次数、亿车千米受伤人数、亿车千米死亡人数)。灰色聚类评价法的评价等级拟定 3 个灰类，即 $s=3$，分别为正常路段、一般路段(事故次黑点)、事故黑点。

步骤 2：将评价指标进行无量纲化处理，确定灰类特征值。

按照式(7-11)对事故评价指标进行无量纲化处理并分析数据的累计百分频率曲线，A_j^1、A_j^2、A_j^3分别为 30%、50%、70%频率曲线对应的特征值，分别对应正常路段、一般路段及事故黑点。

$$d_{ij} = \frac{d_{ij}^0}{\max\{d_{ij}^0\}} \tag{7-11}$$

式中，d_{ij}为聚类对象i的事故评价指标j无量纲化处理后的值，$i=1,2,\cdots,n$，$j=1,2,\cdots,m$。

步骤 3：确定评价指标灰类的白化权函数。

灰度类别分别为正常路段、一般路段、事故黑点的白化权函数如式(7-12)～式(7-15)所示。

$$f_j^1(d_{ij}) = \begin{cases} 0, & d_{ij} \notin [0, A_j^2] \\ 1, & d_{ij} \notin [0, A_j^1] \\ \dfrac{A_j^2 - d_{ij}}{A_j^2 - A_j^1}, & d_{ij} \notin [A_j^1, A_j^2] \end{cases} \tag{7-12}$$

$$f_j^2(d_{ij}) = \begin{cases} 0, & d_{ij} \notin [A_j^1, A_j^3] \\ \dfrac{d_{ij} - A_j^1}{A_j^2 - A_j^1}, & d_{ij} \notin [A_j^1, A_j^2] \\ \dfrac{A_j^3 - d_{ij}}{A_j^3 - A_j^2}, & d_{ij} \notin [A_j^2, A_j^3] \end{cases} \tag{7-13}$$

$$f_j^2(d_{ij}) = \begin{cases} 0, & d_{ij} \leqslant A_j^2 \\ \dfrac{d_{ij} - A_j^2}{A_j^2 - A_j^2}, & d_{ij} \notin [A_j^2, A_j^3] \\ 1, & d_{ij} \geqslant A_j^3 \end{cases} \tag{7-14}$$

步骤 4：确定不同灰类的聚类系数。

$$\eta_j^k = \frac{A_j^k}{\sum_{j=1}^{m} A_j^k} \tag{7-15}$$

式中，η_j^k为评价路段关于第j项评价指标属于第k种灰类的聚类系数；A_j^k为第j项评价指标属于第k种灰类的特征值，$k=1,2,\cdots,s$。

步骤 5：求各路段单元关于每种灰类的聚类值，从而鉴别事故黑点。

$$\sigma_i^k = \sum_{j=1}^{m} f_j^k(d_{ij}) \times \eta_j^k \tag{7-16}$$

式中，σ_i^k为路段i属于第k种灰类的聚类值。

$\sigma_i=(\sigma_i^1,\sigma_i^2,\cdots,\sigma_i^s)=\left(\sum_{j=1}^{m}f_j^1(d_{ij})\times\eta_j^1,\sum_{j=1}^{m}f_j^2(d_{ij})\times\eta_j^2,\cdots,\sum_{j=1}^{m}f_j^s(d_{ij})\times\eta_j^s\right)$为对象 i 的聚类系数向量。若$\sigma_i^{k^*}=\max\{\sigma_i^k\}$，则对象 i 属于灰类 k^*，依次进行聚类，便可确定事故黑点、一般路段，以及正常路段。

步骤 6：选出 m 个影响因素来描述事故黑点的交通环境特性，选取事故黑点各影响因素的特征值后，采用系统聚类方法对事故黑点进行聚类。令第 i 个事故黑点 $X_{(i)}$ 的第 t 个影响因素的特征值为$(\delta_i(t,1),\delta_i(t,2),\cdots,\delta_i(t,r_t))$，其中

$$\delta_i(t,l)=\begin{cases}1, & \text{第}\,i\,\text{个事故多发点的第}\,t\,\text{个影响因素取值为第1项}\\ 0, & \text{其他}\end{cases} \tag{7-17}$$

以欧几里得距离 d_{ij} 定义 2 个事故黑点 $X_{(i)}$、$X_{(j)}$ 间的距离为

$$d_{ij}=\sqrt{\sum_{i=1}^{m}\sum_{l=1}^{r}(\delta_i(t,l)-\delta_j(t,l))^2} \tag{7-18}$$

式中，r^t 为第 t 个影响因素的个数。

步骤 7：系统聚类后绘制“事故多发点谱系聚类图”，以确定各类事故黑点的组成。各类事故黑点具有相似的成因，本部分仅需对第$i(i=1,2,\cdots,k)$类事故黑点进行成因分析。把事故黑点的影响因素作为因子分析的变量，将各事故因素引发的交通事故次数作为样本，便可以得到数据矩阵 $X_{q\times p}$（q 为第 i 类事故黑点个数；p 为事故因素数）。

分析过程中，首先计算数据矩阵样本均值、样本离差导出的样本相关系数矩阵 R，然后再求 R 的特征值并记为$\lambda_1\geqslant\lambda_2\geqslant\lambda_3\geqslant\cdots\geqslant\lambda_p\geqslant 0$，最后确定公共因子的个数 h，h 为满足$(\lambda_1+\lambda_2+\cdots+\lambda_h)/p\geqslant 0.7$的最小正整数。将因子载荷矩阵每列中的最大值作为该公共因子的解释值，也就是把该事故因素作为此类事故黑点的主要成因，$\overline{x}_i$、$\overline{x}_j$ 为事故黑点样本均值。其中离差 e_{ij}、相关系数 r_{ij} 的计算公式如下：

$$e_{ij}=\sum_{i=1}^{k}(x_{ti}-\overline{x}_i)(x_{ti}-\overline{x}_j) \tag{7-19}$$

$$r_{ij}=\frac{e_{ij}}{\sqrt{e_{ii}e_{jj}}} \tag{7-20}$$

3. 结果及分析

根据 2010～2012 年长余高速公路的交通事故数据以及现场勘查资料，选取长余高速公路事故黑点的道路线形、坡度、横向干扰、照明条件、路表情况、安全设施设置、能见度、事故类型比例 8 个影响因素来描述事故黑点的交通环境特性。其中，能见度这一影响因素是反映大气透明度的一个指标，当出现雨、雾、霾、沙尘暴等天气时能见度较低。而夜间能见度则是假设把夜间的照明条件调至白天水平，可以辨认适当大小物体的最大水平距离，因而能见度和照明条件这 2 项影响因素并不互相冲突。对描述事故黑点的 8 个影响因素分别取特征值，进而确定各事故黑点的属性，当属性为“是”时取值为 1，“否”时取值为 0。对 20

个事故黑点按上下行顺序重新编号，计算事故黑点间的欧几里得距离，并对 20 个事故黑点进行聚类。

聚类后将 20 个事故黑点归并为 3 类，即第 1 类事故黑点集合 $C_1 = \{1, 2, 3, 4, 5, 9, 13, 15, 16, 18, 20\}$、第 2 类事故黑点集合 $C_2 = \{17\}$、第 3 类事故黑点集合 $C_3 = \{6, 7, 8, 10, 11, 12, 15, 19\}$。首先分析 C_1 的成因，根据长余高速公路 2010～2012 年事故数据中所记录的事故认定原因，找出能够涵盖第 1 类事故黑点的事故成因。经统计，共找出 6 种主要成因及每种成因引发的事故次数。

选取公共因子的个数为 h，满足 $(\lambda_1 + \lambda_2 + \cdots + \lambda_h) / p \geqslant 0.7$ 的最小 h 为 2，根据公共因子特征值及其相应的特征向量计算，可得公共因子载荷矩阵，如表 7-4 所示。

表 7-4　事故成因荷载矩阵

事故成因	荷载矩阵	
	1	2
超速 50%以下	0.95	0.169
路表潮湿或冰雪	−0.112	0.67
妨碍安全行车行为	0.351	0.773
夜间无路灯照明	−0.017	0.746
强行超车	−0.955	0.124

长余高速公路第 1 类事故黑点的主要成因为超速 50%以下及妨碍安全行车行为。同理，可分析其余 2 类事故黑点成因。编号 17 事故黑点自成一类，即 C_2。单独剖析其成因，发现该路段位于长大下坡路段并伴随着平曲线转弯，而连续下坡加弯道会导致车辆长时间承受侧向力，可能致使车辆发生侧翻和碰撞护栏事故。该路段处标志标线(包括出口预告标志、限速标志、入口合流标志和渠化标线)基本合理，但在出口处道路外侧有约 70m 的路侧护栏缺失，故补全护栏便可以提升该处道路安全等级。由上述鉴别和分析可知。

(1)灰色聚类评价法可以确定长余高速公路各路段的优先改善顺序，即事故黑点>一般路段(事故次黑点)>正常路段。实例分析表明长余高速公路上行方向有 11 个事故黑点，下行方向有 9 个事故黑点。经现场调查并与交通管理部门交流、沟通，进行逐一排查，最终确定长余高速公路上行方向实际上有 10 个事故黑点，下行方向有 8 个事故黑点，可见灰色聚类评价法的实际应用效果较好。

(2)聚类因子法基于对事故黑点进行逐类分析的考虑，该方法可以同时找出某些具有相似特性的事故多发点的形成原因，并可以简化分析过程。根据实例中第 1 类事故黑点的主要成因，进行现场勘查，例如，勘查常规的限速标志、震动减速标线、护栏、路面情况等，以及是否需要增设可变情报板等，以便能结合成因分析结果及现场勘察资料采取相应的工程安全措施。

(3)基于聚类分析的高速公路事故黑点鉴别及成因分析是将聚类思想应用于事故黑点鉴别及成因分析的全过程，并应用实际统计的历史事故数据进行层层聚类分析，以得到事故黑点的改善排序及成因分类。本节依托长余高速公路事故数据进行实例分析应用，结果基本符合项目实际情况，从而使交通管理部门能够有层次地分类采取相应的交通安全改善措施，也可对不同事故黑点进行分级管理，简化管理程序并提高效率。

7.3.2　支持向量机的高速公路事故多发点风险研判建模

1. 数据来源

以江苏省高速公路为例，多源异构数据主要包括沪宁高速(G42)、宁杭高速(G25)、苏嘉杭高速(G15W)、沪苏浙高速(G50)、G104、G312、G318、S227、S230、S342、S239、S122等公路，涉及南京、苏州、无锡、常州、镇江等5个市。多源异构交通安全的监控工程长度为400km，评估预警长度为1000km[6,8]。

在采集非事故数据时，采取了均衡的取样策略，即采集的非事故样本数等于事故样本数。非事故数据在与事故数据相同地点、相同时间段、相同天气的条件下采集得到，这一采样方法控制了道路几何条件、时间段、天气条件等对事故发生的影响。此外，在提取非事故数据时，也要确保取样时间段前1h内没有事故发生，以保证非事故数据能反映正常情况的交通条件。本节选取高速公路追尾事故作为目标交通安全事件。首先，提取出事故及非事故数据，提出数据以后，进行多源异构数据处理，然后按照以下方法，将数据集成为四组特征变量：

$$A=\frac{1}{n\times t}\sum_{i=1}^{n}\sum_{j=1}^{t}s_{ij} \tag{7-21}$$

式中，A指代流量、速度或占有率的平均数；s_{ij}是在时间段j内，车道i上的流量、速度或占有率，$i=1,2,\cdots,n$，$j=1,2,\cdots,t$，n是车道数，G2京沪高速公路n值为3，t是时间段数，$t=3$、4和6，分别对应15min组(3个时间段)、20min组(4个时间段)和30min组(6个时间段)。

$$T=\frac{1}{n}\sum_{i=1}^{n}\sigma_i \tag{7-22}$$

式中，T指代检测站处的流量、速度或占有率在时间上的标准差；σ_i是车道i上的流量、速度或占有率不同时间段间的标准差，其他符号定义与式(7-21)中一致。

$$L=\frac{1}{t}\sum_{j=1}^{t}\sigma_j \tag{7-23}$$

式中，L指代车道上的流量、速度或占有率的标准差；σ_j是某一时间段内不同车道上流量、速度或占有率的标准差，其他符号定义与式(7-21)中定义一致。

$$D=\left|A_k-A_{k+1}\right| \tag{7-24}$$

式中，D指代相邻两检测站间的流量、速度或占有率的平均数差值；A_k是检测站k处的流量、速度或占有率的平均数；A_{k+1}是检测站k+1处的流量、速度或占有率的平均数。

在给特征变量命名时，5个检测站(事故检测站、事故检测站上游2个检测站和下游2个检测站)以A～E命名，A是高速公路上游距离事故发生地点最远的检测站，C是距离事故发生地点最近的检测站；15min组特征变量、20min组特征变量、30min组特征变量分别被以标示符1、2、3编号；最终，每个特征变量都由4部分组成：①特征变量的类别；②流量、速度或占有率；③检测站A、B、C、D或E；④时间组1、2或3。这样每个时间组共可以得到57个特征变量。

2. 计算步骤

SVM 算法并不能直接分析输入变量的相关程度，而过多的无关输入变量又会影响到 SVM 的预测精度，因此应用一定的变量选择方法选择出与事故的发生相关性最高的特征变量，对提高 SVM 的分类精度具有显著而积极的作用。

F 值方法是一种直接、有效的变量筛选方法，对某一具体的特征变量来说，F 值越高，其对分类结果的影响可能越大。然而，单独应用 F 值方法进行变量选择时，仅考虑了特征变量自身属性，而没有考虑特征变量与分类器之间的相互联系，因此，在本节中，F 值特征变量筛选是与 n 维交叉验证参数寻优过程一起进行的，以便使筛选出的特征变量与 SVM 分类器的结合更加紧密，整个变量筛选过程如下。

(1)用以下公式计算所有特征变量的 F 值：

$$F(i)=\frac{(\overline{x}_{ip}-\overline{x}_i)^2+(\overline{x}_{in}-\overline{x}_i)^2}{\frac{1}{N_p-1}\sum_{k=1}^{N_p}(x_{k,ip}-\overline{x}_{ip})^2+\frac{1}{N_n-1}\sum_{t=1}^{N_n}(x_{t,in}-\overline{x}_{in})^2} \tag{7-25}$$

式中，$\overline{x}_i$、$\overline{x}_{ip}$、$\overline{x}_{in}$ 分别是所有样本、事故样本、非事故样本的第 i 个特征变量的平均数；N_p、N_n 分别是事故样本和非事故样本的数量；$x_{k,ip}$ 是第 i 个特征变量中的第 k 个事故样本的值，$k=1,2,\cdots,N_p(N_p\geqslant 1)$；$x_{t,in}$ 是第 i 个特征变量中的第 t 个非事故样本的值，$t=1,2,\cdots,N_n$ $(N_n\geqslant 1)$。

(2)将所有特征变量按照 F 值的降序排列，每次去除 1 个 F 值最低的特征变量，将其余 F 值较高的特征变量输入 SVM 分类器并训练 SVM 分类器，直到输入变量中仅剩下 1 个特征变量。

(3)在每个特征变量子集上(从 57 个输入特征变量，依次递减至 56 个特征变量，55 个特征变量，54 个特征变量，……，3 个特征变量，2 个特征变量，1 个特征变量)，进行 n 维交叉验证，寻找最优的核函数参数对(γ, C)，识别出交叉验证精度最高的特征变量子集。

在上面的步骤(3)中，涉及采用 n 维交叉验证方法进行参数寻优的过程，交叉验证是指在一定的网络空间中，不断比较不同(γ, C)参数对相应的交叉验证精度，选择交叉验证精度最高的参数对。此外，交叉验证过程可以提高搜索精度，整个交叉验证过程步骤如下：①限定网格空间的范围为 $\log 2C\{-10,-9,\cdots,9,10\}$ 以及 $\log 2\gamma\{-10,-9,\cdots,9,10\}$。②对每个参数对($\gamma$, C)，将训练组样本分为 n 个(本研究中 n = 5)子集，每个子集都包含同样数目的样本。③每次用 1 个子集作为测试集，用其余 4 个子集作为训练集，训练 SVM 分类器。④将 5 次预测(每次采用 1 个不同子集)的平均交叉验证精度作为这一组特征变量对应的 SVM 分类器精度。⑤选择平均交叉验证精度最高的 SVM 分类器采用的参数对(γ, C)作为最终的核函数采用的参数对。

本部分采用集成的 SVM 分类软件 LIBSVM 进行追尾事故风险预测，其应用步骤如下。

(1)将事故样本和非事故样本数据转换成 LIBSVM 要求的数据格式。

(2)将所有的特征变量线性地归一化到[0, 1]内，以减少高维数据对低维数据的影响。

(3)采用交叉验证方法，识别出与 SVM 分类器显著相关的交通流特征变量子集及相应的最优 RBF 核函数参数对(γ, C)。

(4)采用识别出的显著的特征变量子集和最优参数对(γ, C)建立 SVM 分类器，并对测试组中的数据进行预测。

3. 结果及分析

选择平均数(AV、AS、AO)、标准差(TV、TS、TO、LV、LS、LO)和相邻检测站之间的差值(DV、DS、DO)来作为解释变量。由于 30min 组(组 3)中包含 20min 组(组 2)和 15min 组(组 1)的交通流信息，同样，20min 组也包含 15min 组的交通流信息，为了防止信息重叠，变量选择时，仅针对某一特定的时间组内的特征变量。

最终采集到的数据共包含 440 个事故样本和相应的非事故样本，随机将 70%的样本分配到训练组，并将剩余的 30%样本分配到测试组中。时间组 1、2、3 对应的解释变量分别进行 n 维 F 值交叉验证变量选择。表 7-5 中给出了变量选择结果：时间组 1 最终保留了 14 个显著特征变量，时间组 2 保留了 10 个特征变量，时间组 3 保留了 8 个特征变量。

表 7-5　特征变量选择结果

时间组	最优特征变量数目	特征变量名
1	14	DVC1、DSA1、AVC1、TSA1、TSBI、AVA1、DVD1、AVB1、LOD1、TOB1、LOB1、LSDI、LOC1、DQD1
2	10	DVC2、DSA2、LOB2、TSB2、AVC2、DVD2、AVA2、TSA2、AVB2、LSD2
3	8	DVC3、AVC3、DVD3、DSA3、AVA3、AVB3、LSD3、TSA3

由于 F 值特征变量选择过程与 n 维交叉验证参数寻优过程结合在一起，时间组 1、2、3 对应的最优核函数参数对(γ, C)在变量选择的同时也被识别出来。

在 F 值特征变量选择和 n 维交叉验证参数寻优过程之后，建立的三个 SVM 分类器分别是 SVM(时间组 1a)、SVM(时间组 2a)和 SVM(时间组 3a)，这三个预测器建立时，分别选择了各自对应的最优核函数参数对，以及利用显著的特征变量子集作为输入变量。

表 7-6 中显示了这三个 SVM 分类器的预测结果：尽管 SVM(时间组 2a)取得了最低的误报率 16.1%，但它的事故预测精度最低，仅为 72.7%；SVM(时间组 1a)取得了最高的总体预测精度 81.1%和最高的事故预测精度 79.8%，它的误报率也仅稍高于 SVM(时间组 2a)，为 17.5%。总体来说，采用 15min 组数据的 SVM(时间组 1a)较采用 20min 组数据和 30min 组数据的精度高。这一结果表明，靠近事故发生时间段的数据可以提供事故发生较为准确的信息。

表 7-6　SVM 分类器分类结果

分类器	训练组			测试组		
	总体分类精度/%	事故分类精度/%	误报率/%	总体分类精度/%	事故分类精度/%	误报率/%
SVM(时间组 1a)	93.5	96.6	9.5	81.1	79.8	17.5
SVM(时间组 2a)	92.3	36.6	20	78.3	72.7	16.1
SVM(时间组 3a)	87.3	97	22.5	78.1	78.4	22.3
SVM(时间组 1b)	98.2	97.5	1.1	73.2	72	25.9
SVM(时间组 2b)	97.8	98.4	2.7	70.9	70	28.2
SVM(时间组 3b)	96.4	97.3	4.5	70.2	72.3	31.8

为了分析特征变量选择过程对 SVM 分类结果的影响，另外建立了三个 SVM 预测器，在训练这三个分类器时，所有 57 个特征变量(分别采用 15min 组、20min 组和 30min 组的数据)

都输入到分类器中，采用了类似的网格搜索过程，识别出各分类器的核函数参数对。这三个 SVM 分类器的分类结果同样在表 7-6 中给出。观察分类结果可知，对训练组，采用所有的特征变量(未经过变量选择)训练的 SVM 分类器能够达到 96.4%的总体预测精度、97.3%的事故预测精度和低于 4.5%的误报率。而测试组的预测精度相对较差。这一结果表明，*F* 值特征变量选择过程与 *n* 维交叉验证参数选择过程相结合能够极大地提升 SVM 预测器的精度。

由于多数传统的基于统计模型的实时事故风险预测模型都采用一种预测器预测所有种类的事故，并且不针对追尾事故进行变量的选择，因此，很难将 SVM 模型的预测精度与统计模型直接进行对比分析。

本部分结合支持向量机提出了基于交通流参数的事故多发点交通安全事件风险研判模型，选取高速公路追尾事故作为目标交通安全事件，采用 SVM 算法建立了追尾事故风险预测模型，通过比较 3 个基于不同时间组(15min 组、20min 组、30min 组)的 SVM 预测器分类结果，发现基于 15min 组的 SVM 预测器的分类精度最高。*F* 值特征变量选择方法和 *n* 维交叉验证参数寻优过程被结合使用，基于相应时间组的最优特征变量以及核函数参数对建立了 SVM 预测器，比较了变量选择过程对事故风险预测结果的影响，结果表明，变量选择过程可以极大地提高 SVM 模型的泛化能力和预测精度。针对高速公路交通事故最主要的事故形态“追尾相撞”，本部分建立的面向事故多发点的事故风险预测模型主要适用于高速公路追尾事故的风险预测，模型参数的取值主要考虑了因交通流条件而引起追尾事故的风险因素。

参 考 文 献

[1] 《中国公路学报》编辑部. 中国交通工程学术研究综述·2016[J]. 中国公路学报, 2016, 29(6): 1-161.

[2] 张磊. 基于 GIS 的交通事故多发点鉴别管理信息系统研究[D]. 哈尔滨: 哈尔滨工业大学, 2006.

[3] 孙轶轩. 基于数据挖掘的道路交通事故分析研究[D]. 北京: 北京交通大学, 2014.

[4] 赵新勇. 基于多源异构数据的高速公路交通安全评估方法[D]. 哈尔滨: 哈尔滨工业大学, 2013.

[5] 程坦. 道路交通事故数据挖掘及应用研究[D]. 哈尔滨: 哈尔滨工业大学, 2009.

[6] 张道玉, 胡晓伟. 基于改进贝叶斯网络模型的高速公路交通设施风险评估[J]. 交通信息与安全, 2016, 34(5): 102-107.

[7] 柳昕汝. 山区高速公路伤亡事故故障树及贝叶斯网络模型[D]. 哈尔滨: 哈尔滨工业大学, 2019.

[8] 胡晓伟, 王健, 崔建勋. 寒冷地区高速公路交通安全评价理论与实践[M]. 北京: 人民交通出版社股份有限公司, 2017.

第 8 章 基于大数据的道路交通环境保护研究

汽车是现代化人类的重要交通工具，随着我国经济的发展，人民生活水平的提高，汽车的保有量也迅速增加，在人们出行方便的同时，汽车尾气对人类生存环境也造成了严重的污染。近年来，随着我国城市化和机动化进程的不断加快，机动车等移动污染源已经成为许多大中城市的首要大气污染源，且污染物所占比例在大幅度提升。目前我国的大气污染已从 20 世纪 80～90 年代的煤烟型大气污染特征转向煤烟-汽车尾气混合型大气污染特征。

机动车尾气排放物的主要成分是氮气和燃料完全燃烧后形成的水和二氧化碳。对于采用电控燃油喷射系统的发动机，尾气中的有害成分主要包括一氧化碳(CO)、碳氢化合物(HC)、氮氧化物(NO_x)、硫化物(SO_x)和颗粒物(PM*x*)等，它们通常在汽车尾气中所占的体积比不超过 5%。对于汽油机而言，CO 和 HC 占据了有害成分中的绝大部分，而对于柴油机，NO_x 和 PM 则构成了主要的污染物。

2018 年我国碳排放总量约 100 亿吨，占全球二氧化碳排放量的 1/3，已成为全球最大的二氧化碳排放国。我国二氧化碳排放中工业、建筑和交通领域呈“三分天下”态势，工业、建筑和交通领域二氧化碳排放占比分别为 24.2%、17.5%和 16.2%。因此，交通领域“双碳”目标的实现对全社会“双碳”目标的实现有着至关重要的影响。

国家“十四五”规划首次明确了我国实现碳达峰、碳中和的时间表和路线图，提出落实 2030 年应对气候变化国家自主贡献目标，制定 2030 年前碳排放达峰行动方案，努力争取 2060 年前实现碳中和的要求。中共中央、国务院印发《国家综合立体交通网规划纲要》明确指出，加快推进绿色低碳发展，交通领域二氧化碳排放尽早达峰。交通领域作为第三大二氧化碳排放源，理应成为我国碳达峰、碳中和战略的重要发力点。

党中央、国务院高度重视城市交通污染问题，做出了一系列重大决策部署，先后出台了《中共中央国务院 关于全面加强生态环境保护 坚决打好污染防治攻坚战的意见》、《打赢蓝天保卫战三年行动计划》和《柴油货车污染治理攻坚战行动计划》等一系列重要文件。习近平总书记在党的十九大报告中强调，必须树立和践行绿水青山就是金山银山的理念，坚定走生产发展、生活富裕、生态良好的文明发展道路。要着重环境保护与环境治理，其中针对空气污染、交通污染物排放的治理也成为重点。

首先，本章通过对出租车轨迹数据的挖掘，实现城市交通污染物排放的动态监测，并通过评价指标体系的构建实现对污染程度的评价，给出控制及改进建议。对污染物排放的动态监测有利于实现对污染区域的识别，并通过可视化令决策者对城市交通污染有直观化的了解，方便做出科学化的决策。其次，通过污染评估指标体系的构建实现对城市交通污染的评价，有利于重点治理区域的划分，并通过不同的评价等级以及道路环境给出对应的控制措施，辅助决策者的决策，令决策更加科学化。城市交通污染物排放的动态监测及控制技术的实现，响应了党的十九大建设美丽城市的号召，有利于实现城市污染物排放的严格化、科学化控制，减少机动车尾气污染在城市空气污染的占比，促进生态文明社会的建设。

8.1　道路交通碳排放计算数据及处理

8.1.1　数据来源

2015 年哈尔滨市全年的出租车 GPS 数据包括车辆 ID、采样时间、经纬度、瞬时速度、状态信息及方向等。每日数据条目数达 2000 多万。数据统计表格如图 8-1 所示。

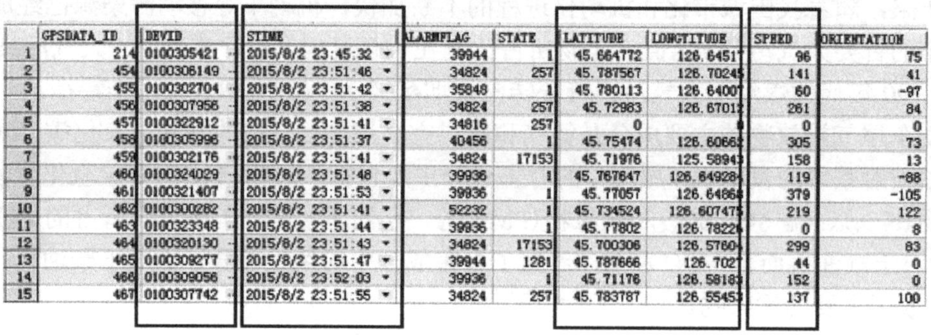

图 8-1　GPS 数据示意图

不同道路类型上各车型所占比例数据来源于《哈尔滨市机动车尾气中典型污染物排放特征研究》[1]以及《东北地区典型城市哈尔滨市机动车排气污染物排放清单研究》[2]两篇文章，具体的数据如表 8-1 所示。

表 8-1　不同道路类型上各车型所占比例

道路类型	摩托车占比/%	小型客车占比/%	出租车占比/%	公交车占比/%	大型客车占比/%	中型货车占比/%	重型货车占比/%
快速路	0.9	78.3	12.8	5.3	0.8	1.5	0.4
主干道	2.1	73.6	15.8	5	0.5	2.4	0.6
次干道	0.5	75	16.5	3.7	0.4	3.4	0.5
支路	1	74.2	17.5	3.2	0.2	2.8	1.1

经过分车型数量统计，得到四种道路类型上七种车型的车流量和各车型比重。在车流量层面上，快速路的车流量最大，说明在交通拥挤情况下，司机更愿意选择快速路驾驶。即使在高峰时间段，其堵车时间也要短于主干道。而支路的车流量最少。

8.1.2　道路交通碳排放时空区域划分

GIS 空间分析指的是在 GIS(地理信息系统)里实现分析空间数据，即从空间数据中获取有关地理对象的空间位置、分布、形态、形成和演变等信息并进行分析。

GPS 的数据包含经纬度坐标，所以通过 GIS 平台对 GPS 进行初步处理为后面的 GIS 可视化做准备。

OpenStreetMap(缩写 OSM)是一款由网络大众共同打造的免费开源、可编辑的地图，其包含了丰富的地理数据，为地理、规划以及对空间句法、空间分析、空间规划感兴趣的人提供了许多便利。

获取 OSM 数据的方法有许多，可以直接在官网下载OpenStreetMap，也可以用 QGIS 软件下载，还可以利用 ArcGIS Editor for OpenStreetMap 插件进行下载。在 OpenStreetMap 平台上导出的数据是 OSM 格式，常用的是 SHP 格式，ArcGIS Editor for OpenStreetMap 也提供了数据转换的工具用于转换 OSM 数据。

在 ARCGIS 中基于 Open Street Map 开源地图，锁定研究城市范围，然后通过 ARCGIS 的渔网功能将城市分为适当的网格。创建渔网工具可创建包含由矩形像元所组成网络的要素类。创建渔网需要四条基本信息：渔网的空间范围、行数和列数以及旋转的角度。

首先在 ARCGIS 中识别并确定渔网各单元网格的格点经纬度，通过 R 语言调用 Oracle 数据库里的出租车 GPS 坐标点数据来统计各单元网格内的出租车车辆数及平均速度。以 10min 为间隔进行数据统计。

8.1.3　道路交通碳排放可视化

现在只有出租车的一年的交通量，但是没有其他车辆类型的交通量，所以需要进行推算，即基于获得的各车型比例以及日变化情况对交通量进行推算。

1. 交通量的 GIS 可视化

1) 交通量推算

(1) 识别道路网络。

因为各类型道路上车型比例不同，所以需要对网络中每个单元网格的道路进行长度和识别，识别的部分结果如表 8-2 所示。

表 8-2　单元网格道路长度表

快速路/km	主干道/km	次干道/km	支路/km	总和/km	快速路占比	主干道占比	次干道占比	支路占比
	119.3		71.03	190.33	0	0.6268	0	0.3731
	294.38		689.64	984.02	0	0.2992	0	0.7008
	281.3		561.68	842.98	0	0.3337	0	0.6663
302.07				302.07	1	0	0	0

(2) 匹配道路系数。

用识别出来的各单元网格道路长度及等级按比例匹配系数，得出用出租车交通量推算其他车型交通量的系数，部分数据如表 8-3 所示。

表 8-3　其他类型车辆转换系数

摩托车	小型客车	公交车	大型客车	中型货车	重型货车	综合
0.1329	4.6582	0.3165	0.0316	0.1519	0.038	5.3291
0.1329	4.6582	0.3165	0.0316	0.1519	0.038	5.3291
0.5714	4.24	0.1829	0.0114	0.16	0.0629	4.7143

(3) 推算系数矩阵。

用计算出来的转换系数，根据出租车占比日变化给出 10min 间隔的系数矩阵。

(4) 推算其他车型交通量。

用推算出来的转换系数以及系数矩阵，推算其他车型交通量。

2) GIS 可视化

将 R 语言代码运行出来的数据存入 Excel 表格中，再将 Excel 数据导入 ARCGIS 软件中，按照前述网格划分方式在 ARCGIS 中使用属性显示功能，将出租车交通量基于网格呈现出来，该呈现效果仅用作展示沟通，由于并未处理全部数据，与最终效果会有一定偏差。

2. 排放量的 GIS 可视化

1) 道路机动车排放因子及排放量的计算

(1) 机动车尾气排放污染物因子标定及排放量计算。

使用《道路机动车大气污染物排放清单编制技术指南(试行)》(以下简称《指南》)文件进行污染物排放因子标定。

机动车排放的大气污染物主要包括机动车尾气排放和蒸发排放的大气污染物。尾气排放的大气污染物包括气态污染物和颗粒物，其中污染物包括气态污染物，指一氧化碳(CO)、碳氢化合物(HC)、氮氧化物(NO_x，以二氧化氮(NO_2)计)；颗粒物包括可吸入颗粒物(PM10)和细颗粒物(PM2.5)。蒸发排放的大气污染物主要是碳氢化合物(HC)，仅考虑以汽油为燃料的机动车蒸发排放。

车辆类型分为微型客车、小型客车、出租车、中型客车、大型客车、公交车、微型货车、轻型货车、中型货车、重型货车等。

道路机动车排放量(E)主要包括尾气排放(E_1)和 HC 蒸发排放(E_2)两部分。其计算公式如式(8-1)所示：

$$E = E_1 + E_2 \tag{8-1}$$

按照要求，道路机动车尾气排放量的计算在第三级排放源层面完成，三级排放源分类如表 8-4 所示。

表 8-4　道路机动车三级分类

第一级分类	第二级分类	第三级分类
微型客车	汽油	国一前、国一、国二、国三、国四、国五
小型客车	汽油、柴油、其他燃料	国一前、国一、国二、国三、国四、国五
出租车	汽油、其他燃料	国一前、国一、国二、国三、国四、国五
中型客车	汽油、柴油、其他燃料	国一前、国一、国二、国三、国四、国五(全国范围仅对其他燃料车辆)
大型客车	汽油、柴油、其他燃料	国一前、国一、国二、国三、国四、国五(全国范围仅对其他燃料车辆)
公交车	汽油、柴油、其他燃料	国一前、国一、国二、国三、国四、国五(全国范围仅对其他燃料车辆)
微型货车	汽油	国一前、国一、国二、国三、国四、国五
轻型货车	汽油	国一前、国一、国二、国三、国四、国五
	柴油	国一前、国一、国二、国三、国四、国五(仅 3500kg 以下)
中型货车	汽油、柴油	国一前、国一、国二、国三、国四、国五

续表

第一级分类	第二级分类	第三级分类
重型货车	汽油	国一前、国一、国二、国三、国四、国五
	柴油	国一前、国一、国二、国三、国四、国五
低速货车	柴油	国一前、国一、国二、
三轮汽车	柴油	国一前、国一、国二、
普通摩托车	汽油	国一前、国一、国二、国三
轻便摩托车	汽油	国一前、国一、国二、国三

注：其他燃料主要包括压缩天然气(CNG)、液化天然气(LNG)和液化石油气(LPG)等。

该《指南》里所提供的道路机动车尾气排放量的计算公式如(8-2)所示。

$$E_i = \sum_i P_i \times EF_i \times VKT_i \times 10^{-6} \tag{8-2}$$

式中，E_i为第三级机动车排放源i对应的CO、HC、NO_x、PM2.5和PM10的年排放量，单位为吨；EF_i为i类型机动车行驶单位距离尾气排放的污染物的量，单位为克/千米；P_i为所在地区i类型机动车的保有量，单位为辆；VKT_i为i类型机动车的年均行驶里程，单位为千米/辆。

其中，机动车尾气排放系数$EF_{i,j}$的计算公式如(8-3)所示。

$$EF_{i,j} = BEF_i \times \varphi_j \times \gamma_j \times \lambda_i \times \theta_i \tag{8-3}$$

式中，$EF_{i,j}$为i类车在j地区的排放系数；BEF_i为i类车的综合基准排放系数；φ_j为j地区的环境修正因子；γ_j为j地区的平均速度修正因子；λ_i为i类车的劣化修正因子；θ_i为i类车的其他使用条件(如负载系数、油品质量等)修正因子。

由于计算需要对不同污染物进行分类展示，每种类型车辆使用的燃料不同，各个修正因子的标定结果也不同，且需要分时段进行每10min的污染物在GIS网格里的动态变化显示，受限于计算量，本阶段只对2015年7月1号这一天的数据进行处理，根据需求对式(8-2)进行相应修改和参数标定。各类型机动车使用燃料类型比例如表8-5所示。

表 8-5 各类型机动车使用燃料类型比例

机动车类型	出租车	小型客车	大型客车	小型货车	大型货车	公交车	摩托车
汽油比例	0.234	0.925	0.1	0.1	—	—	1
柴油比例	0.206	0.075	0.9	0.9	1	0.148	—
其他燃料比例	0.56	—	—	—	—	0.852	—

修改后的道路机动车尾气排放量的计算公式如(8-4)所示。

$$E_i = P_i \times EF_i \times VKT_i \tag{8-4}$$

式中，E_i为第三级机动车排放源i对应的CO、HC、NO_x、PM2.5和PM10的10min间隔内在一个网格里的排放量，单位为克；EF_i为i类型机动车行驶单位距离尾气排放的污染物的量，单位为克/千米；P_i为一个网格内i类型机动车的数量，单位为辆；VKT_i为i类型机动车在10min于相应网格内的行驶里程，为方便计算，取该值为网格里的道路长度，单位为千米/辆。

其中，机动车尾气排放系数EF_i的计算公式如(8-5)所示。

$$EF_{i,j} = BEF_i \times \varphi_j \times \gamma_j \times \lambda_i \times \theta_i \tag{8-5}$$

式中，BEF_i为i类车的综合基准排放系数，分为汽油车、柴油车和其他燃料类型车辆(表8-6)，部分汽油车车型综合基准排放系数如表8-7所示；φ_j为j地区的环境修正因子，计算对象为哈尔滨市区夏季2015年7月1日的数据，查《指南》可知不需要进行环境修正，故取1；γ_j为j地区的平均速度修正因子，根据当地车辆平均行驶速度确定，分为0～20km/h、20～30km/h、30～40km/h、40～80km/h和>80km/h四个速度区间，汽油车和柴油车两种车辆类型，将代码运行后统计出的单元网格内的10min平均出租车速度视为所有车辆的速度，进行速度修正，如表8-8和表8-9所示；λ_i为i类车的劣化修正因子，查《指南》可知只有使用汽油的出租车排放出的CO污染物需要修正，如表8-10所示；θ_i为i类车的其他使用条件(如负载系数、油品质量等)修正因子，查《指南》知无须进行修正，该值取1。

表8-6　基于登记注册日期的排放标准判定方法

机动车类型	燃料	国一前	国一	国二	国三	国四	国五
微型、小型客车，出租车，微型、轻型货车	汽油、其他燃料	2000年7月1日前	2000年7月1日至2005年6月30日	2005年7月1日至2008年6月30日	2008年7月1日至2011年6月30日	2011年7月1日至2017年12月31日	2018年1月1日起
小型客车、出租车、轻型货车(3500kg以下)	柴油	2000年7月1日前	2000年7月至2005年6月30日	2005年7月1日至2008年6月30日	2008年7月1日起		
中型、大型客车，中型、重型货车	汽油	2003年7月1日前	2003年7月至2004年8月31日	2004年9月1日至2010年6月30日	2010年7月1日至2013年6月30日	2013年7月1日起	
中型、大型客车，轻型(3500kg以上)、中型、重型货车	柴油	2001年9月1日	2001年9月1日至2004年8月31日	2004年9月1日至2007年12月31日	2008年1月1日至2013年6月30日	2013年7月1日起	
中型、大型客车	其他燃料	2001年9月1日前	2001年9月1日至2004年8月31日	2004年9月1日至2007年12月31日	2008年1月1日至2010年12月31日	2011年1月1日至2012年12月31日	2013年1月1日起
低速货车、三轮汽车	柴油	2007年1月1日前	2007年1月1日至2007年12月31日	2008年1月1日起			
摩托车	汽油	普通摩托车：2003年7月1日前 轻便摩托车：2004年1月1日前	普通摩托车：2003年7月1日至2004年12月31日 轻便摩托车：2004年1月1日前至2005年12月31日	普通摩托车：2005年1月1日至2010年6月31日 轻便摩托车：2006年1月1日前至2010年6月30日	2010年7月1日起		

表8-7　部分汽油车车型综合基准排放系数

机动车类型		污染物				
		CO	HC	NO_x	PM2.5	PM10
微型、小型客车	国一前	25.72	2.685	1.971	0.028	0.031
	国一	6.71	0.663	0.409	0.026	0.029
	国二	2.52	0.314	0.324	0.011	0.012
	国三	1.18	0.191	0.100	0.007	0.008
	国四	0.68	0.075	0.032	0.003	0.003
	国五	0.46	0.056	0.017	0.003	0.003

续表

机动车类型		污染物				
		CO	HC	NO_x	PM2.5	PM10
中型客车	国一前	39.13	3.695	2.938	0.099	0.110
	国一	21.43	2.567	1.781	0.060	0.067
	国二	15.37	1.443	1.461	0.018	0.020
	国三	4.33	0.373	0.474	0.011	0.012
	国四	1.98	0.107	0.196	0.006	0.007
	国五	1.98	0.107	0.147	0.006	0.007

表 8-8　汽油车平均速度修正因子γ_i

污染物	速度区间/(km/h)				
	＜20	20～30	30～40	40～80	＞80
CO	1.69	1.26	0.79	0.39	0.62
HC	1.68	1.25	0.78	0.32	0.59
NO_x	1.38	1.13	0.90	0.86	0.96
PM2.5, PM10	1.68	1.25	0.78	0.32	0.59

表 8-9　柴油车平均速度修正因子γ_i

污染物	排放标准	速度区间/(km/h)				
		＜20	20～30	30～40	40～80	＞80
CO	国一前～国三	1.43	1.14	0.89	0.54	0.61
	国四、国五	1.29	1.10	0.93	0.70	0.61
HC	国一前～国三	1.41	1.13	0.90	0.61	0.41
	国四、国五	1.38	1.12	0.91	0.64	0.48
NO_x	国一前～国三	1.31	1.08	0.93	0.74	0.66
	国四、国五	1.39	1.12	0.91	0.60	0.28
PM2.5、PM10	国一前～国三	1.22	1.08	0.93	0.71	0.49
	国四、国五	1.36	1.12	0.91	0.65	0.48

表 8-10　汽油机动车排放系数劣化修正因子(相对于 2015 年综合基准排放系数)

污染物	机动车类型	国一			国二			国三			国四、国五		
		2016年	2017年	2018年	2016年	2017年	2018年	2016年	2017年	2018年	2016年	2017年	2018年
CO	微型、小型客车	1.35	1.73	2.08	1.00	1.03	1.25	1.14	1.34	1.52	1.00	1.01	1.26
	其他车辆	1.10	1.15	1.20	1.03	1.05	1.07	1.12	1.17	1.23	1.18	1.31	1.43
	出租车	1.57	1.57	1.57	1.59	1.59	1.59	1.46	1.46	1.46	1.62	1.62	1.62
HC	微型、小型客车	1.18	1.38	1.56	1.18	1.53	1.86	1.04	1.18	1.30	1.00	1.01	1.18
	其他车辆	1.06	1.08	1.11	1.06	1.09	1.11	1.11	1.16	1.22	1.20	1.34	1.48
	出租车	1.45	1.45	1.45	1.58	1.58	1.58	1.39	1.39	1.39	1.52	1.52	1.52
NO_x	微型、小型客车	1.00	1.00	1.06	1.08	1.32	1.53	1.32	1.47	1.60	1.00	1.00	1.33
	其他车辆	1.03	1.06	1.08	1.07	1.11	1.14	1.07	1.10	1.13	1.11	1.18	1.25
	出租车	1.41	1.41	1.41	1.51	1.51	1.51	1.36	1.36	1.36	1.67	1.67	1.67

处理计算后可以得到出租车 CO 排放量，将在 Excel 中统计计算所有使用不同燃料的不同类型机动车排放的污染物，按照污染物的类型相加，可以得到各种污染物的统计排放量。

(2)蒸发排放的大气污染物。

HC 蒸发排放量的计算类似于机动车尾气排放量的计算，只考虑以汽油作为燃料的机动车，计算公式如式(8-6)所示，其推荐值如表 8-11 所示。

$$E_2 = (EF_1 \times VKT/V/6 + EF_2/24/6) \times P \tag{8-6}$$

式中，E_2 为行驶及驻车期间的一个网格内 10min 的 HC 蒸发排放量，单位为克，包括出租车、小型货车、大型客车、摩托车五种机动车类型；EF_1 为机动车行驶过程中的蒸发排放系数，单位为克/小时；VKT 为当地车辆的单车行驶里程，取该值为一个网格内的道路长度，单位为千米；V 为机动车运行的平均行驶速度，单位为千米/小时；EF_2 为驻车期间的综合排放系数，主要包括热浸、昼间和渗透过程中的排放系数，单位为克/天；P 为一个网格内 i 类型机动车的数量，单位为辆。

表 8-11　排放系数推荐值

排放系数类型	推荐值 1	推荐值 2	单位
蒸发排放系数 EF_1	11.6	0.2	克/小时
综合排放系数 EF_2	6.5	0.5	克/天

注：推荐值 1 用于普通车辆(不带 ORVR 技术)；推荐值 2 用于进口带 ORVR 技术的车辆(多见于 2000 年后的美国进口车辆)以及北京市 2017 年后新增的带 ORVR 技术车辆。

2) GIS 可视化

(1)数据格式的处理。

使用 GIS 对排放量可视化，需首先将 Excel 表格转换为 SHP 格式。为此编制一个格式转换程序，实现对数据格式的快速处理。

转换格式后的数据可以直接在 ArcGIS 中使用。

(2)排放量图序列及动态排放效果的生成。

将转换格式后的数据文件在 ArcGIS 中打开，在数据视图下建立某一排放物的排放量图层，设置该图层的属性，包括色带、类及范围、轮廓颜色、透明度等，即可实现某一时段该排放物的区域排放情况的可视化。在布局视图下，调整可视区域的位置和大小，添加标注，包括标题、时间段、指北针、比例尺、图例等。导出该地图并保存在指定文件夹。按时间顺序依次将某一排放物各时段的排放图导出保存，即可得到该排放物的排放量图序列。将生成的排放量图序列导入到 AE 软件，设置帧数，将排放量图序列生成为动态效果。依次将各排放物的时间序列生成为动态排放效果。

8.2　道路交通领域中碳排放计算相关方法

目前国内外学术界和工业界所采用的量化计算碳排放的方法有十余种，总体流程可分为从上部行业数据统计出发的自上而下计算方法及从人口和出行结构出发的自下而上计算方法。这些方法的应用前提、优势劣势、结果精度等各不相同，导致评价基础不统一，城市之间可比性差，因此当前亟须寻找一种适合具有中国特色的普适性的计算方法，以统一评价基础。

8.2.1 自上而下计算方法

自上而下的计算方法[3]是指对于特定的区域范围，其碳排放量等于各种交通运输能源消耗(简称能耗)量和对应的能源碳排放系数的乘积。交通碳排放量的计算公式如下：

$$C = \sum_i A_i \times N_i \times M_i = \sum_i A_i \times F_i \tag{8-7}$$

式中，C 为能源消耗产生的碳排放总量；i 表示能源种类，分别是原煤、汽油、柴油、电力和天然气；A_i 为第 i 类能源的消费量，原煤、汽油和柴油的单位为吨，电力的单位为亿千瓦时，天然气的单位为亿立方米；N_i 为能源平均低位发热量，单位为万亿焦耳/万吨；$M_i = CEC_i \times COF$ 为碳排放因子，单位为吨碳/万亿焦耳，其中，CEC_i 为第 i 类能源的碳含量，单位为吨碳/万亿焦耳，COF 为碳氧化因子，机动车技术的进步使燃料(尤其是液体燃料)的燃烧效率基本达到了 100%，所以该值可以取 100%；$F_i = N_i \times M_i$ 为碳排放系数。根据《2006 年 IPCC 国家温室气体清单指南》和《中国能源统计年鉴 2017》可以得到各种能源的平均低位发热量，并计算出碳排放因子和碳排放系数，详情如表 8-12 所示。

表 8-12　各种能源参数

能源种类	原煤	汽油	柴油	电力	天然气
平均低位发热量 N_i/(万亿焦耳/万吨)	209.08	430.70	426.52	360	3893.1
碳排放因子 M_i/(吨碳/万亿焦耳)	26.78	18.88	20.18	75.56	15.29
碳排放系数 F_i/(吨碳/吨)	0.5599	0.8132	0.8607	2.72	5.953

基于此，可采用 STIRPAT 模型对交通碳排放的影响因素进行分析，结合情景分析法对其进行预测研究，以期为当地交通部门制定相关减排政策和合理规划交通提供科学建议。

8.2.2 自下而上计算方法

自下而上的计算方法是根据区域内各种车辆的保有量、平均行驶里程、单位里程的能源消耗量和排放系数测算研究范围内的能耗和碳排放总量。相比于自上而下的计算方法，其应用更加普遍。

1. 基于 LEAP 模型的交通部门能源消耗模拟方法

LEAP(Long-Range Energy Alternatives Planning System)模型[4]，即长期能源替代规划系统，是由斯德哥尔摩环境实验所波士顿研究中心研究开发的一个能源环境情景分析模型，LEAP 模型拥有灵活的结构，使用者可以根据研究对象特点、数据的可得性、分析的目的和类型等来构造模型结构和数据结构，其可以用来分析不同情景下的能源消耗和温室气体排放，这些情景是基于能源如何消耗、转换和生产的复杂计算，综合考虑关于人口、经济发展、技术、价格等的一系列假设。其广泛应用于各种尺度、各个行业的能源环境政策模拟评价，在交通领域也有重要应用。

LEAP 模型采用自下而上的计算方法，根据行业终端用能的变化设置不同情景，并链接各种环境污染物排放因子，可以对不同行业的能源消耗和大气污染物排放进行分析。本章重点在于分析评价城市交通部门能源消耗和相应污染物的直接排放量。

整个模型中计算过程主要分为三个部分：总能耗、污染物直接排放量和节能减排潜力的计算，其中能源消耗量和污染物排放量主要依据机动车数量、燃料经济性、行驶里程以及客(货)周转量等模型基本参数进行计算，这些参数可基于不同政策选择和技术因素的情景进行调整。设定基准情景和最佳情景，两种情景对应不同的参数集，分别计算城市交通部门的总能耗及污染物直接排放量，分析比较控制情景的节能减排潜力后，可以对各种政策的效果进行评估。

不同燃料类型的机动车的能源消耗量主要通过机动车数量、机动车平均行驶里程以及燃料使用效率来进行计算。因此，机动车能源消耗量可以由以下公式计算得出：

$$ED_i(t)=\sum V_i(t)VKT_i(t)F_i(t) \tag{8-8}$$

式中，$ED_i(t)$ 代表第 t 年第 i 种普通机动车的能源消耗量，万吨标准油；$V_i(t)$ 表示第 t 年在道路上行驶的第 i 种车总量；$VKT_i(t)$ 表示第 t 年第 i 种车年均行驶里程数；$F_i(t)$ 表示第 t 年第 i 种车的燃料经济性，用单位里程的燃料消费量表示。

在 LEAP 模型中，因为客运交通需要考虑到居民交通出行量，所以能源消耗量通常都是把总客运周转量(人·km)与每单位客运周转量的能源消耗量相乘来计算。当城市进行公共交通出行统计，口径为日出行总量时，需要对客运交通能源消耗量进行适当修改，计算公式如下：

$$EDP_i(t)=\sum EP_{\text{ass}_i(t)}\times TDTP_i(t) \tag{8-9}$$

式中，$EDP_i(t)$ 指的是第 t 年第 i 种客运交通能源消耗量，万吨标准油；$EP_{\text{ass}_i(t)}$ 表示第 t 年第 i 种客运交通每人次能源消耗量；$TDTP_i(t)$ 表示第 t 年第 i 种客运交通的日出行总量。

货物运输方面的具体计算公式如下：

$$EDF_i(t)=\sum EF_{\text{right}_i(t)}\times TEF_i(t) \tag{8-10}$$

式中，$EDF_i(t)$ 表示第 t 年第 i 种车货运能源消耗量，万吨标准油；$EF_{\text{right}_i(t)}$ 表示第 t 年第 i 种车每单位货物周转过程中的能源消耗量；$TEF_i(t)$ 表示第 t 年第 i 种车的货运周转量。

交通带来的大气污染物排放量计算主要基于每种燃料类型的机动车的能源消耗量及相应排放因子，所以普通机动车、公共交通和货物运输的污染物排放量统一按照如下公式计算：

$$E_j(t)=\sum TED_i(t)\times EF_{ij}(t) \tag{8-11}$$

式中，$E_j(t)$ 表示第 t 年第 j 种污染物的排放量；$TED_i(t)$ 表示 t 年第 i 种机动车的能源消耗量；$EF_{ij}(t)$ 表示 t 年第 i 种机动车的 j 种污染物的排放量。

2. 基于车辆行驶里程的居民交通碳排放核算方法

本部分研究分析居民交通碳排放的时空特征，希望对改善城市交通建设、实现居民低碳出行提供科学依据[5]。

采用基于车辆行驶里程的自下而上计算方法核算居民交通碳排放，计算公式如下：

$$C_T=\sum_i (N_i\times M_i\times O_i\times F_i\times L_i)\times K \tag{8-12}$$

式中，C_T 表示城市居民交通排放量；i 表示公交车、出租车等的一种；N、M、O、F、L、K

分别为其车辆数、车行驶里程、每公里耗油量、燃油密度、所用燃料净发热值、碳排放因子。

初步认定影响居民公共交通碳排放的因素有家庭基本条件和家庭交通区位(即居民在居住区利用公共交通的便捷性和可达性)，影响小汽车碳排放的因素有家庭基本条件和小汽车使用情况，具体情况如表 8-13 所示。

表 8-13　城市居民交通碳排放可能影响因素具体情况

影响因素	变量	变量赋值					
家庭基本条件	年龄结构/岁	1～18	19～30	31～40	41～50	51～60	＞60
	人口规模/人	1	2	3	4	≥5	
	年收入/万元	0～3	3～6	6～9	9～12	12～15	15～18
	文化程度	高中及以下	专家及本科	硕士及以上			
	持驾照数/人	0	1	2	3	≥4	
	职住距离/km	0～5	5～10	10～15	＞15		
家庭交通区位	通勤直达程度/换乘次数	0	1	≥2			
	距市中心通达度/换乘次数	0	1	≥2			
	距公交站点距离/m	0～50	50～100	100～200	200～300	＞300	
	附近公交线路数/路	1	2	3	4	≥5	
	乘坐出租车频率	经常	一般	很少	从不		
小汽车使用情况	小汽车车数/辆	0	1	2	3	≥4	
	购车偏好	体面	价格	性能	省油		
	小汽车车型/车排量	＜1.6	1.6～2.5	＞2.5			
	上班开车频率	经常	一般	很少	从不		

首先对各独立变量的分类序级变量进行赋值构成虚拟变量，其次对各虚拟变量使用逐步法与居民公共交通碳排放和小汽车碳排放进行回归分析，剔除不显著变量后得到多元线性回归方程，分析家庭基本条件、家庭交通区位和小汽车使用情况对居民交通碳排放的影响。

需要注意的是，每个移动排放源(公交车、私家车、出租车)的车排量、燃料类型、燃油经济性、行驶里程等存在较大差异，且司机驾驶行为及偏好、路况等也不相同，加上样本选择等原因，会导致上述居民交通碳排放计算公式中各变量产生误差，此外，统计数据自身的质量和统计口径的变化也会产生不确定性。

3. 基于 IPCC 自下而上计算方法的碳排放测算

居民的出行行为，尤其是出行方式结构，是决定城市交通碳排放水平的重要因素。随着互联网的迅速崛起，网购成为人们日常生活中不可缺少的一部分。网购对实体购物的替代潜力日渐改变了居民日常购物方式[6]。人们减少出行购物，转而在室内完成，大大减少了普通居民交通出行特别是机动车出行的需求，改变了居民购物出行方式结构，潜移默化地影响着城市交通碳排放。针对城市交通部门，根据《IPCC2006 国家温室气体清单指南》，不同交通方式间的碳排放差异可以由如下计算公式进行分析：

$$C = \sum M_i \times \eta \times l_i \times Q_i \times \beta \tag{8-13}$$

式中，C 表示居民购物出行碳排放总量；M_i 表示交通方式 i 的保有量；η 表示排放系数；l_i 表示交通方式i的平均出行距离；Q_i表示交通方式i的百公里油耗；β表示燃油密度。

考虑到数据的可获得性，在研究过程中，引入新的参数替代交通方式保有量M_i，并改进上述计算公式：

$$C = N \times \sum \frac{\eta \times x_i \times l_i \times Q_i \times \beta}{n_i} \tag{8-14}$$

式中，N表示居民购物年出行总量；x_i表示交通方式i的分担率；n_i表示交通方式i的平均载客量。

百公里油耗和燃油密度的值可以参照《乘用车燃料消耗量评价方法及指标》(GB 27999—2019)、《不同交通方式能耗与排放因子及其可比性研究》来获取，排放系数的值可以参照《2006年IPCC国家温室气体清单指南》来获取，具体情况如表8-14所示。

表8-14　碳排放测算参数表

交通方式	百公里油耗/(L/100km)	燃油密度/(kg/L)	排放系数/(kg-CO_2/kg)
公交车	31	0.839	3.0959
出租车	9.2	0.74	2.9251
私家车	8.3	0.74	2.9251

8.3　城市交通减排治理策略案例分析

本节将运用情景分析法设定不同的交通减排治理策略情景，然后基于城市交通减排治理策略的系统动力学(SD)模型，在Vensim仿真平台中模拟不同减排治理策略干预下的哈尔滨市交通能源消耗与污染物排放的变化趋势，并进一步探究如何通过不同策略的组合实现2030年城市交通碳达峰目标[7]。

8.3.1　城市交通减排治理情景设置

情景分析法又称为前景描述法，是在假定某种政策或情景一直持续到特定时间的前提下，预测所研究对象的变化和发展趋势的方法。情景分析法主要分为以下四个步骤：情景准备、情景设定、情景预测和情景评估。其中情景设定是情景分析法中最重要的一步，在设定情景时，首先应对基准情景进行设定；然后根据单独依次列出的政策进行适当组合，从而设定出基准情景、单一政策情景以及组合政策情景等多种情景。

在系统动力学模型中，通过调整不同政策变量的取值，可以模拟系统在不同政策情景下的发展趋势，从而分析不同政策对系统发展的影响作用。本节基于情景分析法设定不同的交通减排治理策略情景，主要以交通需求管理策略(TDM)、新能源汽车推广策略(PEV)、公交优先策略(DPT)、交通基础设施建设策略(TIC)和技术发展策略(DT)五种策略作为哈尔滨市可以采取的交通减排治理策略，然后设定每种策略的具体方案，并分析不同城市交通减排治理策略的调控路径和效果。

不同的交通减排治理策略会对城市交通的发展趋势造成不同影响，在完成情景设定后，利用城市交通减排治理的SD模型和Vensim平台仿真分析不同策略干预下哈尔滨市交通能耗与污染物排放的变化趋势，以探究不同减排治理策略的效果。

8.3.2 单一仿真策略

1. 交通需求管理策略仿真

交通需求管理策略主要利用经济和行政管理手段对城市交通需求进行调控。设定四种不同的交通需求管理策略，具体内容如下。

策略一：实施机动车限购政策，对燃油私家车实行限购，使燃油私家车的年增长率降低5%。

策略二：实施机动车限行政策，使私家车的年均行驶里程降低 20%。

策略三：实施经济调控政策，通过调控燃油价格、车辆购置税等提高私家车的购置成本和使用成本。

策略四：实施高排放车辆淘汰政策，加速传统燃油汽车报废，使燃油汽车的年均报废率提高至 10%。

利用城市交通减排治理策略的系统动力学模型仿真模拟四种交通需求管理策略下哈尔滨市交通能源消耗与碳排放总量的变化趋势，结果如图 8-2 和图 8-3 所示。根据仿真模拟结果，可以看出机动车限购、机动车限行、经济调控和高排放车辆淘汰四种交通需求管理策略均能降低交通能源消耗和碳排放总量，在限行政策实施前期，能耗和碳排放总量最早开始下降且降幅较大，取得的减排效果最好，但随着时间的推移，能耗和碳排放总量仍然呈现出上升的态势，此时限购政策优于限行政策，碳减排量从大到小依次排序为策略一＞策略二＞策略四＞策略三。

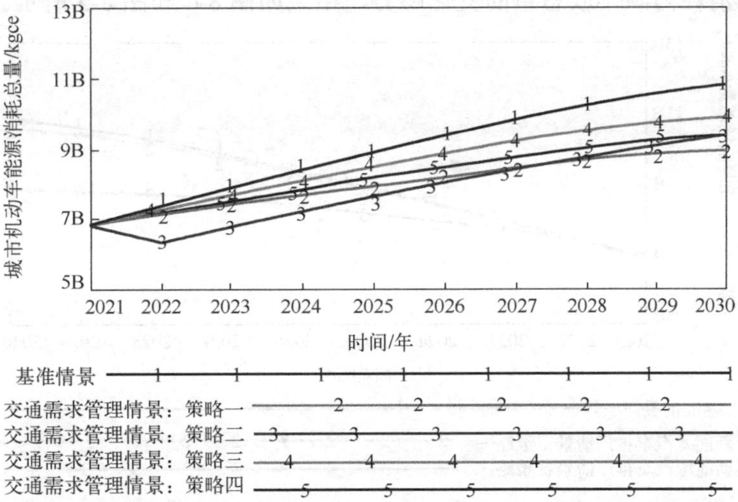

图 8-2　交通需求管理情景下哈尔滨市交通能源消耗总量变化趋势

2. 新能源汽车推广策略仿真

新能源汽车是我国战略性新兴产业之一，推广新能源汽车是解决日益突出的环境污染问题，发展城市低碳交通的关键举措，设定两种新能源汽车推广策略，具体内容如下。

策略一：实施新能源汽车补贴政策，加大新能源汽车的购车补贴力度，国家与地方 1∶1

进行补贴，将插电式混合动力汽车的购车补贴提升至 3 万元，纯电动汽车的购车补贴提升至 5 万元，并对新能源汽车充电、停车等实施一系列优惠政策，使新能源汽车的使用成本减少 50%。

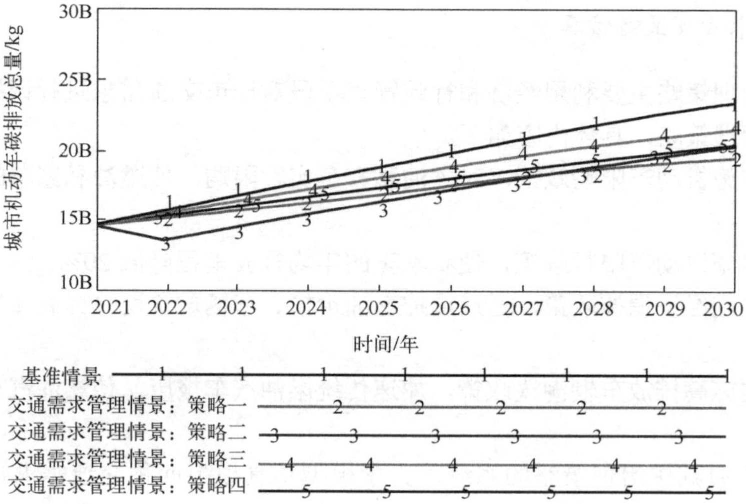

图 8-3　交通需求管理情景下哈尔滨市交通碳排放总量变化趋势

策略二：实施燃油汽车更新政策，给予传统燃油汽车置换更新补贴，每年使 1%的燃油私家车置换为纯电动汽车，每年将 10%的使用燃油的公交车、出租车和货运汽车更新为纯电动汽车。

利用城市交通减排治理策略的系统动力学模型仿真模拟两种新能源汽车推广策略下哈尔滨市交通能源消耗与碳排放总量的变化趋势，结果如图 8-4 和图 8-5 所示。

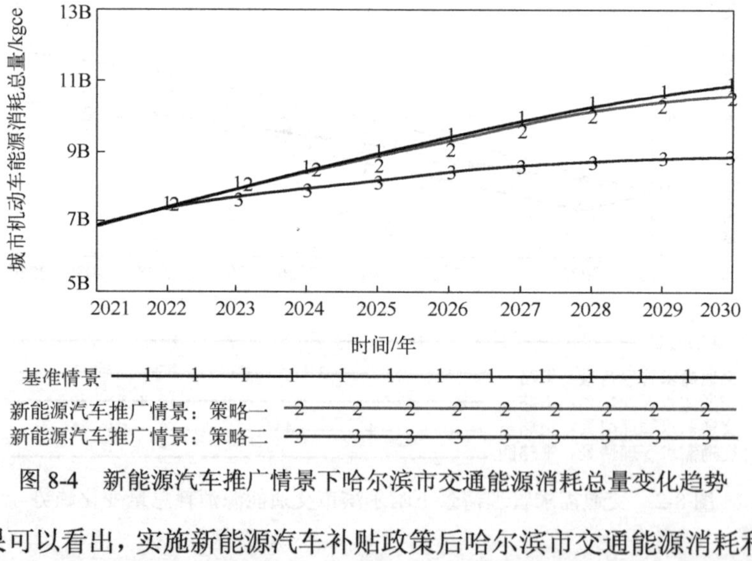

图 8-4　新能源汽车推广情景下哈尔滨市交通能源消耗总量变化趋势

由仿真结果可以看出，实施新能源汽车补贴政策后哈尔滨市交通能源消耗和碳排放总量只有小幅度减少，表明短期内提高新能源汽车补贴并不能使得新能源汽车所占比例迅速增长，因此对于减少交通碳排放的效果甚微。而给予燃油汽车置换补贴，每年将一定比例的燃油汽车置换为纯电动汽车，能够在短期内提高私家车、公共交通和货运领域的电动汽车占比，从而有效减少碳排放。但是从长远来看，提高补贴仍是在私家车领域推广新能源汽车的重要举措。

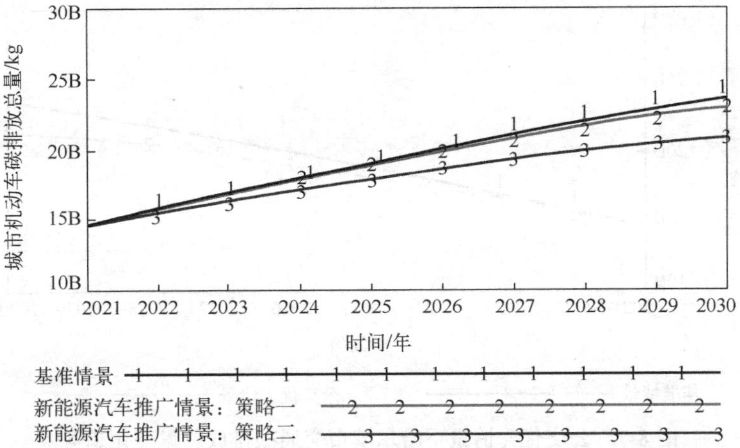

图 8-5　新能源汽车推广情景下哈尔滨市交通碳排放总量变化趋势

3. 公交优先策略仿真

优先发展公共交通能够提高交通资源利用率，对于缓解交通拥堵、减少交通能源消耗与污染物排放具有重要意义。本部分设定一种公交优先策略，主要内容为加快建设公共交通网络，并同时增加投入公共交通的车辆数，使常规公交线网里程年增长率达到 8%，公交车年增长率提高至 15%，轨道交通里程年增长量达到哈尔滨地铁规划预期。利用 SD 模型仿真模拟公交优先情景下哈尔滨市交通能源消耗与碳排放总量的变化趋势，结果如图 8-6 和图 8-7 所示。根据仿真结果，可以看出公交优先策略实施初期交通能源消耗和碳排放总量的降幅较缓，但随着时间推移，能耗和碳排放总量明显减少，表明公交优先策略具有一定的滞后性，从长期来看能够有效减少交通能源消耗和碳排放。

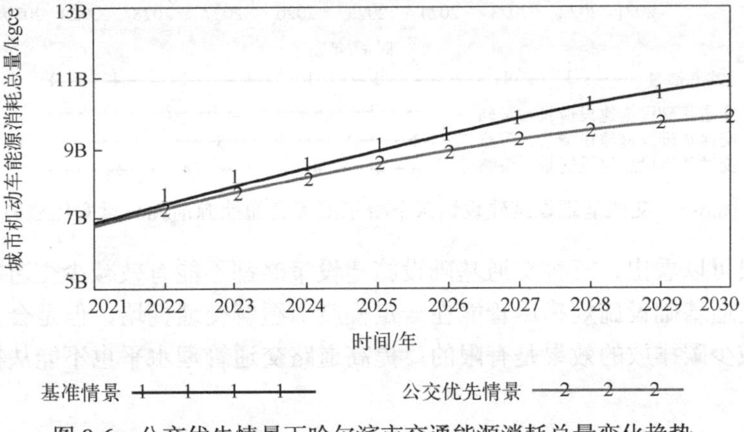

图 8-6　公交优先情景下哈尔滨市交通能源消耗总量变化趋势

4. 交通基础设施建设策略仿真

交通基础设施建设策略旨在完善城市交通基础设施布局，本部分设定三种交通基础设施建设策略，具体内容如下。

策略一：加快城市道路建设，使未来城市道路里程年增长率达到 5%。

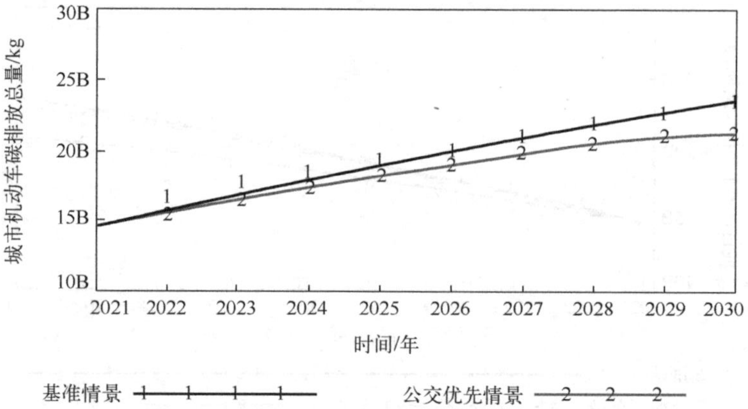

图 8-7　公交优先情景下哈尔滨市交通碳排放总量变化趋势

策略二：加快新能源汽车充电桩建设，使充电桩年增长率达到 20%。

策略三：提高道路交通管理水平，降低交通拥堵程度。

利用 SD 模型仿真模拟三种交通基础设施建设策略下哈尔滨市交通能源消耗与碳排放总量的变化趋势，结果如图 8-8 和图 8-9 所示。

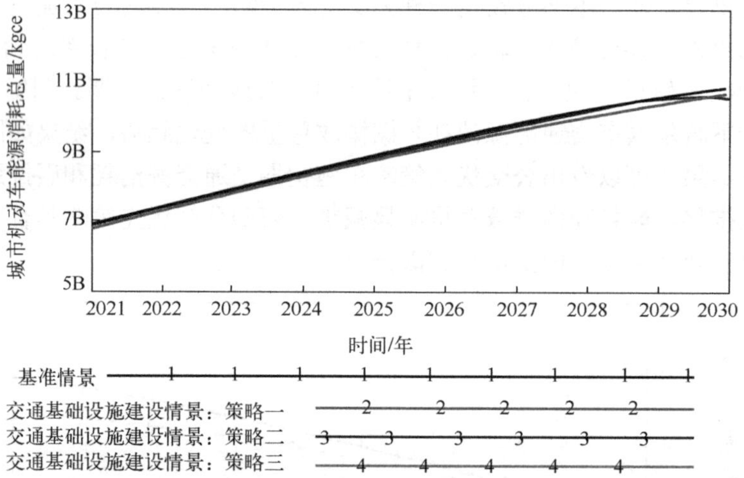

图 8-8　交通基础设施建设情景下哈尔滨市交通能源消耗总量变化趋势

由仿真结果可以看出，三种交通基础设施建设策略都不能有效减少交通能源消耗和碳排放，表明增加交通基础设施规模尽管能在一定程度上缓解交通拥堵，但是会带来更多潜在的交通需求，对减少碳排放的效果是有限的，提高道路交通管理水平也不能从根源上治理交通碳排放。

5. 技术发展策略仿真

绿色低碳交通系统中的技术发展主要包括车辆技术和能源技术，本部分设定三种技术发展策略，具体内容如下。

策略一：发展传统车辆技术，降低燃油汽车的百公里油耗，使小汽车的平均百公里油耗降低至 6.5L，货运汽车的平均百公里油耗降低至 16L，公交车的平均百公里油耗降低至 24L。

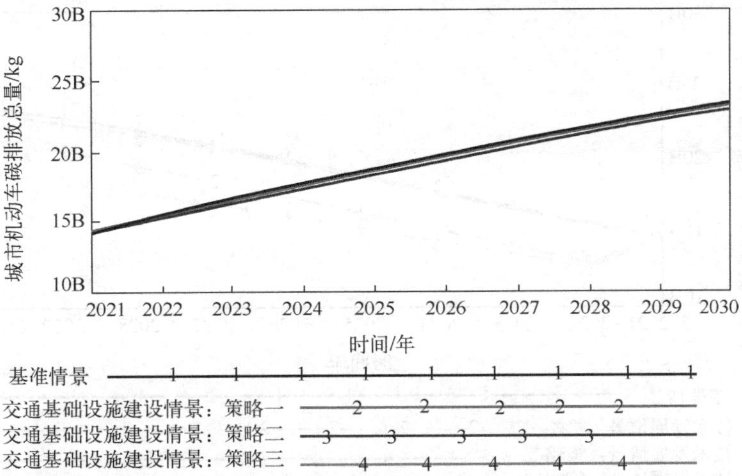

图 8-9　交通基础设施建设情景下哈尔滨市交通碳排放总量变化趋势

策略二：发展清洁车辆技术，降低纯电动汽车的百公里电耗，提高电池能量密度和循环寿命，使小汽车的平均百公里电耗降低至 12kW·h，货运汽车的平均百公里电耗降低至 20kW·h，公交车的平均百公里电耗降低至 70kW·h。

策略三：发展能源技术，提升燃料质量，使燃油汽车的排放系数降低 20%。

利用 SD 模型仿真模拟三种技术发展策略下哈尔滨市交通能源消耗与碳排放总量的变化趋势，结果如图 8-10 和图 8-11 所示。

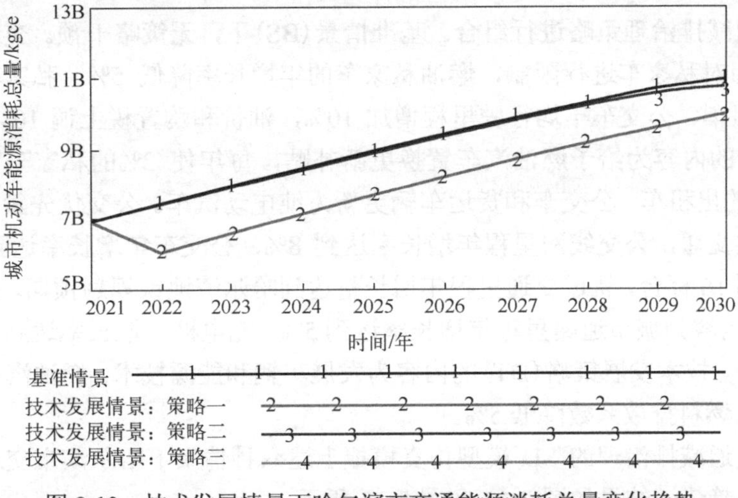

图 8-10　技术发展情景下哈尔滨市交通能源消耗总量变化趋势

由仿真结果可以看出，降低汽车百公里油耗和提升燃料质量均能使得交通碳排放总量较大幅度降低。由于现阶段新能源汽车所占比例较低，短时间内发展清洁车辆技术所取得的减排效果远不如策略一和策略三。因此现阶段技术发展的重点应着眼于发展传统车辆技术和能源技术，当新能源汽车推广至占有一定的比例时再发展清洁车辆技术，这样有利于实现减排目标。综合来看，三种技术发展策略下城市交通二氧化碳的减排量从大到小依次排序为策略三＞策略一＞策略二。

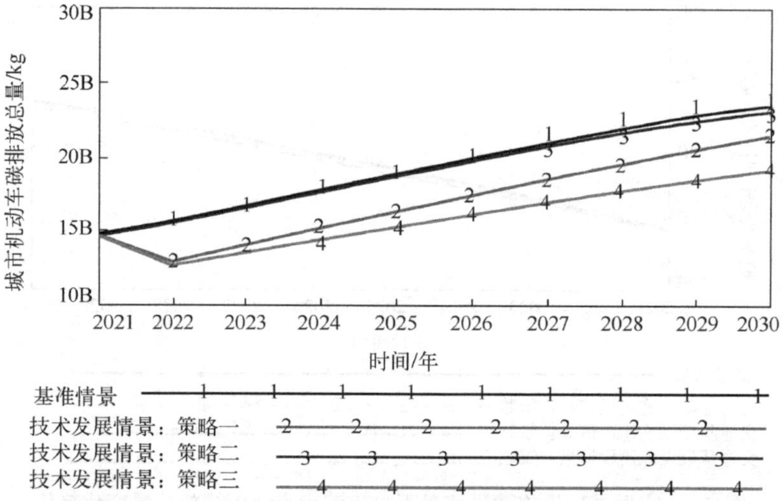

图 8-11　技术发展情景下哈尔滨市交通碳排放总量变化趋势

8.3.3　组合仿真策略

根据单一减排治理策略的仿真模拟结果，尽管在不同策略的干预下城市交通领域的碳排放和基准情景相比有所下降，但是碳排放总量仍在逐年递增，如果仅采用单一的策略，哈尔滨市难以在城市交通领域实现 2030 年碳达峰的减排目标，因此需要对单一减排治理策略进行组合。

对五种交通减排治理策略进行组合。基准情景（BS）下，无策略干预。交通需求管理策略（TDM）的内容为对私家车进行限制，燃油私家车的年增长率降低 5%，私家车年均行驶里程减少 10%，出租车、公交车年均行驶里程增加 10%，油价和购置税上调 10% 。新能源汽车推广策略（PEV）的内容为给予燃油汽车置换更新补贴，每年使 2%的私家车置换为纯电动汽车，每年将 5%的出租车、公交车和货运车辆更新为纯电动汽车。公交优先策略（DPT）的内容为发展城市公共交通，公交线网里程年增长率达到 8%，公交车年增长率达到 12%，万人公交车拥有量达到 16 标台，轨道交通里程年增长量达到哈尔滨地铁规划预期。交通基础设施建设策略（TIC）的内容为城市道路里程年增长率达到 5%，充电桩年增长率达到 20%，并提高道路交通管理水平。技术发展策略（DT）的内容为发展车辆和能源技术，燃油汽车的平均百公里油耗降低 10%，燃料排放系数降低 5%。

利用城市交通减排治理的 SD 模型仿真模拟上述六种情景下哈尔滨市交通能源消耗与碳排放总量的变化趋势，结果如图 8-12 和图 8-13 所示。

由仿真结果可以看出，五种策略实施后哈尔滨市交通能源消耗和碳排放总量均有所降低，但是效果不尽相同。实施交通基础设施建设策略只能使得碳排放总量略微下降，减排效果并不明显。降低车辆的百公里油耗和燃料排放系数短期内能取得显著的减排效果，但是从长期来看，随着交通需求总量的增加，碳排放总量仍会快速增长，此时交通需求管理策略的实施效果最好。2022～2030 年五种减排治理策略实施所带来的累积碳减排量分别为 2065 万吨、716 万吨、606 万吨、333 万吨和 2106 万吨，从大到小为技术发展策略＞交通需求管理策略＞新能源汽车推广策略＞公交优先策略＞交通基础设施建设策略。

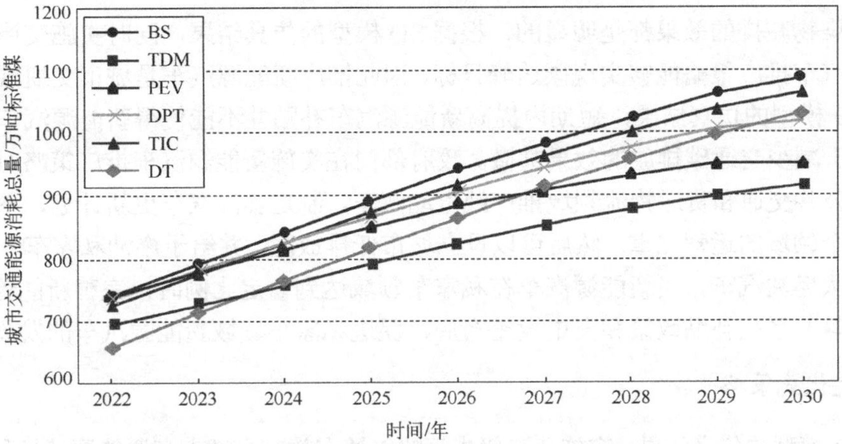

图 8-12　六种情景下哈尔滨市交通能源消耗总量变化趋势

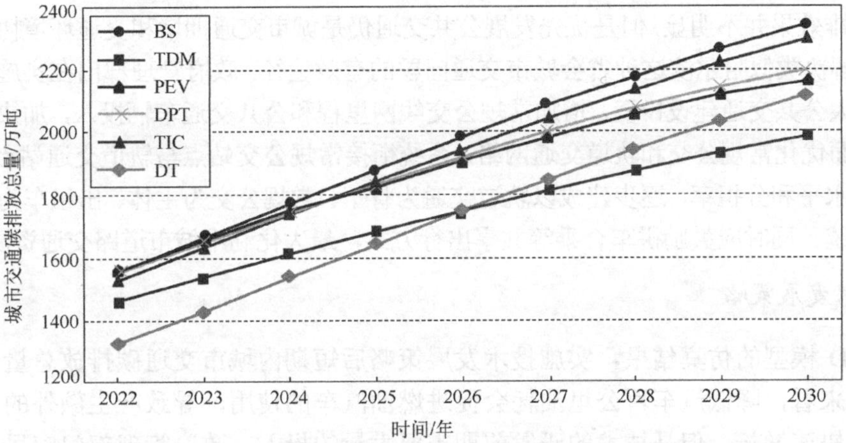

图 8-13　六种情景下哈尔滨市交通碳排放总量变化趋势

8.3.4　碳达峰目标下城市交通减排治理策略建议

为实现 2030 年前城市交通碳达峰目标，发展绿色低碳的城市交通模式，政府管理部门可以采用包括交通需求管理策略、新能源汽车推广策略、公交优先策略以及技术发展策略在内的多种组合调控措施。

1. 交通需求管理策略

根据 SD 模型的仿真结果，城市交通能源消耗和碳排放的主要来源是私家车，交通需求管理策略能够对私家车加以限制，对城市交通节能和减排无论短期还是长期都是非常有效的，是实现城市交通碳达峰目标的关键措施。其他策略相比，交通需求管理策略的投入成本最低，应将其作为最优先实施的调控策略。政府管理部门在实施交通需求管理策略时可以运用行政法规手段对私家车实行限购、限行，运用经济杠杆手段提高燃油私家车的购置税率、停车费率和油价等，从多个方面综合实施策略以限制燃油私家车增长和出行，引导城市道路资源向绿色交通倾斜。

2. 新能源汽车推广策略

和燃油汽车相比，新能源汽车具有节能、低排放的特点，推广新能源汽车对于城市交通二氧化碳和污染物减排的效果都是明显的，根据 SD 模型的仿真结果，同时实施交通需求管理策略和新能源汽车推广策略能够实现碳达峰目标，因此推广新能源汽车是城市交通减排治理的关键。根据 SD 模型的仿真结果，短期内提高新能源汽车补贴并不能使得新能源汽车所占比例迅速增长，对于减少交通碳排放的效果甚微。政府部门在实施新能源汽车推广策略时，应率先在共享出行、公共交通和货运物流领域推广纯电动汽车，制定燃油汽车更新计划，不断提高纯电动汽车在各个领域的运营比重。然后可以设立城市低排放区，并给予燃油私家车一定的置换补贴，逐步淘汰燃油汽车，当新能源汽车在私家车领域达到一定比例时，完善新能源汽车购置、停车、充电等一系列补贴政策和充电设施布局，促进私家车领域新能源汽车的发展。

3. 公交优先策略

根据 SD 模型的仿真结果，实施公交优先策略能够有效减少城市交通能源消耗和碳排放，但是具有一定的滞后性，减排效果随策略实施时间的增长逐步显现。尽管短期内实施公交优先策略所带来的减排效果并不明显，但是优先发展公共交通仍是城市交通拥堵和交通环境协同治理的重要举措，是解决类似哈尔滨这种省会城市交通问题的有效途径。政府管理部门在实施公交优先策略时，应加大公共交通建设投资，增加常规公交线网里程和公共交通车辆投入，加快推进轨道交通建设，全面优化常规公交和轨道交通网络，系统衔接常规公交站点与轨道交通站点，提高公共交通的服务水平和分担率，逐步建成以轨道交通为骨干、常规公交为主体、出租车为辅助的城市公共交通系统。同时应鼓励拼车合乘等共享出行方式，最大化利用城市道路交通资源。

4. 技术发展策略

根据 SD 模型的仿真结果，实施技术发展策略后短期内城市交通碳排放总量下降显著，但是从长期来看，降低汽车百公里油耗会促进燃油汽车的使用，导致产生额外的交通需求，碳排放仍会快速增长。但是技术的研发前期需要大量的投入，政府管理部门应尽早制定更加严格的技术标准，并建立对车辆和能源生产商发展新技术的激励机制。

参 考 文 献

[1] 梁涛. 哈尔滨市机动车尾气中典型污染物排放特征研究[D]. 哈尔滨: 哈尔滨工业大学, 2016.

[2] 梁涛, 宋维薇, 王凤艳, 等. 东北地区典型城市哈尔滨市机动车排气污染物排放清单研究[J]. 黑龙江大学自然科学学报, 2016, 33(2): 226-235.

[3] 卞利花, 吉敏全. 青海交通碳排放影响因素及预测研究[J]. 生态经济, 2019, 35(2): 35-39, 100.

[4] 周健, 崔胜辉, 林剑艺, 等. 基于 LEAP 模型的厦门交通能耗及大气污染物排放分析[J]. 环境科学与技术, 2011, 34(11): 164-170.

[5] 宁晓菊, 张金萍, 秦耀辰, 等. 郑州城市居民交通碳排放的时空特征[J]. 资源科学, 2014, 36(5): 1021-1028.

[6] 胡鹏飞, 赵淑芝, 刘华胜, 等. 网购影响下的城市交通碳排放测算方法研究[J]. 公路工程, 2018, 43(6): 97-101, 227.

[7] 包家烁. 碳达峰背景下城市交通减排治理策略仿真研究[D]. 哈尔滨: 哈尔滨工业大学, 2021.

第 9 章　交通应急大数据分析

2012 年 1 月 1 日，交通运输部正式实施《交通运输突发事件应急管理规定》（以下简称《规定》）。《规定》中对交通应急管理中的监测与预警、应急处置、终止与善后、监督检查等方面提出了要求。应急管理被描述为“4R”过程，即减少、准备、响应和恢复(Reduce，Ready，Respond and Recover)，其中减少针对事件发生前的阶段，准备和响应针对事件发生期间阶段，恢复是指应急事件发生后的处理阶段。2019 年 12 月，交通运输部印发关于《推进综合交通运输大数据发展行动纲要(2020—2025 年)》，提出夯实大数据发展基础，将采集设备、传输网络等信息基础设施纳入铁路、公路、港口、航道、机场、综合交通枢纽等有关交通基础设施工程建设内容，并针对交通安全提出要提升安全生产监测预警能力，推动基于大数据的综合交通运输安全生产全流程监管，并利用大数据深化“平安交通”建设，对综合交通大数据在我国交通运输领域的应用提出了新的要求。交通大数据在解决交通应急相关问题，并进行人为及自然灾害导致的交通应急事件的处理中发挥越来越重要的作用。2022 年，交通运输部印发《关于加强交通运输应急管理体系和能力建设的指导意见》（以下简称《意见》），《意见》对交通应急事件能力建设总架构，对“以防为主的风险防控能力，发挥综合交通协同优势的应急处置能力，保障精准科学处置的应急保障能力”提出了更高的要求。

交通应急管理三个阶段的任务不同，且不同性质的应急管理事件也有发生机理和破坏方式的差异，针对不同交通应急事件进行应急管理时，所侧重的应对阶段也有所不同。例如，对于地震、海啸等自然灾害导致的与交通相关的应急突发事件，现场反应时间短，进行“事中响应”非常困难，需要着重预测灾害和事后救援；而人口大量聚集导致的交通拥堵等社会安全事件具有明显的可预见性，应当注意预案设计和预案执行的情况的监控。因此，就需要结合交通大数据和不同方面的交通突发事件的特点，在不同阶段应用大数据，可以取得事半功倍的效果。结合不同阶段，对交通应急大数据的管理建设也提出了不同的要求。

1. 事前准备

在事前准备阶段，需要为交通大数据的应用进行管理和设施准备。其中管理准备指的是与大数据管理、大数据分析方法相匹配的人事准备和管理能力提升设备。设施准备指的是准备大数据应用所需要的硬件和软件设施。硬件设施主要涉及新技术背景下的数据采集，而软件设施不但涉及新数据的采集，而且可以针对已有数据的进一步分析和挖掘。

2. 事中响应

在事中响应阶段，交通应急大数据的应用能为政府、第三方组织或个人开展交通应急响应提供很大便利。对于政府而言，大数据化的应急管理意味着技术支撑基础上的融合与协作，它不但为协作带来很大的便利，还保证了日常业务连续性和应急处置及时性之间的平衡。对第三方组织或个人来说，大数据可以为应急管理提供更加便捷灵活的手段。

3. 事后恢复与重建

大数据在交通应急管理事后的应用主要是恢复与重建，其中数据及信息传递方式除了系统内传递外，还包括“分众”(Crowd Sourcing)方法，即由大众通过网络分散完成工作任务，并通过整合后在网络上提供服务的一种方式。使用“分众”方法进行事后救援与恢复可以分为四个阶段：捕获信息，甄别加工信息、机器分析和迅速反应。交通应急处置人员可以根据平台建议设计救援路线，配置救援装备，以最快速度抵达救援地点。

总之，大数据在交通应急管理中的应用方式分为两部分：大数据技术和大数据思维。大数据技术既包括数据仓库、数据集市和数据可视化等旧技术，也包括云存储和云计算等新技术；而大数据思维则是从海量数据中发现问题，用全样本的思维来思考问题，形成了模糊化、相关性和整体化的考虑方式。大数据技术和大数据思维相互融合和作用，共同形成了大数据的应用，并对包括交通应急管理在内的很多公共管理领域产生了巨大影响。

9.1　数据来源及数据预处理方法

9.1.1　数据来源与类型

现代的应急管理中的数据包括常规交通数据及不同突发事件下的特征数据，不同数据类型来源于不同方面及场景。

交通应急数据包括传统的交通数据，即可从交通数据中计算并获取的各种基础交通数据，来源常为路测及交叉口监控。收集的数据可能包含车速、车辆类型、车流密度等信息。视频和图像数据也是交通应急数据的一部分。通过在交叉口及路侧布置不同类型的摄像头来记录视频数据，并将由视频数据生成的交通图像用于识别车辆牌照和车辆类型。不同类型的视频及图像数据可用于交通执法(如限速、交通灯、停车标志)，并包含有关车辆速度、位置、经过摄像头的时间和轨迹的信息。具体方法在前面段落中均有描述。

考虑到智能手机的普及，也可通过收集用户智能手机的活动日志，获得城市交通用户的收集信令数据，确定用户轨迹及位置。手机信令数据的应用为交通应急管理提供了新的参考依据，但同时获取该类数据以及深入研究该类数据存在困难：包括使用此类数据的访问许可、数据治理、道德和隐私。由于这些数据有多种格式，因此很难解决系统互操作性、数据清理和处理方面的问题。

利用现有的车联互通技术，可通过无线网络等生成交通数据。但该类数据收集过程中会与未经授权的第三方应用共享数据，同样会引起隐私问题，并引发个人数据商业化带来的人身安全问题以及数据泄露的可能性。

需要注意的是，应急大数据中互联网数据的占比较大，即来源于社交媒体的数据的比重较大。社交媒体是城市向公众收集交通相关数据的沟通渠道，因此由社交媒体获得的数据主要是反应性的，这会引发真实性、数据完整性和可信度的问题。考虑到传统的交通数据收集可采用传统的收集方法，9.1.2 节将重点对交通应急大数据的网络数据收集的相关方法进行介绍。

9.1.2 应急大数据采集方法

本节将结合交通应急大数据特点，重点介绍网页数据爬取方法——自适应爬取算法，以及视频数据分析获取方法——行人信息提取。

1. 自适应爬取算法

本部分将介绍一种用于网页数据爬取的自适应爬取算法(ACA)[1]。

1) 自适应爬取算法的原理

自适应爬取算法即结合自适应选择的方法，挑选适应度较高的链接作为初始的种子链接，从而减少与主题无关的链接网页数据的爬取，并对适应度较低的链接采用较大的变异概率，适应度较高的种子链接采用较小的变异概率。该算法的具体实现步骤如下。

(1) 计算网页数据相关度。

首先根据初始的种子链接收集网页数据，抽取获得的链接和正文信息为文本，并对文本进行分词处理，通过文本加权算法对分词后的文本计算权值，把网页内容表示成特征项的加权向量，则特征项的集合 $\boldsymbol{V}$ 表示为

$$\boldsymbol{V} = \{V_1, V_2, \cdots, V_n\} \tag{9-1}$$

式中，n 表示文本的特征词总数；V_i 代表特征词 t_i 的权值。

$$V_i = \mathrm{tf}_i \times \mathrm{idf}_i \tag{9-2}$$

式中，tf_i 代表特征词 t_i 在当前网页中频度；idf_i 表示特征词 t_i 在整个网页集合中的逆文档频率。

$$\mathrm{idf}_i = \lg \frac{\sum_{h=1}^{l} j_h}{b_i} \tag{9-3}$$

式中，j_h 表示爬取到的网页总数；b_i 表示出现特征词 t_i 的网页数量。

将网页中的内容进行分词，对关键词进行加权处理后，选取内容中出现的特征词为该向量空间中的一个向量，利用这些向量表示网页数据。将网页数据中的关键词假设成一个 r 维空间向量，其中 r 表示特征词的个数。主题相关度的计算采用向量空间模型(Vector Space Model，VSM)算法，根据计算的结果对网页进行相关度排序。按照网页中标签位置的不同，为标签设置不同的权值。网页中标签所对应的权值如表 9-1 所示。

表 9-1 标签所对应的权值

<title>	<meta>	<H>、<a>	其他
5.0	3.0	2.0	1.0

特征词所对应标签的平均权值为

$$T_k = \sum_{i=1}^{n} m_i \Big/ \sum_{s=1}^{n} m_s \tag{9-4}$$

式中，m_i 表示第 i 个标签的权值；$\sum_{i=1}^{n} m_i$ 表示特征词所对应标签的累加权值；$\sum_{i=1}^{n} m_s$ 表示特征词所对应标签在整个网页所有标签中的权值总和。

$$\mathrm{sim}(g)=\frac{\alpha\times\beta}{|\alpha|\times|\beta|}=\frac{\sum_{i=1}^{n}(g_i\times v_i)}{\sqrt{\left(\sum_{i=1}^{n}{g_i}^2\right)\times\left(\sum_{i=1}^{n}V_i^2\right)}}\times T_k \tag{9-5}$$

式中，g_i 和 v_i 分别表示特征词在当前网页和主题向量中的权值；$\mathrm{sim}(g)$ 表示待爬取网页 g 与主题的相关度，取值为 0～1，$\mathrm{sim}(g)$ 的值越大，表示收集的网页属于主题相关网页(主题类网页)的概率越高。

(2) 文本的聚类。

给定 n 个相关度的点 $\{\mathrm{sim}_1,\mathrm{sim}_2,\cdots,\mathrm{sim}_n\}$，通过计算获取 K 个初始聚类中心 $\{a_1,a_2,\cdots,a_k\}$，使所有样本点与聚类中心的距离平方和最小。设定距离的平方和为 W_n，其计算公式为

$$W_n=\sum_{i=1}^{n}\min_{1\leqslant j\leqslant k}\left|\mathrm{sim}_i-a_j\right|^2 \tag{9-6}$$

(3) 待爬取网页属于主题类网页的概率。

朴素贝叶斯算法分类的定义如下。

设定 D 为即将训练的元组和与它相关的所属类的集合，每个元组通过一个 n 维属性向量 $\{W_1,W_2,\cdots,W_n\}$ 来表示。假设有 m 个类 $C_1,C_2,\cdots,C_m$，给定元组 W_x (待爬取的网页)，算法会预测当前元组 W_x 是否属于类 C_i，当元组 W_x 属于 C_i 的概率大于属于 C_j 的概率，即

$$P(C_i\,|\,W_x)>P(C_j\,|\,W),\quad 1\leqslant j\leqslant m, j\neq i \tag{9-7}$$

时，才最大化 $P(C_i\,|\,X)$ 的值。其中，使 $P(C_i\,|\,X)$ 最大的类 C_i 为最大的后验假设。可以根据贝叶斯定理得到：

$$P(C_i\,|\,W_x)=\frac{P(W_x\,|\,C_i)P(C_i)}{P(W_x)} \tag{9-8}$$

在所有类的先验概率都未知时，可假设这些类出现概率相等，即 $P(C_1)=P(C_2)=\cdots=P(C_m)$，并据此最大化 $P(W_x\,|\,C_i)$ 的值。

如果给定所属类的标号，则假设属性值是有条件相互独立的，属性之间不存在依赖关系，训练元组属于对应类别的概率为 $P(W_1\,|\,C_1),P(W_2\,|\,C_2),\cdots,P(W_n\,|\,C_n)$。

本部分算法分类结果分为两类：一类是与主题相关的；另一类是与主题无关的。待爬取网页属于主题类网页的概率为

$$P(W_x\,|\,C_x)=\prod_{k=1}^{n}P(W_1\,|\,C_1)\times P(W_2\,|\,C_2)\times\cdots\times P(W_n\,|\,C_i) \tag{9-9}$$

(4) 自适应函数机制。

通过自适应函数挑选出与主题相关的链接，适应度评价函数为

$$\mathrm{Fitness}(\mathrm{link}_i)=f_{\mathrm{sim}}+f_{\mathrm{link}}+f_{\mathrm{parent}}++f_{\mathrm{relevant}}+\lambda \tag{9-10}$$

$$A_p = \sum_{q \to p} H_q, \quad H_q = \sum_{p \to q} A_q \tag{9-11}$$

式中，$\text{Fitness}(\text{link}_i)$ 表示第 i 个链接和主题的适应度；f_{sim} 表示预测的第 i 个链接和主题的相关度，可根据式(9-5)得出；f_{link} 表示第 i 个 URL 的分析值。基于超链接的主题搜索(Hyperlink-Induced Topic Search，HITS)算法首先通过特征词确定网络子图 $G=(V,E)$，其中 V 为网络子图中所有节点的集合，E 为所有边的集合，然后通过迭代计算的方式得出所有网页的中心值。有向边 $<p,q>\in E$ 表示网页 p 中有个链接指向了网页 q，通过不停地对中心值和权值进行迭代计算，可使 A_p 和 H_p 的值收敛。f_{parent} 表示第 i 个网页与父网页的相关度，可根据式(9-5)得出；f_{relevant} 表示当前主题类网页的数量 0 与爬取的网页总数量的比值；λ 是一个自适应调整的动态值。

遗传算法中，交叉概率的变化将会对算法的性能产生重要影响。为了让算法的性能达到全局最优，在系统的运行过程中要按照进化的状态动态地调整交叉概率，通常采用以下策略：

$$p_c = \begin{cases} m_1, & f_c \leqslant f_{\text{avg}} \\ m_2(f_{\max} - f_c)/(f_{\max} - f_{\text{avg}}), & f_c > f_{\text{avg}} \end{cases} \tag{9-12}$$

式中，p_c 表示交叉概率；$f_{\max}$ 表示种群最大适应度；f_{avg} 表示平均适应度；f_c 表示从交叉个体中选择适应值较大个体的值。判定遗传算法是否可以达到最优状态的最好方法就是判断平均适应度与最大适应度之差是否大于阈值。在当前所有的链接中保留适应度比平均适应度大的个体，对于比适应度平均适应度小的个体，应当进行相互交叉从而获得最优解。

个体的变异概率可以按照当前的状态而获取，通过采用以下策略：

$$p_m = \begin{cases} m_3, & f_c \leqslant f_{\text{avg}} \\ m_4(f_{\max} - f_m)/(f_{\max} - f_{\text{avg}}), & f_c > f_{\text{avg}} \end{cases} \tag{9-13}$$

式中，p_m 表示个体变异概率；f_m 表示经过变异操作后的个体适应度。如果当前个体的适应度大于平均适应度，则需要对当前系统模型进行适当的保护；否则，就需要对适应度低于平均适应度的个体进行完全的交叉变异操作。m_1、m_2、m_3、m_4 的取值均为 0～1，其中，$m_1 = 0.7$，$m_2 = 0.3$，$m_3 = 0.6$，$m_4 = 0.4$。

2) 自适应爬取算法的执行流程

自适应爬取算法(ACA)的执行流程如图 9-1 所示。该算法输入包括主题关键字、最大采集网页数、初始的种子链接，经算法运算后输出主题类网页的集合 D。

具体算法步骤如下。

步骤 1：初始化链接，根据初始种子链接获取网页数据，提取锚文本的内容、网页的标题及正文。

步骤 2：分词操作，使用 TF-IDF 算法来计算文本的特征词权重并降维。根据 VSM 算法计算文本的相关度 $\text{sim}(p)$。

步骤 3：根据文本相关度 $\text{sim}(p)$，利用文本聚类算法将相关度高的文本聚类在一起。

步骤 4：根据聚类好的文本，利用贝叶斯算法计算待收集网页属于该主题的概率。

步骤 5：通过聚类结果与主题生成训练网页相关度评价器。如果爬取的网页数量小于预先设定的最大网页数量，则循环执行以下步骤。

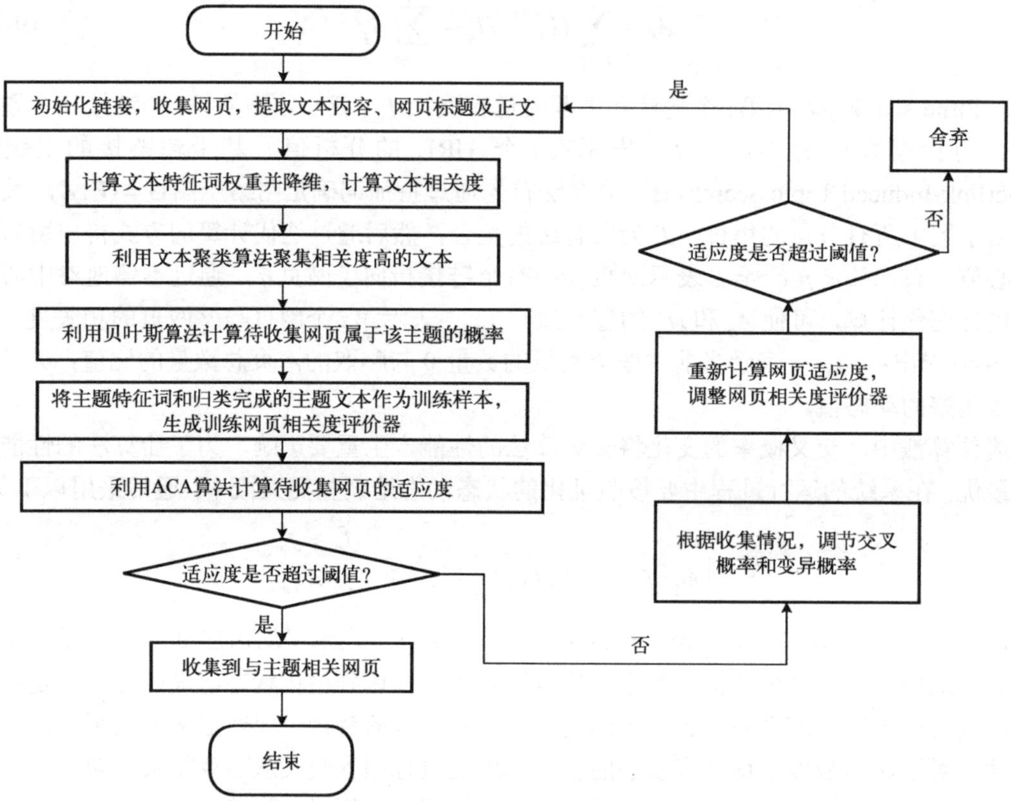

图 9-1　自适应爬取算法的执行流程

步骤 6：从链接集合中选出得分最高的链接，爬取该链接对应的网页数据，抽取其中的链接并插入链接队列 Queue。

步骤 7：计算网页的适应度 $R(\text{page})$，若大于适应度的阈值 $R(d)$，则保存对应网页数据，否则进行交叉操作和变异操作。

步骤 8：根据 $R(\text{page})$ 的反馈消息及时调整当前网页的得分和 λ 的值，重新计算从当前网页抽取到的链接对应的网页得分。

步骤 9：计算适应度，并与阈值进行比较，大于阈值的链接重新返回步骤 1，否则直接被舍弃。

步骤 10：根据最新的 URL 得分重排队列中的所有链接，把与主题相关的网页放入训练集合中，获取最新的网页相关度评价器。

按照上述步骤，对网页数据进行爬取。如果满足终止的条件(爬取到的网页数量大于或等于预先设定的最大网页数量)，则停止对网页的爬取。

2. 行人信息提取

本部分将介绍一种基于视频提取人群中行人的运动参数的方法[2]。该方法首先将行人二维视频数据转化为三维运动轨迹数据，然后提取人群中行人的运动参数。根据行人运动轨迹的需求，首先对视频跟踪结果以行人的单条轨迹为单位进行组织和存储，其文件格式如表 9-2 所示，主要包括轨迹编号、帧序号、时间和图像坐标。

表 9-2　视频跟踪提取的行人运动轨迹存储格式

轨迹编号	帧序号	时间/s	图像坐标 x	图像坐标 y
10	200	8	198	280
10	210	8.4	235	307
10	220	8.8	260	324

1) 轨迹坐标转换

为将行人运动轨迹从图像坐标转换成真实世界坐标，首先假设在获取的人群视频数据中，行人所处位置都位于同一地平面上，因此可以采用线性变换的坐标转换方法将行人在视频上的图像坐标转换成真实世界中相对于选定原点的地平面坐标，原理如图 9-2 所示。

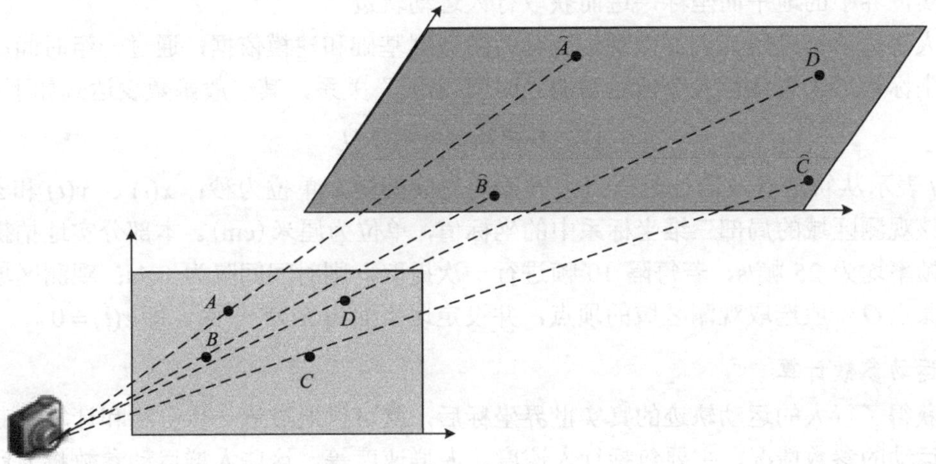

图 9-2　轨迹坐标转换原理示意图

在视频的拍摄区域选取 4 个不共线且易识别的参考点 $\{\widehat{A},\widehat{B},\widehat{C},\widehat{D}\}$，通过实地测量个图像标记来分别获取参考点的地平面坐标 $(x_{\widehat{k}},y_{\widehat{k}})$ 与图像坐标 (x_k,y_k)，并有对应关系 $(x_k,y_k)\rightarrow(x_{\widehat{k}},y_{\widehat{k}}),k\in\{A,B,C,D\}$。再将 4 个参考点的坐标值分别带入式(9-14)所示的坐标转换方程，就可以求出行人运动轨迹从图像坐标转换成地平面坐标的映射关系。具体求解过程为

$$x_g=\frac{C_1+C_2x_i+C_3y_i}{C_4x_i+C_5y_i+1}$$
$$y_g=\frac{C_6+C_7x_i+C_8y_i}{C_4x_i+C_5y_i+1} \tag{9-14}$$

式中，(x_g,y_g) 表示地平面坐标；(x_i,y_i) 表示图像坐标；$C_1\sim C_8$ 是平面转换的映射系数。由于参考点要四点不共线，因此映射系数需要满足：

$$\begin{vmatrix} C_1 & C_2 & C_3 \\ C_6 & C_7 & C_8 \\ C_4 & C_5 & 1 \end{vmatrix}\neq 0 \tag{9-15}$$

将 4 个参考点的地平面坐标和图像坐标代入式(9-14)，就可以得到求解映射系数 $C_1\sim C_8$ 的方程组：

$$\begin{bmatrix} x_{\hat{A}} \\ x_{\hat{B}} \\ x_{\hat{C}} \\ x_{\hat{D}} \\ y_{\hat{A}} \\ y_{\hat{B}} \\ y_{\hat{C}} \\ y_{\hat{D}} \end{bmatrix} = \begin{bmatrix} 1 & x_A & y_A & -x_A y_A & -y_A y_A & 0 & 0 & 0 \\ 1 & x_B & y_B & -x_B y_B & -y_B y_B & 0 & 0 & 0 \\ 1 & x_C & y_C & -x_C y_C & -y_C y_C & 0 & 0 & 0 \\ 1 & x_D & y_D & -x_D y_D & -y_D y_D & 0 & 0 & 0 \\ 0 & 0 & 0 & -x_A y_A & -y_A y_A & 1 & x_A & y_A \\ 0 & 0 & 0 & -x_B y_B & -y_B y_B & 1 & x_B & y_B \\ 0 & 0 & 0 & -x_C y_C & -y_C y_C & 1 & x_C & y_C \\ 0 & 0 & 0 & -x_D y_D & -y_D y_D & 1 & x_D & y_D \end{bmatrix} \begin{bmatrix} C_1 \\ C_2 \\ C_3 \\ C_4 \\ C_5 \\ C_6 \\ C_7 \\ C_8 \end{bmatrix} \tag{9-16}$$

对式(9-16)求解，确定了映射系数$C_1 \sim C_8$后，即通过坐标转换方程(9-14)将图像坐标转换成真实世界中的地平面坐标，进而获取行人运动轨迹。

行人运动轨迹是研究人群微观运动行为的数据基础和建模依据，通过一组时间序列的三维空间坐标数据来表达行人个体运动的“时间-空间”关系，其一般函数表达式如下：

$$\mathrm{Tr} = f(x(t), y(t), z(t), t) \tag{9-17}$$

式中，t表示从轨迹获取的计时原点t_O开始的时间间隔，单位为秒；$x(t)$、$y(t)$和$z(t)$表示行人在该观测区域的局部三维坐标系中的坐标值，单位为厘米(cm)。本部分实地拍摄的人群视频的帧率均为 25 帧/s，若每隔 10 帧进行一次提取，则时间间隔为 0.4s；观测区域的局部坐标系原点O一般选取观测区域的顶点，并设定地平面为XOY平面，即$z(t)=0$。

2)运动参数计算

在获得了行人的运动轨迹的真实世界坐标后，就可以通过进一步分析和计算来获取人群中行人运动的参数情况，主要包括行人速度、人群速度等，这些人群运动参数将为后面的人群仿真提供数据支撑。

(1)行人速度。

因为在较少帧数的时间间隔内跟踪结果存在一定的误差，行人速度会有较大幅度的变化，所以一般通过一定帧数的行人运动距离来计算其平均数，计算公式如下：

$$v = \frac{d}{T} = \frac{\sqrt{(x_e - x_s)^2 + (y_e - y_s)^2}}{n \times \Delta t} \tag{9-18}$$

式中，n是计算的起始时刻到终止时刻的帧数差，一般要求$n \geqslant 20$；Δt是相继两帧间的时间间隔；d表示起始位置到终止位置的欧几里得距离。

(2)人群速度。

为了研究人群运动中相关特征因素之间的联系，通过计算一定观测区域内所有行人个体速度的算术平均数来表示该区域内的人群速度，如式(9-19)所示。

$$\overline{v} = \frac{1}{N}\sum_{i=1}^{N} v_i \tag{9-19}$$

式中，v_i表示人群中第i个行人的速度；N表示选定观测区域中的行人数，观测区域一般是根据研究内容和场景特征由人为选定的空间范围。

9.1.3　交通应急大数据获取及预处理方法

交通应急管理系统收集及获取信息，并对信息进行处理。当交通应急信息为数据处理软件不支持的语言时，需要有操作人员完成数据的“翻译”工作。随后获取的信息被解析成几个不同的要素，从而由计算机进行识别和可视化。比如，“目击者”网站使用十个要素来描述一条信息，这些要素包括信息、标题、日期、位置(地点名称或者坐标)和需求等。这些要素是“交通突发目击者”团队设定的，每条信息中蕴含的需求都可以归入不同的类别中。然后，“目击者”报告平台利用 CSV 文档和简单信息聚合订阅(RSS Feed)的方式使得报告简易可读。最后，“目击者”用交互式地图来公布实时报告。同时，针对噪声较大数据，需要对数据进行预处理来降噪，以提高数据可用度，对于收集到的缺失数据，需要结合历史数据或通过推导的方式进行补充。

9.2　交通应急大数据分析方法

9.2.1　基于视频数据的交通枢纽密集人群风险量化

交通枢纽存在人数超过场地容量、急躁推搡、缺乏限流措施等情况。为更准确预警交通枢纽的密集人群风险，应在人群的拥挤状态下进行识别预警，并选择客观实时的动态数据来提升预警密集人群风险的准确性。本节首先基于小波神经网络对未来的人流数据进行预测，并基于人群受力预警模型获得受力情况，以此为依据进行密集人群风险等级划分[3]。

1. 基于小波神经网络的人流数据预测模型

小波变换和神经网络的结合既能展现出数据的时频局部信息，又有超强的学习能力和容错性。同时由于小波理论在网络结构上更有针对性，预测效果会更佳。本部分采用的隐藏层激活函数为 Morlet 函数，其本身具有良好的对称性，同时由于伸缩尺度因子和平移参数因子可以连续取值，会产生无限的小波函数簇来满足计算要求。选择构建有 4 个输入层、6 个隐藏层和 1 个输出层网络结构，如图 9-3 所示。

图 9-3 中，x_1、x_2、x_3 和 x_4 代表小波神经网络中的输入值，y 代表小波神经网络的输出值，即预测值，w_{ij} 和 w_{jk} 代表小波神经网络的权重，Morlet 函数如下：

$$y = \cos(1.75x)\mathrm{e}^{-\frac{x^2}{2}} \tag{9-20}$$

在输入数据 x_i 后，隐藏层的输出结果为

$$h(j) = h_j\left(\frac{\sum_{i=1}^{m} w_{ij}x_i - b_j}{a_j}\right),\quad j = 1,2,\cdots,l \tag{9-21}$$

式中，$h(j)$ 代表小波神经网络隐藏层中第 j 个节点上的输出值；h_j 为 Morlet 函数；w_{ij} 代表输入层和隐藏层之间的权重；a_j 为 h_j 的伸缩尺度因子；b_j 为 h_j 的平移参数因子。

小波神经网络输出层可由以下计算公式求得：

$$y(k)=\sum_{i=1}^{l} w_{jk} h(i), \quad k=1,2,\cdots,n \tag{9-22}$$

式中，w_{jk} 代表隐藏层和输出层之间的权值；$h(i)$ 代表第 i 个隐藏层节点上的输出值；l 代表隐藏层的节点个数，这里 l 取 6；n 代表输出层的节点个数，这里 n 取 1。

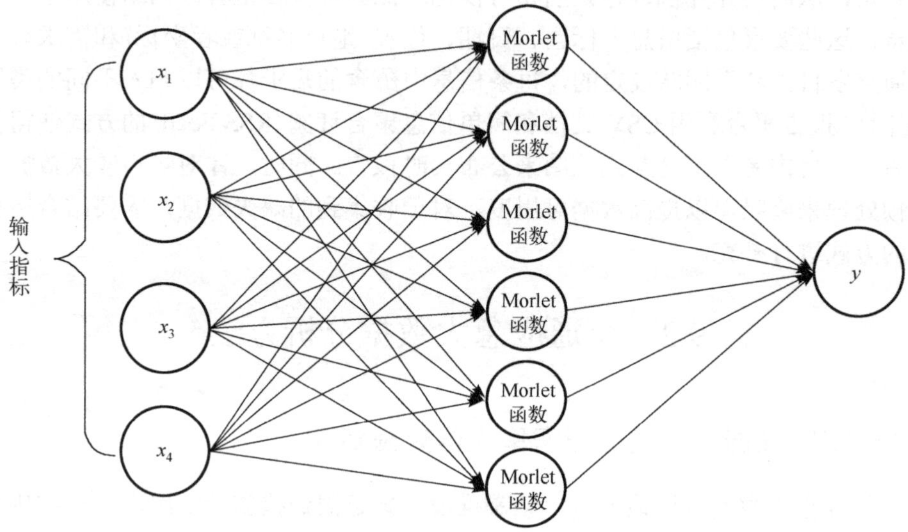

图 9-3　构建的网络模型结构示意图

小波神经网络中的权值校正是通过梯度修正法来完成的，通过修正使预测值与实际值之间的误差不断减小，修正的过程如下。

(1) 小波神经网络的预测误差为

$$e=\sum_{k=1}^{m} \mathrm{yn}(k)-y(k) \tag{9-23}$$

式中，$\mathrm{yn}(k)$ 代表期望输出，即实际值；$y(k)$ 代表小波神经网络输出层的预测值。

(2) 通过得到的误差来修正 Morlet 函数伸缩尺度因子、平移参数因子和网络的权重，方法如下；

$$w_{n,k}^{(i+1)}=w_{n,k}^{i}+\Delta w_{n,k}^{(i+1)} \tag{9-24}$$

$$a_{k}^{(i+1)}=a_{k}^{i}+\Delta a_{k}^{(i+1)} \tag{9-25}$$

$$b_{k}^{(i+1)}=b_{k}^{i}+\Delta b_{k}^{(i+1)} \tag{9-26}$$

式中，$\Delta w_{n,k}^{(i+1)}$、$\Delta a_{k}^{(i+1)}$、$\Delta b_{k}^{(i+1)}$ 是基于网络预测误差 e，并通过以下公式计算获得的：

$$\Delta w_{n,k}^{(i+1)}=-\eta \frac{\partial e}{\partial w_{n,k}^{(i)}} \tag{9-27}$$

$$\Delta a_{k}^{(i+1)}=-\eta \frac{\partial e}{\partial a_{k}^{(i)}} \tag{9-28}$$

$$\Delta b_{k}^{(i+1)}=-\eta \frac{\partial e}{\partial b_{k}^{(i)}} \tag{9-29}$$

式中，η 代表神经网络学习效率。该网络的具体训练流程如图 9-4 所示。

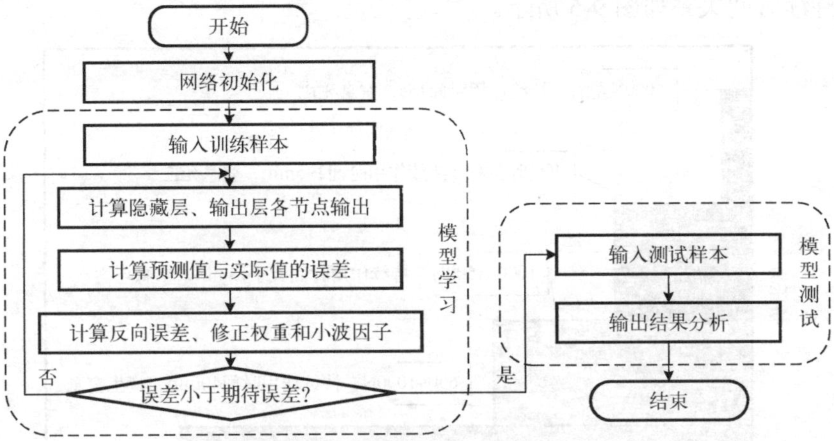

图 9-4　小波神经网络具体训练流程

2. 基于挤压力的密集人群风险预警模型

1) 人群最大挤压力的量化

本部分通过数据拟合来定量分析人群所受最大挤压力和人数、人群密度、人流速度的关系，为更好地探究人群最大挤压力和人群属性的关系，在实验中模拟记录了颗粒的平均速度，在做最大挤压力量化时，做用平均速度替换速度的实验，并用拟合效果更好的一组来预警密集人群风险。表 9-3 是所用数据的部分实例。

表 9-3　仿真输出部分数据

人数	密度/(p/m^2)	速度/(m/s)	平均速度/(m/s)	最大挤压力/N
30	1	1.28	0.5832	265
30	2	1.19	0.54305	412
30	3	1.07	0.48735	577
30	4	0.88	0.4083	751
52	1	1.28	0.56375	352
52	2	1.19	0.5224	573
52	3	1.07	0.4731	774

利用 SPSS 多元回归功能，分析最大挤压力和人数、人群密度、人流速度/平均速度的关系，并发现速度回归效果较好，因此采用的衡量人群最大挤压力的公式如下：

$$F_{\max} = 4.65Q + 272.864\rho + 385.949v - 730.9 \tag{9-30}$$

式中，Q 表示人数；ρ 表示人群密度；v 表示人流速度。

2) 考虑人群受力的风险等级划分

拥挤人群产生的挤压力对人体产生伤害往往是需要一定的持续作用时间的，曾有研究表明，瞬时高压会让人产生不适感，但是不一定会引发事故，踩踏事故中，挤压力都是通过作用在人体一段时间，使人的不适感逐渐强烈，出现呼吸困难、感官失灵、骨折等症状。人体受力阈值与持续时间关系如图 9-5 所示。

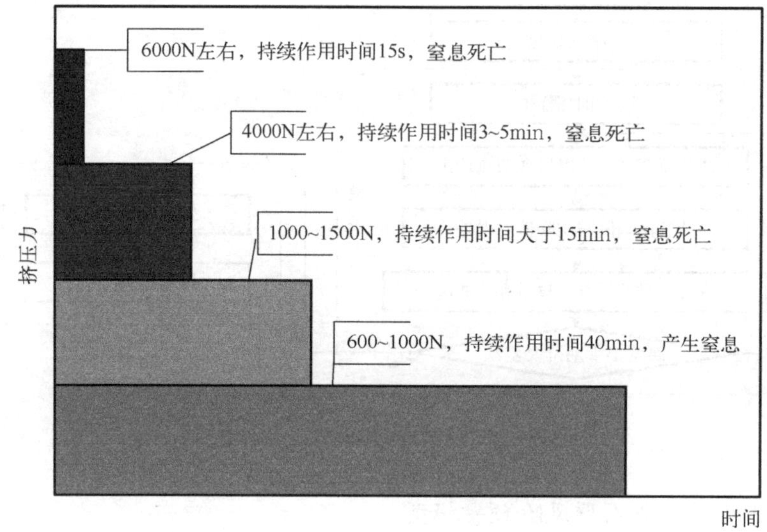

图 9-5　人群受力阈值和持续作用时间关系

由图 9-5 可知，在挤压力达到 4000N 以上时非常危险，需要留出足够时间准备救援工作以减少压力过大的时间。考虑到预警密集人群风险时，应留出足够时间准备疏散救援工作，因此在预警时，将 1000N 作为挤压力上限。考虑到力的累积作用，风险会随着力持续作用时间变长越来越高，为确保预警模型起作用，风险等级也应随着力持续作用时间变长而变化。因此依据挤压力和持续作用时间制定出密集人群风险等级表，参考《中华人民共和国突发事件对应法》将风险初步划分为四个等级(图 9-6)，1～4 分别代表高风险、中等风险、低风险、无风险，代表的颜色分别为红色、橙色、黄色、蓝色。其中，无风险时活动正常进行；低风险时需要注意后续的最大挤压力和持续作用时间，以此来采取措施；中等风险时，应该进入

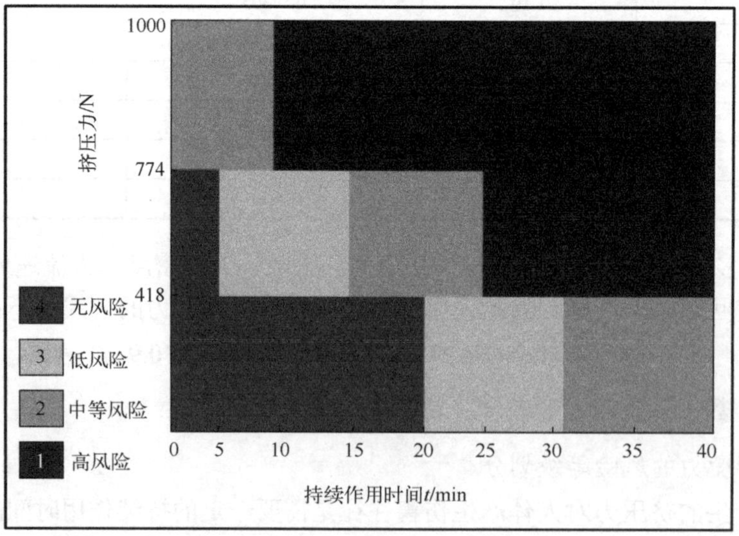

图 9-6　人群受力阈值和持续时间关系

预警状态，需要有序引导人流和准备疏散工作；高风险时，应立即指挥相关人员进行人群疏散工作，并准备相应的救援服务。

9.2.2　重大突发公共卫生事件下城市应急医疗物资优化调度研究

本节将结合抗击疫情的应急医疗物资保障经验，介绍一种重大突发公共卫生事件下的城市应急医疗物资动态调度方法，旨在实现应急医疗物资供需精准匹配，保障防控所需[4]。

1. 城市应急医疗物资调度与配送体系

本节通过分析武汉市城市应急医疗物资调度与配送体系在防控疫情中有待改进的地方，以及后期优化改进所展现出来的优势，总结城市应急医疗物资调配流程。

应急医疗物资调度基础模式为“供应点-集配中心-需求点”，其中供应点即应急医疗物资提供方，按照物资筹措方式的不同，可划分为上级划拨、动用储备、直接征用、突击生产、市场采购、社会捐赠等方式。采用不同筹措方式，其供应链结构也存在区别。

应急医疗物资调配流程改进前(1 月 30 日之前)，专业物流团队不足，集散中心成为此次应急医疗物资调度的关键点，相关流程改进后(1 月 30 日之后)，定向捐赠可将捐献物资直接发往受捐单位。同时，防控指挥部指派九州通医药集团物流企业于 2 月 1 日起正式协助分装物资，使得应急医疗物资在较短时间内即可完成从入库到分发。在此次抗击疫情过程中，探讨并建立的城市应急医疗物资调度与配送体系缓解了集配中心的仓储压力，提升了中转效率，使得医疗物资迅速到达各需求点，为未来应对重大突发公共卫生事件提供了宝贵的经验。1 月 30 日之后，由于采取了一系列有效的措施，改进医疗物资调度流程供应因改进措施效率明显加快，但还存在一定问题，例如，非定向物资都要先调运到集配中心，再进行统一分发，考虑这一部分物资往往占捐赠物资的绝大部分，容易因集配中心的中转效率限制而不能及时到达各需求点。尤其将这种应急医疗物资调度与配送体系推广到其他筹措方式时，如突击生产、上级划拨、动用储备等方式，都可以提前获取供应信息，统一调配后便可直接将物资运往各需求点，避免在集配中心中转的时间损失，同时需要负责部门派人前往物资提供方进行登记、分发、查验，即建立一个虚拟的集配中心。

2. 城市应急医疗物资动态分配模型

1) 问题描述

本部分构建城市应急医疗物资动态分配模型。用 $K=\{1,2,\cdots,|K|\}$ 顺序表示应急医疗物资调度各时段集合，$k\in K$。此次疫情防控经验表明，属地物资调度应该更关注“集配中心-需求点”，即“最后一公里”问题。在城市应急医疗物资调度中，供给量特别大的供应点可以直接作为临时集配中心，即稀缺物资直接从工厂运往需求点。与区域物资调度不同，属地物资调度更关注物资分配的公平性，综上考虑，选择“集配中心-需求点”的两级物资分配网络进行研究。令 I 表示应急医疗物资集配中心的集合，$i\in I$；J 表示应急医疗物资需求点的集合，$j\in J$；N 表示应急医疗物资种类的集合，$n\in N$；x_{ijn}^k 为第 k 时段从集配中心 i 分配医疗物资 n 给需求点 j 的数量；y_{ij}^k 为 0-1 变量，如果第 k 时段从集配中心 i 往需求点 j 运送医疗物资，则其为 1，否则为 0。

2）模型假设

针对重大突发公共卫生事件下城市应急医疗物资分配的实际场景，做出如下假设。

①集配中心的物资供给量在进行物资分配时已知，各需求点及时上报医疗物资的库存情况和使用人数；②需求紧急度高的需求点优先获得应急医疗物资，不同品类的医疗物资可以混装运输且相互不存在替代效用；③考虑物资运输中转的效率问题，可利用已有的集配中心进行物资中转，也可直接利用物资供应点作为临时集配中心，从而解决稀缺物资急需问题，但要求在物资分配前，已确定集配中心位置；④不考虑物资运输相关问题。已有关于应急医疗物资分配模型的相关研究皆把物资运输作为一个主要考虑因素，原因在于其研究对象大部分为地震等会对道路造成损坏的突发事件，或者是跨城市区域物资调度，物资主要为政府统一送达，因此运输问题格外重要。而对于类似于此次疫情等的重大突发公共卫生事件，政府的主要管控措施便是限制人员流动，使道路交通行驶状况良好。人员和货物流动的减少势必会造成大量的运输工具闲置，政府可充分利用这些运输工具。因此本部分不考虑物资运输车辆、运输方式、运力限制等相关问题。

3）模型建立

本模型以效率最高为目标，并选择效率目标为集配中心至需求点的运输车辆行驶时间最小化。由于城市道路系统的发达，城市任意两点之间皆可在短时间内到达，因此本部分仅考虑将总行驶距离最小化作为次要目标，即在需求满足率最大化的前提下，尽量采用就近运输的原则，避免运力浪费。本模型以所有需求点满足率之和最大化为目标，并在其基础上增加一个需求紧急度校正系数来进行改进。

需求点的需求紧急度一般从灾害严重程度和物资需求特性两方面进行评价，考虑数据的易获得，以及尽量避免主观的评价，采用客观的数据进行分析，本模型从受灾人数和医疗物资可使用时间两个维度进行评价。

$$\alpha_{jn}^{k}=\frac{p_{jn}^{k}}{\max\limits_{j\in J}p_{jn}^{k}},\quad \forall j\in J,k\in K,n\in N \tag{9-31}$$

$$t_{jn}^{k}=\frac{Q_{jn}^{k}}{s_{n}^{k}p_{jn}^{k}},\quad \forall j\in J,k\in K,n\in N \tag{9-32}$$

$$\beta_{jn}^{k}=\min\left\{\frac{t_{jn}^{k}}{T^{k}},1\right\},\quad \forall j\in J,k\in K,n\in N \tag{9-33}$$

$$\omega_{jn}^{k}=\sqrt{\alpha_{jn}^{k}(1-\beta_{jn}^{k})},\quad \forall j\in J,k\in K,n\in N \tag{9-34}$$

式中，p_{jn}^{k} 为第 k 时段需求点 j 医疗物资 n 的使用人数；α_{jn}^{k} 为参数 p_{jn}^{k} 归一化；Q_{jn}^{k} 为第 k 时段开始时需求点 j 医疗物资 n 的库存量；s_{n}^{k} 为第 k 时段医疗物资 n 的消耗速率；t_{jn}^{k} 为第 k 时段需求点 j 医疗物资 n 的库存估计可使用时间；T^{k} 为第 k 时段持续时长，以天为单位；β_{jn}^{k} 为参数 t_{jn}^{k} 归一化；ω_{jn}^{k} 为第 k 时段需求点 j 对医疗物资 n 需求的紧急度。受灾人数即物资的使用人数，为了忽略量纲的影响，对其进行归一化处理，如式(9-31)所示。可使用时间采用式(9-32)计算，利用式(9-33)将其归一化。考虑需求点医疗物资库存量估计可使用时间越短，其需求紧急度应该越高，两者呈负相关关系，采用几何平均数法计算需求紧急度，如式(9-34)所示。式(9-33)中之所以不将 T^k 改为 $\max_{j\in J} t_{jn}^k$，是因为当 $\max_{j\in J} t_{jn}^k < T^k$ 时，对于估计可使用时间最长的需求点，利用式(9-34)计算紧急度为零，这显然是不可行的。若存在所有需求点可使用时间相同的情况，需令其归一化值全等于 0。

主要目标：需求满足率加权和的最大化。

$$\max \ Z_1 = \sum_{j\in J}\sum_{n\in N}\omega_{jn}^k \chi_{jn}^k \tag{9-35}$$

次要目标：总行驶距离的最小化。

$$\min \ Z_2 = \sum_{i\in I}\sum_{j\in J} y_{ij}^k r_{ij} \tag{9-36}$$

s.t.

$$\chi_{jn}^k = \min\left\{\frac{Q_{jn}^k + \sum_{i\in I} x_{ijn}^k}{D_{jn}^k}, 1\right\}, \quad \forall j\in J, k\in K, n\in N \tag{9-37}$$

$$\chi_{jn,\min}^k \leqslant \chi_{jn}^k, \quad \forall j\in J, k\in K, n\in N \tag{9-38}$$

$$\sum_{j\in J} x_{ijn}^k \leqslant Q_{in}^k, \quad \forall i\in I, k\in K, n\in N \tag{9-39}$$

$$y_{ij}^k r_{ij} \leqslant r_{\max}, \quad \forall i\in I, j\in J, k\in K \tag{9-40}$$

$$\sum_{i\in I} y_{ij}^k \leqslant M, \quad \forall j\in J, k\in K \tag{9-41}$$

$$x_{ijn}^k (1 - y_{ij}^k) = 0, \quad \forall i\in I, j\in J, k\in K, n\in N \tag{9-42}$$

$$\sum_{i\in I} x_{ijn}^k \leqslant \max\{D_{jn}^k - Q_{jn}^k, 0\}, \quad \forall j\in J, k\in K, n\in N \tag{9-43}$$

$$y_{ij}^k \in \{0,1\}, \quad \forall i\in I, j\in J, k\in K \tag{9-44}$$

$$x_{ijn}^k \geqslant 0, \quad \forall i\in I, j\in J, k\in K, n\in N \tag{9-45}$$

式中，χ_{jn}^k 为第 k 时段需求点 j 医疗物资 n 的需求满足率；r_{ij} 为从集配中心 i 至需求点 j 的车辆行驶距离；D_{jn}^k 为第 k 时段需求点 j 对医疗物资 n 的需求量；$\chi_{jn,\min}^k$ 为第 k 时段需求点 j 对医疗物资 n 的需求满足率下限，$0 \leqslant \chi_{\min} \leqslant 1$；$Q_{in}^k$ 为第 k 时段开始时集配中心 i 医疗物资 n 的库存量；$r_{\max}$ 为距离上限值；M 为从集配中心 i 往需求点 j 运送医疗物资的集配中心数量上限。约束条件式(9-37)为需求满足率计算公式，当供给大于需求时，需求满足率应等于最大值 1；约束条件式(9-38)为所有需求点的需求满足率有最小值限制，体现了公平原则；约束条件式(9-39)为从集配中心运出的医疗物资数量应不大于其库存量；约束条件式(9-40)是为了防止集配中心与需求点之间距离过长，造成运力浪费以及增加运输时间；约束条件式(9-41)是限制往需求点运送医疗物资的集配中心数量，避免每一种品类的医疗物资单独从一个集配中心运出或者出现每个集配中心运送一部分物资的情况，以减少造成运力浪费；约束条件式(9-42)是两个变量之间的关系约束，即从集配中心往需求点运送的物资的数量 x_{ijn}^k 不等于0，其 y_{ij}^k 等于1；应急医疗物资动态分配应以供需匹配为原则，约束条件式(9-43)是避免出现供大于求；约束条件式(9-44)和式(9-45)是变量取值约束。

本部分将目标函数归一化后采用加权的方法进行求解，首先将最大化目标函数转换为最小化目标函数，如式(9-46)所示。

$$\min\ Z_1' = -Z_1 = -\sum_{j\in J}\sum_{n\in N}\omega_{jn}^k \chi_{jn}^k \tag{9-46}$$

设目标函数 Z_1' 的最优值和最劣值分别为 $Z_{1,\min}' = -\sum_{j\in J}\sum_{n\in N}\omega_{jn}^k$ 和 $Z_{1,\max}' = -\sum_{j\in J}\sum_{n\in N}\omega_{jn}^k \chi_{jn,\min}^k$；目标函数 Z_2 的最优值和最劣值分别为 $Z_{2,\min} = \sum_{j\in J}\left\{\min_{i\in I}\{r_{ij}\} \mid \exists \dfrac{Q_{jn}^k}{D_{jn}^k} < \chi_{jn,\min}^k, \forall j\in J, n\in N\right\}$ 和 $Z_{2,\max} = \sum_{j\in J}\sum_{m\in M} W_{jm}$，$W_{j1} = \max_{i\in I}\{r_{ij} \mid r_{ij} \leqslant r_{\max}\}$，$W_{j2} = \max_{i\in I}\{r_{ij} \mid r_{ij} \leqslant r_{\max}, 且 r_{ij} \neq W_{j1}\}, \cdots$，$W_{jM} = \max_{i\in I}\{r_{ij} \mid r_{ij} \leqslant r_{\max}, 且 r_{ij} \neq W_{j1}, \cdots, r_{ij} \neq W_{j,M-1}\}$，即 $Z_{2,\min}$ 等于所有需求点中任意品类的医疗物库存量的需求满足率，若小于下限值，将其与集配中心的最小距离求和，$Z_{2,\max}$ 等于所有需求点中距需求点距离不大于 $r_{\max}$ 的集配中心中距离排序在前 M 的距离求和。设 λ_1 和 λ_2 分别为 Z_1' 和 Z_2 的期望权重，满足 $\lambda_1 + \lambda_2 = 1(0 \leqslant \lambda_1 \leqslant 1, 0 \leqslant \lambda_2 \leqslant 1)$，通过比较重大突发公共卫生事件实际场景中公平与效率的相对重要程度确定，从而确定目标函数如式(9-47)所示，且需满足约束条件式(9-48)和式(9-49)。

$$\min\ Z = \left(\frac{-\sum_{j\in J}\sum_{n\in N}\omega_{jn}^k \chi_{jn}^k - Z_{1,\min}'}{Z_{1,\max}' - Z_{1,\min}'}\right)\lambda_1 + \left(\frac{\sum_{i\in I}\sum_{j\in J} y_{ij}^k r_{ij} - Z_{2,\min}}{Z_{2,\max} - Z_{2,\min}}\right)\lambda_2 \tag{9-47}$$

$$Z_{1,\min}' \leqslant Z_1' \leqslant Z_{1,\max}' \tag{9-48}$$

$$Z_{2,\min} \leqslant Z_2 \leqslant Z_{2,\max} \tag{9-49}$$

根据式(9-47)可以看出，当供给足够满足需求时，右端第一项为定值，此时模型简化为以总行驶距离最小化为目标的优化模型，即本模型既适合供给小于需求的情景，也适合供给大于需求的情景，模型的目标为供需平衡。

所构建的优化模型为混合整数非线性规划问题，为降低计算复杂度，将非线性约束等价变换为线性约束，使其成为一个混合整数线性规划问题。因 $x_{ijn}^k \geqslant 0$，约束条件式(9-42)可等效转换为约束条件式(9-50)，U_{jn}^k 为定值，结合式(9-43)，应满足 $U_{jn}^k \geqslant D_{jn}^k - Q_{jn}^k$ 且 $U_{jn}^k > 0$，考虑计算精度问题，建议 $U_{jn}^k = D_{jn}^k$。根据目标条件式(9-41)可知，χ_{jn}^k 显然取最大值，因此将约束条件式(9-37)改为约束条件(9-51)并不会对优化结果造成影响，但由于紧急度存在为零的情形，最终需利用式(9-37)重新计算需求满足率。

$$x_{ijn}^k / U_{jn}^k \leqslant y_{ij}^k,\quad \forall i\in I, j\in J, k\in K, n\in N \tag{9-50}$$

$$\chi_{jn}^{k} \leqslant \begin{cases} \dfrac{Q_{jn}^{k} + \sum\limits_{i \in I} x_{ijn}^{k}}{D_{jn}^{k}}, \forall j \in J, k \in K, n \in N \\ 1 \end{cases} \tag{9-51}$$

9.3　交通应急大数据案例应用

9.3.1　基于改进社会力模型的地铁站点内人群疏散的研究实例

本节案例将以哈尔滨市地铁博物馆站这一实际应用场景为例，描述一种基于改进社会力模型的地铁站点内人群疏散的研究[5]。本节会首先分析出入博物馆站的客流所展现出的时间分布特征，并将客流高峰时期的乘客流量作为参数，建立该站点的 AnyLogic 仿真模型。而后在建立得到的仿真模型中，对比采取信息引导措施前后的站点内部的乘客疏散效率情况，在其基础上对比不同长度的乘客驻足时间对疏散效率的影响。

1. 站点客流数据介绍

本研究中站点乘客流量的分析所使用到的数据为哈尔滨市地铁系统各站点的客流进出站刷卡数据，数据来源哈尔滨地铁集团有限公司，样例以图 9-7 所示的统计报表格式展现。

05:00～06:00		06:00～07:00		07:00～08:00		08:00～09:00		09:00～10:00	
进站	出站	进站	出站	进站	出站	进站	出站	进站	出站
78	1	499	154	1402	347	1244	403	1008	356
49	1	180	102	561	292	511	288	483	358
13	1	217	101	586	350	559	368	649	379
13	1	180	117	444	475	517	1294	722	1073
9	0	106	58	364	262	393	362	367	269

图 9-7　原始数据的统计报表格式(截图)

原始数据在时间上涵盖了 2019 年 12 月全部 31 个运营日，而在空间上涵盖了当时处于运营状态下的两条地铁线路以及线路上的全部 26 个站点。原始数据以小时为单位进行划分，将 31 个运营日划分为 744 个运营时段。进出站刷卡数据并未精细至逐次逐条，而是对刷卡情况实施统计之后得到的总值。这个统计是对每个运营时段、各个地铁站点处进出站乘客的刷卡情况展开的。原始数据的展现格式更适用于浏览，而不适用于数据分析，因此在进行数据分析之前，需要确定新的数据格式，重构原始数据。数据重构的思路是以客流量总值为核心，将各个客流量总值对应的时间信息与空间信息归为新数据集内的其他维度，由此形成新数据集内的逐个数据。

2. 考虑从众行为与折回行为的社会力模型

1) 经典社会力模型结构

社会力模型的本质是运动学模型，研究者在其构建的过程中借鉴了牛顿运动定律的思想。

$$f_{\alpha}^{\mathrm{SOC}}(t)=f_{\alpha0}(t)+\sum_{\beta=1,\beta\neq\alpha}^{N}[w_{a}^{f}(t)\cdot f_{\alpha\beta}(t)]+\sum_{B=1}^{N_B}[w_{a}^{f}(t)\cdot f_{\alpha B}(t)] \\ +f_{\alpha\beta}^{ph}(t)+f_{\alpha B}^{ph}(t)+w_{a}^{f}(t)\cdot f_{\alpha I}(t)+\zeta_{\alpha}(t) \tag{9-52}$$

式中，$f_{\alpha}^{\mathrm{SOC}}(t)$ 表示在 t 时刻个体 α 受到的总社会力(m/s²)；$f_{\alpha0}(t)$ 表示在 t 时刻个体 α 受到的内驱加速度(m/s²)；$f_{\alpha\beta}(t)$ 表示在 t 时刻个体 α 受到的个体间排斥加速度(m/s²)；$f_{\alpha B}(t)$ 表示在 t 时刻个体 α 受到的障碍排斥加速度(m/s²)；$f_{\alpha\beta}^{ph}(t)$ 表示在 t 时刻个体 α 在拥挤情景中受到的个体间附加加速度(m/s²)；$f_{\alpha B}^{ph}(t)$ 表示在 t 时刻个体 α 在拥挤情景中受到的障碍附加加速度(m/s²)；$f_{\alpha I}(t)$ 在 t 时刻个体 α 受到的群聚吸引加速度(m/s²)；$\zeta_{\alpha}(t)$ 表示在 t 时刻个体 α 受到的随机加速度扰动(m/s²)；$w_{a}^{f}(t)$ 表示由视角限制而产生的权值标量。

具体各变量的计算公式如下。

(1)内驱加速度。

$$\begin{aligned} f_{\alpha0}(t)&=\frac{1}{\tau_{\alpha}}[e_{\alpha}(t)\cdot v_{\alpha0}-v_{\alpha}(t)] \\ e_{\alpha}(t)\cdot v_{\alpha0}&=v_{\alpha0} \\ e_{\alpha}(t)&=\frac{r_{\alpha k}-r_{\alpha}(t)}{\left\|r_{\alpha k}-r_{\alpha}(t)\right\|} \end{aligned} \tag{9-53}$$

式中，$v_{\alpha}(t)$ 表示在 t 时刻个体 α 的实际运动速度(m/s)；$v_{\alpha0}$ 表示个体 α 的期望运动速度(m/s)，不受时间因素的影响；τ_{α} 表示内驱加速度计算中的松弛时间(s)，调节由内驱效应产生加速度的激烈程度。越小的取值将使个体的运动方式越激烈，其含义与仿真过程中的步长时间不同；$e_{\alpha}(t)$ 表示个体 α 在 t 时刻的期望运动方向，为单位向量。

(2)排斥加速度。

$$f_{\alpha\beta}(t)=a\cdot\exp\left(-\frac{\left\|r_{\alpha B}\right\|}{b}\right)\cdot\frac{r_{\alpha B}}{\left\|r_{\alpha B}\right\|} \tag{9-54}$$

该显式展开形式中存在两个需要标定的参数，若调整这两个参数，仿真实验中个体与障碍物间保持的距离将受到影响。研究者指出，在取定 $a=10$ 及 $b=0.1$ 时，该距离将保持在 0.3m 左右。

(3)拥挤情景附加加速度。

对于某个个体来说，在处于拥挤情景时，可能的附加加速度来源包括其他个体与墙体等障碍物。对于由其他个体产生的附加加速度，其计算方式为

$$\begin{aligned} f_{\alpha\beta}^{ph}(t)&=[k_n\cdot n_{\alpha\beta}+k_t\Delta v_{\beta\alpha}^{t}]\cdot\mathrm{ReLU}(R_{\alpha}+R_{\beta}-\left\|r_{\alpha\beta}\right\|) \\ \Delta v_{\beta\alpha}^{t}&=v_{\beta\alpha}\cdot t_{\alpha B} \\ n_{\alpha\beta}&=\frac{r_{\alpha\beta}}{\left\|r_{\alpha\beta}\right\|} \\ t_{\alpha B}&=(-n_{\alpha\beta}^{[2]},n_{\alpha\beta}^{[1]}) \end{aligned}$$

$$\mathrm{ReLU}(x)=\max(0,x) \tag{9-55}$$

而对于由墙体等障碍物产生的附加加速度，其计算方式为

$$\begin{aligned}
&f_{\alpha B}^{ph}(t)=a\cdot\exp\left(\frac{R_\alpha-\|r_{\alpha B}\|}{b}\right)\cdot n_{\alpha B}+[k_n\cdot n_{\alpha B}+k_t\Delta v_{B\alpha}^t]\cdot\mathrm{ReLU}\left(R_\alpha-\|r_{\alpha B}\|\right)\\
&\Delta v_{B\alpha}^t=v_\alpha\cdot t_{\alpha B}\\
&n_{\alpha B}=\frac{r_{\alpha B}}{\|r_{\alpha B}\|}\\
&t_{\alpha B}=(-n_{\alpha B}^{[2]},n_{\alpha B}^{[1]})
\end{aligned} \tag{9-56}$$

(4) 吸引加速度。

$$\begin{aligned}
&f_{\alpha I}(t)=q_\alpha\cdot V_{\alpha I}\left(\|r_{\alpha I}\|\right)\cdot\frac{r_{\alpha I}}{\|r_{\alpha I}\|}\\
&q_\alpha=\begin{cases}1, & \|r_{\alpha I}\|<X\\ 0, & \|r_{\alpha I}\|\geqslant X\end{cases}\\
&r_{\alpha I}=r_\alpha(t)-r_I\\
&r_I=\frac{\sum\limits_{m=1}^{M_\alpha}(r_I^m)}{M_\alpha}
\end{aligned} \tag{9-57}$$

式中，$r_{\alpha I}$ 表示由个体 α 指向对其产生吸引加速度的个体群几何中心的向量，而个体群几何中心的计算方法则是将群内每个个体的坐标向量取算术平均数。与排斥加速度因素相似的是，对于吸引加速度因素的计算，其中同样包含一个形式尚未被具体指定的函数 $V_{\alpha I}$。

对于上述各项排斥加速度因素与吸引加速度因素，经典社会力模型同时考虑了模型中个体的视角限制所可能产生的影响。而对于排斥者或吸引者是否位于视角所夹范围内的判断，是基于向量点乘的几何定义进行的。视角限制在模型中国具有体现为权值标量，即在遵照上述计算方法算得在个体受到的某一来源产生的排斥加速度因素或吸引加速度因素之后，还需要额外根据视角限制情况计算相应的权值标量。该权值标量的具体计算方式如下：

$$\begin{aligned}
&w_\alpha^f(t)=\begin{cases}1, & e_\alpha\cdot f>\|f\|\cos\varphi_\alpha\\ C, & \text{其他}\end{cases}\\
&e_\alpha(t)=\frac{r_{\alpha k}-r_\alpha(t)}{\|r_{\alpha k}-r_\alpha(t)\|}\\
&e_\alpha(t)\cdot f=1\cdot\|f\|\cos\varphi_{of}
\end{aligned} \tag{9-58}$$

式中，φ_{of} 表示个体期望运动方向 $e_\alpha(t)$ 与各类加速度 f 的夹角，而该夹角的取值范围为[0, π]。因为余弦函数在[0, π]之上单调递减，判别权值向量取值的条件的本质是两个角度之间的比较。

2) 考虑从众行为与折回行为的改进社会力模型

在原有的社会力模型的基础上进行个体差异化处理，本研究中参考实际场景中人员对环境的熟悉程度进行划分：对于完全熟悉所处环境的人员，在改进社会力模型中只为其赋予内驱加速度因素，而不赋予群聚吸引加速度因素；对于完全不熟悉所处环境的人员，加速度因

素的赋予方式相反，并认为产生吸引力的人员为那些完全熟悉所处环境的人员。具体的模型结构调整方式说明如下：

$$
\begin{aligned}
f_\alpha^{\mathrm{SOC}}(t) = Q \cdot f_{\alpha 0}(t) + \sum_{\beta=1,\beta\neq\alpha}^{N} [w_a^f(t) \cdot f_{\alpha\beta}(t)] + \sum_{B=1}^{N_B} [w_a^f(t) \cdot f_{\alpha B}(t)] \\
+ f_{\alpha\beta}^{ph}(t) + f_{\alpha B}^{ph}(t) + (1-Q) \cdot w_a^f(t) \cdot f_{\alpha I}(t) + \zeta_\alpha(t)
\end{aligned}
\tag{9-59}
$$

在式(9-59)中，添加到内驱加速度项之前的乘数会随Q值的增大单调递增，而添加到群聚吸引加速度项之前的乘数会随Q值的增大而单调递减。这样的乘数设计使得内驱加速度项与群聚吸引加速度项之间呈现出此消彼长的特点，而不再具有经典社会力模型中的彼此独立的关系。

(1)模型细节改进。

同时结合反正切函数的性质，可以构建如下形式的权值标量计算函数来达到改进效果：

$$
\begin{aligned}
w_\alpha^f(\varphi_{of}, t) &= \frac{1+C}{2} + \frac{C-1}{\pi} \cdot \arctan[D \cdot (\varphi_{of} - \varphi_\alpha)] \\
\cos(\varphi_{of}) &= \frac{e_\alpha \cdot f}{\|f\|}
\end{aligned}
\tag{9-60}
$$

式(9-60)中包含C、D、φ_α三个参数，其中参数C为权值标量的最小值；参数D可以实现函数图像在横轴方向的放缩，对应着权值标量由1递减至参数C的速度，参数D的值越大，递减的速度就越快；参数φ_α为个体的视角角度，它在函数图像中表现为：权值标量的值减少至$0.5(1+C)$时对应的φ_{of}值。考虑到人眼的视角角度，这里参数φ_{of}的值可以取定为60°。

(2)能见度限制改进。

本部分所讨论的“能见度”概念指的是在特定的场景内，具有正常视力的人能够从背景中顺利识别出目标物体的最远距离。但是，经典社会力模型只涉及由个体视角的广狭所产生的限制，而未刻画由个体能见度的高低所产生的限制。

对于由能见度因素产生的限制，权值标量的计算方式为

$$
w_\alpha^r(\|r\|, t) = \frac{1}{\exp\left[C_3\left(\|r\| - C_4\right)\right] + 1}, \quad C_3 > 0, C_4 > 0 \tag{9-61}
$$

在将式(9-61)用于计算能见度权值标量时，两个彼此独立的参数C_3和C_4被赋予了另外的物理意义。调节参数C_3可以实现函数图像在横轴方向上的放缩，对比烟雾弥漫的实际场景，这个参数可以被看作与烟雾的浓度相关的物理量；而调节参数C_4可以实现函数图像沿横轴方向的平移，且在自变量$\|r\|$取值为C_4时，根据计算可知对应函数值为0.5，这恰好可以与实际场景中的能见度值相互照应。式(9-61)中使用的自变量$\|r\|$是一个笼统的表述形式，需要根据对应的排斥加速度或吸引加速度取定。对于个体间产生的排斥加速度，自变量$\|r\|$取定为$\|r_{\alpha\beta}\|$；对于由障碍产生的排斥加速度，自变量$\|r\|$取定为$\|r_{\alpha B}\|$；而对于吸引加速度，自变量$\|r\|$取定为$\|r_{\alpha I}\|$

3)目标点更新条件的改进

以模型中某个个体α为例，若当前对其作用吸引加速度的目标点为$r_{\alpha k}$，则个体α唯有精确运动到$r_{\alpha k}$所处的坐标位置时，其目标点才会更新到路径折线中的下一点，即若该个体在各个时刻的坐标向量为$r_\alpha(t)$，则其目标点的更新条件为

$$r_\alpha(t) = r_{\alpha k} = (x_{\alpha k}, y_{\alpha k}) \tag{9-62}$$

本部分考虑将原有的严苛目标点更新条件放宽。本研究中采用的改进方式是将原本的单一目标点改换为以目标点为核心的一个区域，并认为只要个体进入这个区域中，个体对应的目标点就可以被更新。当目标区域的形状选取为圆形时，放宽后的更新条件可被表达为

$$\| r_{\alpha k} - r_\alpha(t) \| < R \tag{9-63}$$

式中，R 代表圆形目标区域的半径，越大的半径会使目标点更新条件变得越宽松，这个参数的具体取值需要根据所建立模型的实际情况选定。

3. 站点信息引导措施的改善

乘客在疏散过程中可能做出不理性行为的原因有 2 个：一个是紧急疏散情景对乘客造成的心理压力；另一个是乘客对站点内部的空间结构、事故发生的具体情况等不具有充分的信息掌握。因而为了提升乘客的疏散效率，并且减少紧急疏散情景下乘客可能做出的不理性行为，是可以考虑从站点内部的信息引导措施方面切入的。从这个角度上看，解决问题的可能思路在于相信乘客群体本身具有足够的判断力，故而致力于向乘客群体提供更多、更有效的信息，以支持乘客群体对所处场景的真实情况做出理性判断。

当事故发生，地铁站点由常规运营状态骤然切换至紧急疏散状态时，站点内部的引导标识是无法向乘客群体提供与事故相关的信息的。为了在紧急疏散情景下使乘客群体尽快适应环境以完成疏散撤离，有必要改善站点内部的信息引导措施。为了提升站点内部的信息引导的效果，一方面需要优化站点内部的引导标识系统，提升站点内部固定设施所能够向乘客群体提供的信息量；另一方面则需要站点内部工作人员与乘客主动交流，积极引导乘客。在引导标识的设计中，应使其在版面、色彩、字体字号等方面清晰易懂，以保证信息可以清楚无误地传达给乘客。同时不局限于单一的引导方式，而是结合多种不同的引导方式，确保引导标识系统可以连续不断地向乘客群体提供准确清晰的方向信息。

4. 站点紧急疏散情景仿真模型

构建如图 9-8 所示的站点紧急疏散情景仿真模型，以验证引导措施的应用效果。本仿真场景拟定一起火灾于站点的主站厅层发生，火灾发生区域见图中的圆圈标记，可以看到火灾的发生阻断了乘客通过 2 号出入口离开站点的路径。在本仿真场景中，地铁站点内部的全部乘客在得知火灾发生的消息后，均选择经由楼梯上至主站厅层，并尝试从主站厅层的两个出入口疏散至地铁站点外，同时主展厅内所采取的信息引导措施有限。

为了验证信息引导措施的应用效果，本仿真场景对比如下两种情况。其一是乘客群体在到达主站厅层后未得到站点内部工作人员的引导，故而不易知晓火灾的具体发生位置，会存在尝试从 2 号出入口离开地铁站点的乘客。此时设定选择从两个出入口离开站点的乘客各占乘客总数的 50%，但当尝试从 2 号出入口离开的乘客发现离开站点的路径被火灾阻断时，只能重新向 1 号出入口前进，由此产生折回现象。其二则是乘客群体在到达主站厅层后得到了工作人员的积极引导，同时主站厅层的引导标识系统所能提供的参考信息较为全面。在这种情形下，乘客清楚地知晓火灾发生于通往 2 号出入口的路径上，故而乘客全体均选择从 1 号出入口离开地铁点站。

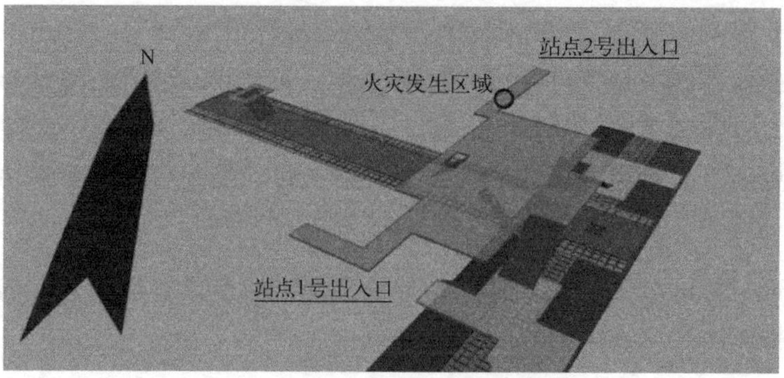

图 9-8　站点紧急疏散情景示意图

同时，为了更加真实地模拟乘客在疏散过程中的表现，本仿真模型设定乘客在到达主站厅层后，会选择在相对短暂的时间内驻足，以判断自身所处的情景。设定不同个体的驻足时长不同，且驻足时长会在整体上服从泊松分布。对于验证信息引导措施应用效果的仿真模型，选定驻足时长服从期望值为 3s 的泊松分布，即乘客在到达主站厅层后，平均会使用 3s 的时间来判断自身所处的情景。以下为仿真模型运行结果分析。

1) 信息引导措施的效果

当乘客群体未在主站厅层受到站点工作人员的引导，主站厅层内所采取的信息引导措施有限时，选择从 1 号出入口及 2 号出入口离开博物馆站的乘客各占乘客总数的 50%，此时乘客疏散时间的分布情况如图 9-9 所示。图中的纵轴表示具有不同疏散时间的乘客占乘客总量的比例。

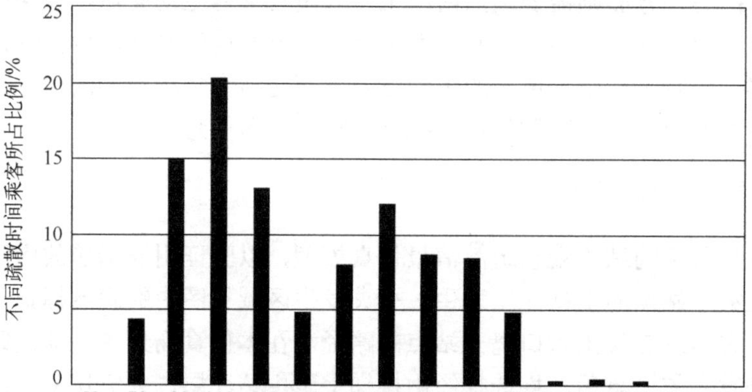

图 9-9　有限信息引导下的乘客疏散时间分布

此时，乘客的疏散时间呈现明显的双峰分布，双峰的位置大致为 110s 与 190s。乘客的平均疏散时间为 154.11s。双峰的分离展现出折回现象对站点内乘客疏散效率的显著影响，最初选择经由 2 号出入口离开站点的乘客由于疏散路径的阻断而不得已多耗费 90s 左右的时间折回原路并前往 1 号出入口完成疏散。

2) 能见度降低对疏散的影响

火灾带来的烟雾弥漫会导致站点内部的能见度发生不同程度的降低，本仿真模型通过为个体赋予不同的驻足判断时间来对这个现象进行模拟。仿真模型设定主站厅层内的信息引导措施充分，模型中的全部乘客均选择经由 1 号出入口离开地铁站点。而后，通过调整乘客驻足时长所服从的泊松分布的期望值，模拟不同能见度下的乘客疏散情况。越低的能见度会使乘客花费越长的时间判断所处环境，故而对应越大的期望值。

现将驻足时长所服从的泊松分布的期望值调整至 5s，可以得到乘客疏散时间的分布情况如图 9-10 所示，图中的纵轴表示具有不同疏散时间的乘客的占比。此时，乘客完成疏散的时间消耗多集中于 100～180s，平均疏散时间为 130.96s，疏散效率略有降低。

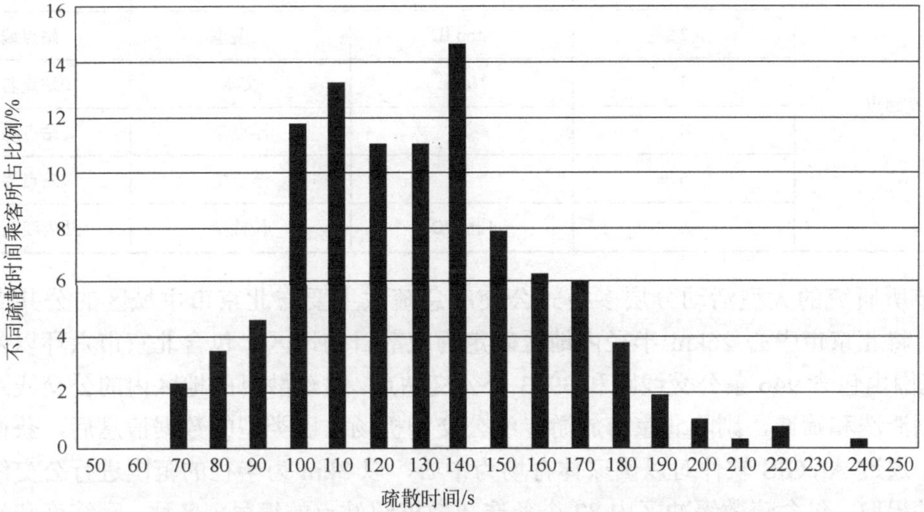

图 9-10　信息引导充足时的乘客疏散时间分布(驻足时长期望 5s)

9.3.2　大型活动分层多模式公交应急疏散策略的研究实例

本节以大型体育赛事为背景，说明多层分模式公交应急疏散策略的应用[6]。

1. 相关数据收集及处理

考虑到活动的影响程度和涉及人员规模，本节选择以在国家体育场举行的大型体育赛事为案例进行深入研究。获取到北京市公交站点和公交线路 SHP 格式数据包含 1472 条公交线路和 12551 个公交站点。公交线路和站点的空间数据特征和属性数据特征如表 9-4 所示。

表 9-4　空间数据特征和属性数据特征

要素类	序号	字段名称	数据类型	备注
公交路线	1	Shape	几何	折线
	2	Line ID	长整型	线路编号
	3	Name	文本	线路名称
	4	Type	文本	公交类型
	5	Distance	浮点型	线路长度
	6	Strat_stop	文本	起始站点

续表

要素类	序号	字段名称	数据类型	备注
公交路线	7	End_stop	文本	终点站点
	8	Strat_time	短整型	首班时间
	9	End_time	短整型	末班时间
	10	Stops	长整型	经停站点
公交站点	1	Shape	几何	点
	2	Stop ID	长整型	站点编号
	3	Name	文本	站点名称
	4	X	浮点型	站点经度
	5	Y	浮点型	站点纬度
	6	Line ID	长整型	站内线路编号

本节所研究的大型活动分层多模式公交应急疏散主要与北京市主城区的公共交通系统相衔接，将北京市中心 26km 半径内地区确定为疏散目的地区，包含北京市六环以内的城区范围，范围内包含 946 条公交线路和 3973 个公交站点。对疏散目的地区内的公交线路和站点进行数据清洗和筛选，剔除北京市旅游专线公交和机场大巴类型的数据信息后，获得各疏散目的地。通过 ArcGIS 软件对以国家体育场为中心，以 3km 为半径的范围进行公交线路和站点信息的提取，包含疏散缓冲区内 82 个备选疏散枢纽站点的编号、名称、经纬度和站点内线路编号。

2. 公交应急疏散可达性分析

1) 基于换乘限制的公交应急疏散覆盖率

获取备选疏散枢纽站点和线路数据之后，通过 Python 编程实现基于换乘限制模型的算法，依次计算得到在仅换乘一次的条件限制下经停的站点总数目及相应各站点编号。经停站点数越多，公交应急疏散服务覆盖范围越广。考虑到服务范围的重叠情况，需要通过 ArcGIS 软件进行建模，利用式(9-64)批量计算每一疏散枢纽站点在换乘限制下的公交应急疏散服务覆盖面积。

$$F_p = \frac{N_p \times \pi R^2 - C_p}{(N-1) \times \pi R^2 - C_s} \tag{9-64}$$

式中，F_p 表示基于换乘限制的公交应急疏散覆盖率；N_p 表示在仅换乘一次的情况下，待疏散人员从疏散枢纽站点 P 出发可到达的站点数量(个)；R 表示公交站点的服务半径(m)，本部分规定公交站点服务半径为 500m；C_p 表示可到达站点覆盖范围的重叠面积(m^2)；N 表示公交站点总数(个)；C_s 表示全部站点覆盖范围的重叠面积(m^2)。

2) 基于换乘限制的公交应急疏散延展度

通过 Python 软件编程实现基于换乘限制模型的算法，得到备选疏散枢纽站点在各象限的最远站点编号及相应最远直线距离数据。根据 2008 年北京奥运会开幕式客流信息，可以得到离场后的观众流向分布，因此可以预测得到公交应急疏散流向分布系数。通过 Python 软件编程得到所有公交站点中距疏散枢纽站点最远的站点的编号及相应最远直线距离数据，最后根据公式(9-65)得到各备选疏散枢纽站点的延展度。

$$L_p = \alpha_1 \frac{l_{p1}}{L_{p1}} + \alpha_2 \frac{l_{p2}}{L_{p2}} + \alpha_3 \frac{l_{p3}}{L_{p3}} + \alpha_4 \frac{l_{p4}}{L_{p4}} \tag{9-65}$$

式中，L_p 表示基于换乘限制的公交应急疏散延展度；l 表示仅换乘一次时可达最远直线距离(m)，其中 l_{p1}、l_{p2}、l_{p3} 和 l_{p4} 依次为第一象限(东北方向)、第二象限(西北方向)、第三象限(西南方向)、第四象限(东南方向)的可达最远直线距离；L 表示最远站点与疏散枢纽站点的直线距离(m)，其中 L_{p1}、L_{p2}、L_{p3} 和 L_{p4} 依次为第一象限(东北方向)、第二象限(西北方向)、第三象限(西南方向)、第四象限(东南方向)中最远站点与疏散枢纽站点的直线距离；α 表示应急疏散流向分布系数，其中 α_1、α_2、α_3 和 α_4 依次为第一象限(东北方向)、第二象限(西北方向)、第三象限(西南方向)、第四象限(东南方向)的应急疏散流向分布系数。

分析公交应急疏散延展度的计算结果可以得出，国家体育场附近的公交站点的延展度较好，与公交应急疏散覆盖率的计算结果相吻合。同时也能观察到各象限公交应急疏散延展度具有明显的差异性，为了更好地对公交应急疏散的综合可达性进行评价，本节通过得到的延展度数据分布采用均分法构建评价体系，具体评分标准如表 9-5 所示。

表 9-5　基于换乘限制的公交应急疏散延展度评分标准

基于换乘限制的公交应急疏散延展度/%	评分标准
(96, 97]	1
(97, 97.4]	2
(97.4, 97.7]	3
(97.7, 98.2]	4
(98.2, 100]	5

3)基于全局的公交应急疏散时间

通过 Network Analyst 功能求解得到各备选疏散枢纽站点到全局公交站点的最短距离，生成 325786 个点对点最短距离数据；设定“Origin ID”为案例分组字段，对字段“Total_Shap”进行汇总统计得到最终公交应急疏散最短距离计算结果。结合式(9-66)，本部分选取 20km/h 为公交平均车速，计算得到基于全局的公交应急疏散时间，并根据计算结果分布采用均分法设定评分标准，具体如表 9-6 所示。

$$T_p = \frac{60 \times \sum_{j=1}^{N-1} \min\{d_j\}}{\overline{V}_j (N-1)} \tag{9-66}$$

式中，T_p 表示基于全局的公交应急疏散时间(min)；d_j 表示疏散枢纽站点 P 到站点 j 的距离(km)；$\overline{V}_j$ 表示疏散枢纽站点 P 到站点 j 的平均车速(km/h)；N 表示公交站点总数(个)。

表 9-6　基于全局的公交应急疏散时间评分标准

基于全局的公交应急疏散时间/min	评分标准
(45.36, 46.8]	5
(46.8, 48]	4
(48, 49.32]	3
(49.32, 50.4]	2
(50.4, 52.56]	1

4) 基于全局的公交应急疏散延误

通过 ArcGIS 软件实现基于全局可达性模型的算法后，应用软件中的 Network Analyst 功能对最近设施点进行求解，最后形成设施点与事件点的最短距离路径几何，并通过空间连接将站点与路径相连。基于全局的最短距离经过站点数量表示备选疏散枢纽站点到达疏散目的地内所有站点的最短距离路径所经过站点数量。经停延误时间有多种影响因素，本部分选取的平均延误时间为 30s，根据式(9-67)得到基于全局的公交应急疏散延误时间，并根据计算结果分布采用均分法设定评分标准，具体如表 9-7 所示。

$$D_p = \frac{\sum_{j=1}^{N-1}(E_j \times \overline{t_j})}{N-1} \tag{9-67}$$

式中，D_p 表示疏散枢纽站点 p 的公交应急疏散延误(min)；E_j 表示疏散枢纽站点 p 到站点 j 的最短距离所经过的站点数量(个)；$\overline{t_j}$ 表示疏散枢纽站点 p 到站点 j 经停的平均延误时间(min)；N 表示公交站点总数(个)。

表 9-7　基于全局的公交应急疏散时间评分标准

基于全局的公交应急疏散时间/min	评分标准
(5.6, 6.5]	5
(6.5, 6.85]	4
(6.85, 7.25]	3
(7.25, 7.55]	2
(7.55, 8.2]	1

3. 分层多模式公交应急疏散总体设计

经预测，某大型体育赛事涉及各类人群约达 15 万人。但考虑到国家体育场容量限制和安全隐患问题，将采取时空分离的人员组织方式。因此，若发生突发事件，预计实际在国家体育场内需应急疏散的人数约为 10 万。

1) 应急集散场所确定

由于国家体育场内有相应的座位分区，各座位分区会按照近邻原则指定对应的出入口，从而避免观众在场馆内部大范围寻找座位的问题。因此，在突发事件发生时，场内待疏散人员也应按照进入场馆的方式撤离场馆，即通过已指定进入场馆的出入口进行撤离。根据国家体育场各出入口位置分布，其具体对应的集散场所如表 9-8 所示。

表 9-8　应急疏散出口及对应的集散场所

序号	出入口名称	集散场所	序号	出入口名称	集散场所	序号	出入口名称	集散场所
1	AB 出入口	国家游泳中心	5	EF 出入口	国家奥林匹克中心体育馆	9	JK 出入口	鸟巢室外体育场
2	BC 出入口	国家奥林匹克中心体育馆	6	FG 出入口	国家奥林匹克中心体育馆	10	KL 出入口	国家体育馆
3	CD 出入口	国家奥林匹克中心体育馆	7	GH 出入口	国家奥林匹克中心体育馆	11	LM 出入口	国家体育馆
4	DE 出入口	国家奥林匹克中心体育馆	8	HJ 出入口	鸟巢室外体育场	12	MA 出入口	国家游泳中心

2) 应急疏散枢纽站点选择

疏散枢纽站点以综合可达性良好为选址原则，根据前面对基于换乘限制的公交应急疏散覆盖率、公交应急疏散延展度和基于全局的公交应急疏散时间、疏散延误的计算结果和评价体系的构建，结合式(9-68)对疏散缓冲区内各备选疏散枢纽站点的综合可达性进行分析。

$$A_p = \beta_f G(F_p) + \beta_l G(L_p) + \beta_t G(T_p) + \beta_d G(D_p) \tag{9-68}$$

式中，β_f 表示基于换乘限制的公交应急疏散覆盖率评分权重系数；β_l 基于换乘限制的公交应急疏散延展度评分权重系数；β_t 基于全局的公交应急疏散时间评分权重系数；β_d 基于全局的公交应急疏散延误评分权重系数。其中，各权重设置如表 9-9 所示。

表 9-9　公交应急疏散综合可达性指标评分权重

一级指标	一级指标相对目标层权重	二级指标	二级指标相对一级指标权重
基于换乘限制	0.4	公交应急疏散覆盖率	0.5
		公交应急疏散延展度	0.5
基于全局	0.6	公交应急疏散时间	0.7
		公交应急疏散延误	0.3

考虑到综合可达性是影响疏散枢纽站点选址的重要指标，本部分提取综合可达性评价分数大于 3.3 分的备选疏散枢纽站点进行分析，具体数据如表 9-10 所示。

表 9-10　综合可达性评价分数大于 3.3 分的部分备选疏散枢纽站点

序号	站点编号	综合可达性	序号	站点编号	综合可达性
1	华严北里	4.82 分	10	地铁安贞门站	4.22 分
2	安贞医院北站	4.42 分	11	奥体中心	4.2 分
3	北土城公交场站	4.42 分	12	民族园路	4.02 分
4	地铁北土城站	4.42 分	13	健翔桥北	3.98 分
5	中华民族园	4.42 分	14	北辰西桥北	3.98 分
6	北土城	4.42 分	15	健德门桥北	3.82 分
7	安贞门	4.4 分	16	奥体西门	3.82 分
8	北辰西桥南	4.4 分	17	奥体东门	3.8 分
9	民族园西路	4.4 分	18	志新路东口	3.62 分

3）非定点穿梭公交路径规划及车辆分配

根据疏散枢纽站点的具体分布，本部分尽量选取主、次干道作为非定点穿梭公交的专用应急疏散道路。其中国家奥体中心体育场至安贞医院北站和惠新西街北口的穿梭公交从奥体中心西南门出发，从奥体中心东南门返回体育场。国家奥体中心体育场至健德门桥北的穿梭公交从奥体中心西南门出发，从奥体中心西门返回体育场。

鸟巢室外体育场至炎黄艺术馆的穿梭公交从奥林匹克公园北 1 门出发，经由慧忠路进入奥林匹克公园东北门返回体育场。国家游泳中心至健翔桥北的穿梭公交从奥林匹克公园 5 号门出发，由慧忠路返回国家游泳中心。

国家体育馆至科学园南里的穿梭公交从国家体育馆-南门出发，途经慧忠路、安翔北路、科学园南里中街、科学园南里东街到达科学园南里疏散枢纽站，并经由科学园南里东街、国家体育场北路进入国家体育馆-北门返回体育馆。

参 考 文 献

[1] 杨春春. 面向网络数据的定向采集与自动摘要技术的研究[D]. 南京：南京邮电大学, 2018.

[2] 薛铸鑫. 视频数据驱动的智能人群仿真方法研究[D]. 北京：中国科学院大学, 2018.

[3] 王小峰. 考虑挤压力的封闭场所密集人群踩踏风险识别与预警研究[D]. 哈尔滨：哈尔滨工业大学, 2021.

[4] 胡晓伟, 宋浪, 杨滨毓, 等. 重大突发公共卫生事件下城市应急医疗物资优化调度研究[J]. 中国公路学报, 2020, 33(11): 55-64.

[5] 马逸飞. 基于改进社会力模型的地铁站内人群疏散研究[D]. 哈尔滨：哈尔滨工业大学, 2022.

[6] 王言中. 大型活动分层多模式公交应急疏散模型及策略研究[D]. 哈尔滨：哈尔滨工业大学, 2020.

第 10 章　基于大数据的交通控制方法与应用

交通控制是交通系统发展客观需要及控制理论及技术在交通系统中应用的结果。通过交通控制提高道路的通行能力，以保障交通的安全畅通，是各国交通专家所公认的一种有效途径。随着自动控制理论和新技术不断地应用于交通控制系统，智能的、先进的和有效的交通控制方法也不断地涌现，从而更有效地提高道路的通行能力和保障交通安全[1]。新时期背景下，大数据技术被广泛地应用到各行各业中，给城市交通控制和管理等工作带来积极影响。分析大数据背景下的城市交通控制现状，提出相应的交通控制分析方法和策略，以此推动城市交通控制和决策工作的健全发展[2]。

结合《中华人民共和国国民经济和社会发展第十四个五年规划和 2035 年远景目标纲要》的核心思想，“大力发展智慧交通，推动新技术与交通行业深度融合，完善科技创新机制”是新时代做好交通工作的重点任务。当交通控制环境从不具备联网能力的控制环境进入网联环境以后，控制环境的变化进一步助力了交通控制技术的发展。2019 年，中共中央、国务院印发了《交通强国建设纲要》，提出了大力发展智慧交通的发展战略。

众所周知，来自不同方向的车辆在平面交叉口汇聚，极易引发碰撞事故。与此同时，近年来交通需求增长趋势明显，交通管理面临巨大挑战。总之，道路交叉口处存在大量的干扰和冲突，驾驶人在通过交叉口时必须进行复杂的判断和决策，这是交叉口事故频发的主要原因；同时也导致交叉口通行效率偏低，进而影响整个路网的安全水平和通行效率。为缓解交通发展所带来的“副作用”，智能交通技术应运而生，通过将先进的信息技术、计算机技术、数据通信技术、传感器技术、电子控制技术、自动控制理论、运筹学和人工智能等用于交通运输、服务控制，从而达到缓解交通拥堵、遏制交通安全事故、减少交通出行所带来的环境污染，实现节能减排、安全、高效的交通服务和舒适的交通出行体验。

随着经济社会的不断发展，人们对出行体验的要求越来越高，智能网联车辆成为当前汽车厂商以及政府部门大力投入研发和推广应用的对象。交通控制技术是交通系统中的重要组成部分，当交通工具智能网联化不断发展的同时，传统的交叉口信号控制方法已不能满足新的交通需求和出行体验要求。它为交通控制带来了全时空的数据基础，提供了更加灵活和精细控制措施的制定依据，同时在智能网联车辆或自动驾驶车辆与传统的人工驾驶非网联车辆、非机动车以及行人等共存的环境下，实现高效、灵活、安全的控制具有一定的挑战性。

综上，本章首先从交通控制的基本单元——平面交叉口出发，对交通控制系统进行解读；其次对大数据背景下的交通控制数据进行分类分析、获取及预处理；最后基于对交叉口控制技术及问题的系统分析，提出大数据背景下的三种典型交通控制方法，并以网联自动驾驶环境下的多车道交叉口交通控制为例，构建车辆协同换道速度优化控制方法，验证网联自动驾驶环境下的多车道信号交叉口交通控制系统的有效性及可行性。

1) 交通控制系统

交通控制根据控制范围的不同，可以划分为单点控制方式、干线协调控制方式和区域协调控制方式。单点控制方式包括单点定周期控制、多时段控制和感应控制等；干线协调控制方式还包括定时线控制、感应式控制及计算机线控制；区域协调控制方式是指以区域交通性能指标(如总延误、停车次数等)为控制目标，构建信号控制参数(周期、绿信比、相位差、相位相序等)和交通状况(流量、离散性等)的数学模型。而根据控制原理，城市交通信号控制方法可以分为定时控制、感应控制、自适应控制和智能控制四种。其中智能控制是一种具有学习、抽象推理和决策功能，根据环境变化进行相应的适应性调整的控制技术。其结合人工智能的相关技术，拥有独立决策的能力，具有较强的实时性、鲁棒性和独立性。但是相对而言，其控制策略选择比较复杂，需要大量的配套设施。

依靠模型计算来优化信号配时方案和策略的控制方式可分为定时控制、脱机自适应控制和在线实时自适应控制等方式。经典的区域自适应控制系统以英国的 SCOOT 系统和澳大利亚的 SCATS 系统为代表。根据检测器设计的位置、采集方式的不同，各个系统分别有自己的自适应控制模型和算法。例如，SCATS 系统利用停车线检测器，以“饱和度”即绿灯使用率为控制原理，根据实时交通检测信息，在方案库中选择最优控制方案以实现自适应控制。

2) 互联网+大数据下的交通控制

交通大数据的发展为智能交通系统带来了新的机遇和挑战。将大数据应用于智能交通系统尤其是智能交通控制中，不能仅仅是简单地将大数据分析方法和开发技术移植或者套用到交通系统中[2]，而是要基于对交通控制基础环节、方法的深入了解，首先分析交通数据的特征及交通控制的具体数据需求，然后考虑数据预处理技术的应用，如是否需要对多源交通数据进行融合处理等，进而按照控制需求组织数据，从数据中提炼有效特征信息、发现规律来反馈、指导控制，以实现区域最优化控制。

在国内互联网大数据应用于交通控制的实践中，广州交警与高德地图合作，以海珠区、天河区为试验区，构建了全国首个“互联网+信号灯控制优化实验研究平台”，基于高德地图的导航大数据，主动监测路口失衡(各个方向拥堵不均)、出口溢出等异常交通情况，提供控制优化和建议方案。百度地图和北京市公安局交通管理局共同研究构建了“百度地图智慧信号灯研判平台”，平台初期主要负责北京市二环内以及上地、望京主要商务出行区域中 400 多个路口的路况监测，实现信号灯路口异常拥堵分钟级发现、实时报警，将原来的人工监测转变为远程平台化监控，提高了信号灯路口异常拥堵的发现率。同时百度地图与北京交管局的信号控制系统已经实现大范围的“秒级数据互通”，这也是国内首次将信号控制系统与互联网平台进行数据融合。

3) 车路协同大数据下的交通控制

随着车路协同技术和自动驾驶技术的不断发展，车辆信息的采集由传统的断面采集变为车辆的全时空运行数据采集，因此，数据不再是制约交通控制方式和策略的瓶颈。目前可能的轨迹数据应用方向主要集中在信号配时的估算反推[3]、路口的关联性分析、控制子区划分等。当前大数据尤其是轨迹大数据在智能交通控制中的应用主要是“现有轨迹数据+现有交通控制系统”的模式，即利用轨迹数据，为现有的区域交通控制系统提供模型参数修正、效果评价等功能模块。以 SCOOT 系统为例，其在实施优化前，需要人工标定如 JNYT(上游检测器到停车线的旅行时间)、STOC(饱和通行能力)、QCMQ(最大排队清空时间)等，在 SCOOT

系统实施中称之为 Validation，耗时耗力，而基于互联网的轨迹大数据自动学习这些参数，甚至可以达到实时修正模型参数以提高控制精度的效果。

在未来的车路协同和自动驾驶时代，轨迹数据的采集将不再受样本量小、连续性不好等缺点的制约，车辆检测数据的时空覆盖特性更好。同时，自动驾驶的发展也使得交通控制的对象特性发生了改变，彼时的交通控制系统将在更广的范围内去协调和管理车辆的路线规划，以及路网、路段和路口的时空资源调度，需要随着车联网、大数据和自动驾驶技术的不断发展做更进一步的深入研究。

10.1　数据源及预处理

10.1.1　交通控制数据类型

1. 交通状态判别数据

交通流呈现较强的时空性和随机波动性，其状态与多个交通参数密切相关。一般情况下，仅以单个交通参数作为界定指标难以实现对交通状态的准确判别。由于城市干线由交叉口和路段两个部分组成，且各自的交通特性存在一定差异，所以判别干线交通状态时，应同时考虑交叉口及路段的情况，进行综合分析。

对于交叉口而言，通常采用饱和度、平均延误以及排队长度等指标评价车流的运行状态。饱和度体现了交叉口的交通供需关系，是表征交叉口拥堵程度的重要参数，为了方便获取，可根据计算原理将其转换为交通流量进行采集。平均延误直接反映了车辆经过交叉口时的损失时间，便于直观了解交叉口通行效率。排队长度刻画了停驶车辆所占的道路空间，特别是其中的最大排队长度，能够表明各周期排队车辆占据道路的最大空间，具有重要的参考价值。因此，通常选用交通流量、平均延误和最大排队长度作为交叉口交通状态判别指标。

就路段而言，人们在对路段交通流状态进行判别时，普遍参考占有率、行车速度进行综合分析。占有率是车辆占用道路空间的反映，根据采集对象的不同可分为时间占有率、空间占有率两大类。由于工程实践中测量技术受到限制，不易观测路段上所有车辆占用道路的长度，难以获取空间占有率，但固定时间间隔内车辆的占用率可通过在断面布设检测器进行采集，在实际工程中体现出优势。因此，通常选用时间占有率作为判别指标之一，结合其他参数实现对交通流状态的识别。行车速度则是描述道路交通运行情况的最直观的参数，路段交通常利用区间平均车速说明运行效率。同时，当交通流的时空状态发生变化时，时间占有率和区间平均车速均能做出较灵敏的反应，有利于实现交通状态的准确判断。因此，通常将时间占有率、区间平均车速这两个参数选为路段交通状态判别指标。

2. 交通信号协调控制数据

交通控制的基本思想是将相邻多个交叉口联结起来，通过设置有效的交通信号，使主线车辆快速通过交叉口。要想干线协调控制发挥良好的作用，应掌握相关的控制参数概念，并确定需要采集哪些交通信息以为不同控制参数的计算提供所需的数据支持。

交通控制涉及的主要参数包括周期时长、绿信比、相位差，为使干线协调控制发挥良好的作用，应对以上三个主要参数设置合理的取值。周期时长的确定需要以交叉口各进口道的流量为基础，结合相位设置情况进行计算。绿信比由有效绿灯时间和周期时长共同确定，同样应基于交叉口流量的获取进行计算。而相位差是某交叉口与相邻交叉口或某一参考交叉口绿灯或红灯起点的时间差值，计算时应考虑两交叉口之间的路段距离和区间平均车速。此外，周期时长等参数的确定通常还参考各进口道排队长度及交叉口延误等数据。综上所述，信号协调控制的数据需求主要包括交通流量、进口道各转向流量比例、区间平均车速、进口道排队长度及交叉口延误等参数。

3. 协调控制动态评价数据

目前，为实现较为理想的控制效果，绿波带车速多根据经验取值，或者基于已知参数通过计算进行确定，与实际交通情况的适配性不高，需要交通参与者花费一定时间适应。此外，现阶段干线协调控制多为定时控制，车辆的排队消散时间多取固定值，与实际情况并不相符。在现实生活中，车辆的行驶速度和排队消散时间会随着交通需求的实时变化而产生变化，交叉口信号协调控制应为一个动态的过程。由于交通流随机波动性的影响，为实现较为理想效果而设计的控制方案在一段时间后，不一定还能满足已发生变化的交通状况。因此，在一定周期内，对当前干线协调控制方案效果进行评价，分析该方案是否仍适用于已变化的交通流状况，确定是否需要对其进行更新，从而保证干线协调控制的良好效果。

10.1.2 交通控制数据源

1. 交叉口数据

交叉口停车线附近通常设有环形感应线圈、微波、视频等固定交通检测器，可用来实现交通流量、占有率、瞬时速度、排队长度等参数的采集。但对于浮动车检测技术来说，其原理是车辆基于 GPS 技术，利用车载 GPS 和无线通信设备实现信息的收发，在规定时间间隔内向浮动车信息中心上传其位置信息(包括经纬度坐标)、瞬时速度、记录时刻等信息。由于浮动车的行驶范围较广，可能会存在一段时间内待测交叉口处只有少量甚至没有浮动车通过的情况，导致该时段内浮动车数据较少甚至缺失。因此，交叉口处的数据获取应以固定检测技术为主，浮动车检测技术为辅。

2. 路段数据

固定式检测器通常安装在路段上或道路周边某特定位置，用以检测通过该地点的车辆运行状况。由于其安设位置固定且安装数量有限，只能获取路段一定区间内的交通数据，其采集辐射范围外的路段数据则无法获取，难以满足路段的交通数据需求。另外，基于固定检测器的数据采集原理可知，其采集的多为地点交通数据，不能用来描述路段的区间交通参数，相比之下浮动车检测技术便显现出更大优势。因此，路段上的数据获取应以浮动车检测技术为主，固定检测技术为辅。

3. 不同检测器数据的提取

不同检测器采集得到的数据具有不同格式和较大的数据量，很多情况下并非需要使用全部检测器获取的数据，提取研究所需数据，能够减少数据处理与分析的工作量，提高数据的准确度。因此，对原始数据进行有效提取显得尤为重要。本部分对微波检测器数据、视频检测器数据、浮动车 GPS 数据的提取进行说明。

1）微波检测器数据的提取

微波数据包含研究区域的所有检测数据。对于某一交叉口，筛选其附近设备对应编号的数据，即为此交叉口的微波采集数据。

2）视频检测器数据的提取

对于某一交叉口而言，不同进口道设置了不同编号的视频检测器，将采集数据表格中各进口道对应编号的数据筛选出来，即为该交叉口处视频检测器获取的原始数据。

3）浮动车 GPS 数据的提取

提取浮动车 GPS 数据时应注意参数之间的时间与空间匹配问题。一方面，为使得浮动车 GPS 数据与其他类型检测器数据互相对应，应过滤出所需特定日期、指定时间段内的数据，实现与微波检测器数据、视频检测器数据在时间上的一致性。另一方面，浮动车检测是一种动态的交通采集技术，安装车载 GPS 的车辆处于不断移动的状态。由于浮动车数据回传时刻是随机的，多数时候数据并非是在目标地点上传的，为提取目标地点的浮动车数据，可采用插值方法估计浮动车经过目标地点的时刻。

假设浮动车分别在时刻 t_1、t_2 上传了前后两点的位置信息，且两点距离目标地点的距离分别为 l_1、l_2。由于较短距离内车辆的行驶速度波动较小，可近似认为行驶时间与距离呈线性关系，即

$$\frac{l_2}{t_2 - t_i} = \frac{l_1}{t_i - t_1} \tag{10-1}$$

式中，t_i 为浮动车经过目标检测点的估计时间。根据式（10-1）推导出浮动车经过目标检测点的时间为

$$t_i = \frac{l_1 \cdot t_2 + l_2 \cdot t_1}{l_1 + l_2} \tag{10-2}$$

假设交叉口直行、左转轨迹的范围分别为 l_{T}、l_{L}，在进行交通相关研究时，学者多将交叉口范围取为 100～200m，将转角路缘石曲线的端点当作交叉口范围起点，起点上、下游 160m 定为整个研究范围。交叉口范围起点邻近的两个浮动车数据上传时间分别为 t_1、t_2，与起点之间的距离分别为 l_1、l_2；交叉口范围终点邻近的两个浮动车数据上传时间分别为 t_{n-1}、t_n，与终点之间的距离分别为 $l_{e,n-1}$、$l_{e,n}$。根据浮动车经过目标检测点的时间估计公式，可分别求出经过起点和终点的时间 t_b、t_e，进而得到浮动车通过交叉口的行程时间：

$$t_s = t_e - t_b = \frac{l_{e,n} \cdot t_{n-1} + l_{e,n-1} \cdot t_n}{l_{n-1} + l_n} - \frac{l_1 \cdot t_2 + l_2 \cdot t_1}{l_1 + l_2} \tag{10-3}$$

式中，t_s 为浮动车经过交叉口的行程时间（s）。

通过多次筛选的方式提取所需的浮动车 GPS 数据。首先，根据研究需要，筛选出特定时间段内的数据；其次，根据交叉口的范围选定目标检测点，并在 ArcGIS 软件中提取各个目标检测点的经纬度；再次，找出四对经纬度坐标点 (x_i, y_i)，近似地确定所有目标检测点的最

小外接矩形，初步筛选出区域内的轨迹点；最后，以各个目标检测点为圆心，略大于半幅车道的长度为半径，在 ArcGIS 软件中作圆，进入圆形内的浮动车即为有效数据。

10.1.3　交通控制数据预处理方法

1. 多源交通数据的预处理

1) 异常数据的过滤

异常数据的过滤定义为在检验原始数据有效性、一致性和合理性的基础上，将错误的或者不合要求的数据识别出来，并对其进行剔除。目前，常用的异常数据过滤方法有两类，分别是阈值法与交通流理论法。阈值法又名固定区间法，是指为交通量、速度、占有率等检测数据设定上、下阈值，当某一采集参数值处于上、下阈值确定的区间范围内时，判定为正常数据；当参数值超出区间范围时，则认为是错误数据。阈值法的判别规则如表 10-1 所示。

表 10-1　阈值法的判别规则

交通参数	阈值区间
交通流量 q /pcu	$0 \leqslant q \leqslant \dfrac{f_Q \cdot Q_d \cdot T}{60}$
占有率 o /%	$0 \leqslant o \leqslant 100$
车速 v / (km/h)	$0 \leqslant v \leqslant f_v \cdot v_{\max}$

表 10-1 中，f_Q 为修正系数，一般取 1.3～1.5；Q_d 为道路设计通行能力(pcu/h)；T 为数据采集时间间隔(min)；f_v 为修正系数，一般取 1.3～1.5；$v_{\max}$ 为道路限制速度(km/h)。

2) 异常数据的修复

经过异常数据的过滤，可识别出不合要求的数据，针对这类数据可采用剔除或修复两种处理方式。当检测样本量较大且错误数据较少时，可将其剔除；当检测样本量数据不大时，可利用数据之间的相互关系，对错误数据进行修复使其得到还原，或求得其近似值对其进行修复。数据修复的手段有很多，本部分就历史趋势法、相邻插值法两种经典方法进行简单介绍。

(1) 历史趋势法。

虽然交通流参数有随机性，但在较长一段时间内，周与周之间有类似的变化趋势。因此，可根据实测与历史趋势数据结合的方法对当下异常数据进行修复，计算如式(10-4)所示。

$$y_{t,k} = \beta \cdot y_{t-1,k} + (1-\beta) \cdot y_{t,k-1} \tag{10-4}$$

式中，$y_{t,k}$ 为第 k 周 t 时刻修复值；β 为加权系数，取值范围为[0, 1]，反映了上一状态实测值与历史趋势数据的权重关系；$y_{t-1,k}$ 为第 k 周 $t-1$ 时刻趋势值；$y_{t,k-1}$ 为第 $k-1$ 周 t 时刻的实测值。

(2) 相邻插值法。

相对而言，相邻插值法不需要参考历史数据，直接根据相邻时段内数据求平均数的方法对异常数据进行修复。相邻插值法的优势在于计算量较小、实时性较高。其分为两种计算方式：

$$\overline{y}_t = \frac{y_{t-1} + y_{t+1}}{2} \tag{10-5}$$

$$\overline{y}_t = \frac{y_{t-n} + y_{t-n-1} + \cdots + y_{t-2} + y_{t-1}}{n} \tag{10-6}$$

式中，$\overline{y}_t$ 为相邻时段内数据的平均数（t 时刻的修复值）；y_{t-1}、y_{t+1}、y_{t-n}、y_{t-n-1} 为 $t-1$、$t+1$、$t-n$、$t-n-1$ 时刻的实测值（相邻时段内的数据）；n 为所采用的数据个数。

2. 基于数据融合方法的参数计算

本部分以区间平均车速为例，对来自固定检测技术与浮动车检测技术的数据进行融合处理。

1) 基于浮动车 GPS 数据的区间平均车速

当浮动车样本量较大时，通过浮动车 GPS 数据可近似地计算出两轨迹点之间的距离，并可提取两轨迹点之间的时间差。因此，基于浮动车 GPS 数据的区间平均车速计算如式(10-7)及式(10-8)所示。当样本量较少时，采用自适应权重指数平滑算法，对基于浮动车 GPS 数据的区间平均车速进行求解，其计算如式(10-9)及(10-10)所示。

$$\overline{v}_i = \frac{L_{a,b}}{t_b - t_a} \tag{10-7}$$

$$\overline{v}_f = \frac{1}{m}\sum_{i=1}^{m}\overline{v}_i \tag{10-8}$$

$$\overline{v}_f(t) = \overline{v}_f(t-1) + [1-f(t)]\cdot\frac{1}{m}\sum_{i=1}^{m}\overline{v}_i \tag{10-9}$$

$$f(t) = \begin{cases} 1-\dfrac{m}{m_{\min}}, & 0 \leqslant m m_{\min} \\ 0, & m \geqslant m_{\min} \end{cases} \tag{10-10}$$

式中，$\overline{v}_i$ 为第 i 辆浮动车的区间平均车速(km/h)；$L_{a,b}$ 为 a、b 点间的距离(km)；t_a 为车辆经过 a 点的时间；t_b 为车辆经过 b 点的时间；$\overline{v}_f$ 为全部浮动车的区间平均车速(km/h)；m 为浮动车数量；$\overline{v}_f(t)$ 为当前计算观测时间段浮动车的区间平均车速(km/h)；$\overline{v}_f(t-1)$ 为上一个观测时间段浮动车的区间平均车速(km/h)；$f(t)$ 为自适应权重参数；$m_{\min}$ 为浮动车最小样本数量。

2) 基于固定检测器数据的区间平均车速

固定检测器采集到的车速为地点瞬时车速，首先通过计算可得出路段上车辆的时间平均车速；再根据时间平均车速与区间平均车速之间的相互关系，可对区间平均车速进行求解。其中，时间平均车速的计算如式(10-11)所示。

$$\overline{v}_t = \frac{1}{n}\sum_{j=1}^{n} v_j \tag{10-11}$$

式中，$\overline{v}_t$ 为全部固定检测器采集数据的平均值，即时间平均车速(km/h)；n 为路段观测区间的检测器数量；v_j 为区间内第 j 个检测器采集到的瞬时速度(km/h)。

根据文献[4]可知，时间平均车速与区间平均车速存在一定函数关系，可根据两者之间的这种关系实现时间平均车速向区间平均车速的转换，计算如式(10-12)所示。

$$\overline{v}_s = \overline{v}_t - \frac{\sigma_t^2}{\overline{v}_t} \tag{10-12}$$

式中，$\overline{v}_s$ 为区间平均车速(km/h)；σ_t^2 为时间平均车速的方差。

3) 基于数据融合的区间平均车速

为提高区间平均车速估计的准确性，将由浮动车 GPS 数据和固定检测器数据计算而得的区间平均车速结果进行融合。目前，数据融合的方法主要有神经网络算法、卡尔曼滤波法、证据理论法和回归分析法等[5]。本部分选取最具代表性、应用广泛的反向传播神经网络算法对多种类型检测器获取的区间平均车速进行融合。该网络由输入层、隐藏层和输出层三个部分组成。

(1) 输入层：为得到精度更高的区间平均车速，将反映浮动车 GPS 数据可靠程度的观测时间段浮动车样本数量、由浮动车 GPS 数据计算而得的区间平均车速估计值，以及由固定检测器数据计算而得的区间平均车速估计值作为输入层的输入参数。

(2) 隐藏层：连接输入层和输出层的中间环节，由多个神经元、输入层与输出层之间的连接组成，其可有多层或者一层。通常，隐藏层数越多，网络结构就越复杂，相应地也就需要更长的训练时间。多数情况下，具备一层隐藏层的神经网络已能满足应用要求[6]。

(3) 输出层：以融合后得到的区间平均车速 $\overline{v}$ 作为结果进行输出。可借助 Matlab 软件中的神经网络工具箱构建神经网络模型进行网络训练，进而得到数据融合后的区间平均车速。

10.2 交通控制大数据分析相关方法

10.2.1 交通控制技术分析

交通控制技术是交通管理过程中的一个基础部分，其诞生和发展已经有近百年的历史，如图 10-1 所示。其发展大致经历了无控制、标志标线控制、固定式信号灯、感应信号、智能网联车辆的信号控制等多个阶段。针对每个阶段下控制问题的具体特征进行分析总结，如表 10-2 所示。在智能网联车辆阶段，可以通过固定检测和车路通信获得相关数据，根据路口状态实时调整控制策略，可控制的变量有信号配时和车辆轨迹。

表 10-2 交叉口信号控制阶段表

阶段	状态感知	控制规则	控制变量
无控制	无	自组织	无
标志标线控制	无	车道和让行	无
固定式信号灯	无	相位允许	固定配时
感应信号	线圈/视频检测器	动态调整	动态配时
智能网联车辆	固定监测/车路通信	动态调整	信号配时和车辆轨迹

10.2.2 交通控制方法

交通流特性分析是研究交通控制方法的基础，本节提出大数据背景下的三种典型交通控制方法，主要包括基于协作式深度 Q 学习的多路口交通控制方法、基于多智能体强化学习的多路口交通控制方法及网联自动驾驶环境下的多车道交叉口交通控制方法。

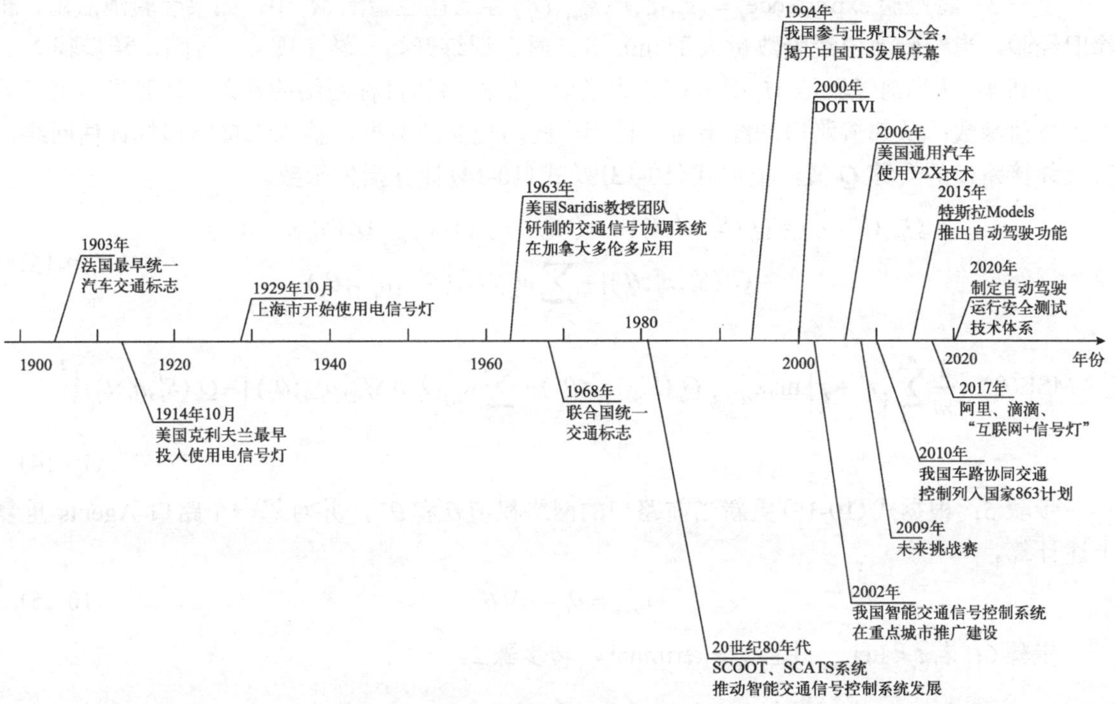

图 10-1　交通控制技术时间轴

1. 基于协作式深度 Q 学习的多路口交通控制方法

在基于强化学习的交通信号控制方法中，由于需要不断地更新并存储 Q 表，往往存在状态-动作空间爆炸的问题，并且随着交通路网复杂度的提高，各路口控制器 Agent 之间相互影响，在交通信号控制过程中还需要考虑多路口之间的协作问题。DRL 通过结合深度学习的感知能力和强化学习的决策能力，可以在复杂的高维状态动作空间中进行增量学习。本部分在多 Agent 系统基础上，采用一种协作式深度 Q 学习方法来实现多路口交通控制[7]。

在此方法中，将多路口交通信号控制问题建模为多 Agent 问题，每个路口都是一个 Agent，通过深度 Q 网络控制交通信号：将交通状态的离散信息编码作为深度网络的输入，利用 Q 学习控制路口 Agent 与环境的交互来学习最佳策略，以获取最大奖励。然后，Agent 在策略学习过程中通过 Q 值转移来考虑其邻接 Agents 的最新动作对其的影响，将最近的时间步的邻接 Agents 的最佳 Q 值转移到当前 Q 网络来计算损失函数，实现多路口协作的交通信号控制，同时，使用目标网络的策略和经验重播的机制来提高方法的稳定性。在任意一个多路口交通网络中，基于协作式深度 Q 学习的多路口交通信号控制的训练步骤如下。

步骤 1：初始化路网中路口控制器 Agent i 的状态矩阵，初始化评估网络参数 θ 和目标网络参数 θ^-，学习率 α，折扣因子 γ 及 ε 贪心策略中的 batch_size，max_size，min_size，更新目标网络中的步长 C，初始化每个 Agent 的即时奖励值 r，仿真时间步 t 的初始值为 0，迭代次数上限 Iter_{max}。

步骤 2：观察当前状态 s_t^i，输入到评估网络中，Agent i 根据该网络的输出值 Q_t^i 利用 ε 贪心策略选择相位动作 a_t^i。观察路口车辆状态情况，获得奖励 r_t^i 并进入下一状态 s_{t+1}^i，$t=t+1$。

步骤 3：将经验 $\text{experience}_t^i=(s_t^i,a_t^i,r_t^i,s_{t+1}^i,Q_t^i)$ 存储在经验池 M_i 中，如果经验池溢出，删除旧经验，当经验池内经验数量大于 min_size 时，训练开始，转步骤 4，否则，转步骤 2。

步骤 4：从当前经验池 M_i 中采样作为当前评估网络和目标网络的输入，计算当前值函数和目标值函数；从邻接路口的经验池采样相应的历史交通数据，输入邻接路口的评估网络，获取邻接路口的转移 Q 值，根据式(10-13)及式(10-14)计算损失函数。

$$\begin{aligned}Q_{t+1}^i(S_t^i,a_t^i)=Q_t^i(S_t^i,a_t^i;\theta_i)+\alpha(t)[\gamma_t^i+\gamma\max\nolimits_{\alpha^*\in A_i}Q_t^i(S_{t+1}^i,a^*;\theta_i^-)\\-Q_t^i(S_t^i,a_t^i;\theta_i)]+\sum_{j\in N}w_{i,j}Q_{t-1}^j(S_{t-1}^j,a_{t-1}^j;\theta_j)\end{aligned}\tag{10-13}$$

$$\text{MSE}(\theta_i)=\frac{1}{m}\sum_{i=1}^{m}\left\{r_t^i+\gamma\left[\max\nolimits_{\alpha^*\in A_i}Q_t^i(S_{t+1}^i,a^*;\theta_i^-)+\sum_{j\in N}w_{i,j}Q_{t-1}^j(S_{t-1}^j,a_{t-1}^j;\theta_j)\right]-Q_t^i(S_t^i,a_t^i;\theta_i)\right\}^2\tag{10-14}$$

步骤 5：根据式(10-15)更新当前路口的网络权值 θ 和 θ^-，并对每一个路口 Agents 重复上述计算。

$$\theta_{i+1}=\theta_i+\alpha\nabla\theta\tag{10-15}$$

步骤 6：若 $t<\text{Iter}_{\max}$ 并且 $s_t\neq\text{terimnal}$，转步骤 2。

2. 基于多智能体强化学习的多路口交通控制方法

现有的城市交通信号控制研究中，大多倾向于算法优化，很少考虑网络带宽和网络延时，可能导致在仿真环境中运行效果良好的交通控制算法在真实交通环境中，由于网络带宽和网络延时的限制，很难发挥效能。本节介绍基于多智能体强化学习的多路口交通控制方法：General-MARL[8]。该算法由三个子算法构成：云计算节点的算法(Cloud-General-control)、边缘计算节点算法(Edge-General-control)和雾计算节点算法(Fog-General-control)(表 10-3)。其中 Edge-General-control 算法处理交通监控视频，生成当前路口的交通状态文本信息，引入城市交通流量预测算法 GCN-GAN，具有真实城市交通流量预测能力，并与仿真环境实时同步；Fog-General-control 算法融合 Nash-A2C 算法(Nash-A3C 算法的“平行宇宙”的中心节点)和 MAAC 算法汇总的智能通信部分，产生城市交通控制信号；Cloud-General-control 算法部署 Nash-A2C 算法(Nash-A3C 算法的“平行宇宙”的中心节点)。

表 10-3 三种算法示意

算法 1 Cloud-General-control
初始化云计算中心全局参数集合 θ_V 和 θ_A、全局计数器 T
repeat
将全局参数分发到雾计算节点 $\theta_V^i=\theta_V$，$\theta_A^i=\theta_A$
repeat
更新全局参数 $\theta_V=\theta_V+\mathrm{d}\theta_V^i$，$\theta_A=\theta_A+\mathrm{d}\theta_A^i$
until 所有雾计算节点遍历收集完毕

续表

$T \leftarrow T+1$

until $T > T_{\max}$

算法 2　Edge-General-control

输入交通状况视频信息

使用目标检测算法识别交通状态信息，产生交通状态文本信息

使用 GCN-GAN 进行车流量预测

GCN-GAN 车流量预测能力接入仿真环境

算法 3　Fog-General-control

初始化所有雾计算节点 Agent 的通信矩阵 C_0

初始化雾计算节点 Agent 的参数 θ^i_{Sender} 和 $\theta^i_{\text{Receiver}}$

接收云计算节点分发的全局参数集合 θ_V 和 θ_A，并初始化参数集合 θ^i_V 和 θ^i_A

初始化 Episode B，$b=1$；最小批处理大小 Minibatch Size $\hat{M}>0$；博弈步数 N

初始化回忆记录 Replay Buffer D

repeat

　重置环境，进入初始状态 x_0

　repeat

　选择联合动作 $u \leftarrow \pi^{\theta_A}(x)$ 或者随机选择联合动作 u(e.g.，ε -人口策略)

　　观察状态-动作-状态三元组 $y(t)=(x_{t-1},u,x_t)$

　　存储三元组到 Replay Buffer D

　　从 Replay Buffer 中抽取数据 $y=\{y_i\}_{i=1}^{\hat{M}}$

　　Agent^i 接收端使用 Attention 机制生成通信矩阵 $\hat{C}_t$

　　Agent^i 发送器的策略选择网络选择一个动作 a^i_{t+1}，或者随机选择动作 a(e.g.，ε -贪婪探索)

　　Agent^i 发送器通过接收端的通信矩阵 $\hat{C}_t$，生成自身信息 C^i_{t+1}

　　收集所有 Agent 的联合动作，执行动作 $a^1_{t+1},\cdots,a^N_{t+1}$，从环境获得奖励 R_{t+1} 和下一个状态 X_{t+1}

　　优化步骤 $\dfrac{1}{M+1}\sum\limits_{y\in y\bigcup\{yt\}}\hat{L}(y,\theta^i_v,\theta^i_A,\hat{C}_t)$ 固定 θ^i_A 更新 θ^i_V

　　优化步骤 $\dfrac{1}{M+1}\sum\limits_{y\in y\bigcup\{yt\}}\hat{L}(y,\theta^i_V,\theta^i_A,\hat{C}_t)$ 固定 θ^i_V 更新 θ^i_A

　　until $t>N$

　until $b>B$

　返回 θ^i_V 和 θ^i_A

3. 网联自动驾驶环境下的多车道交叉口交通控制方法

如图 10-2 所示，网联自动驾驶环境下的多车道信号交叉口驾驶控制系统[9]由五大模块构成，增加了车辆协同换道优化控制模块(模块 4)；并对车辆速度轨迹离线优化模块(模块 3)进行了改进，以为换道后的网联自动驾驶车辆提供最优速度轨迹。两个不同的驾驶控制系统(传统有人驾驶车辆建模模块(模块 1)与网联自动驾驶车辆最优速度轨迹查询调用模块(模块 2))具有相同工作流程与特征，但由于车辆协同换道控制的加入，车辆速度轨迹离线优化模块(模块 3)与实施模块(模块 5)存在显著差异。

1) 车辆协同换道速度优化控制

本部分以最小化车辆的换道运动时长与运动距离为控制目标，以道路交通条件车辆运动

学限制为约束条件，构造车辆协同换道速度优化控制模型，采用遗传算法(Genetic Algorithm，GA)对模型进行求解以获取换道车辆及目标车道车辆的最优速度轨迹。假设条件如下。

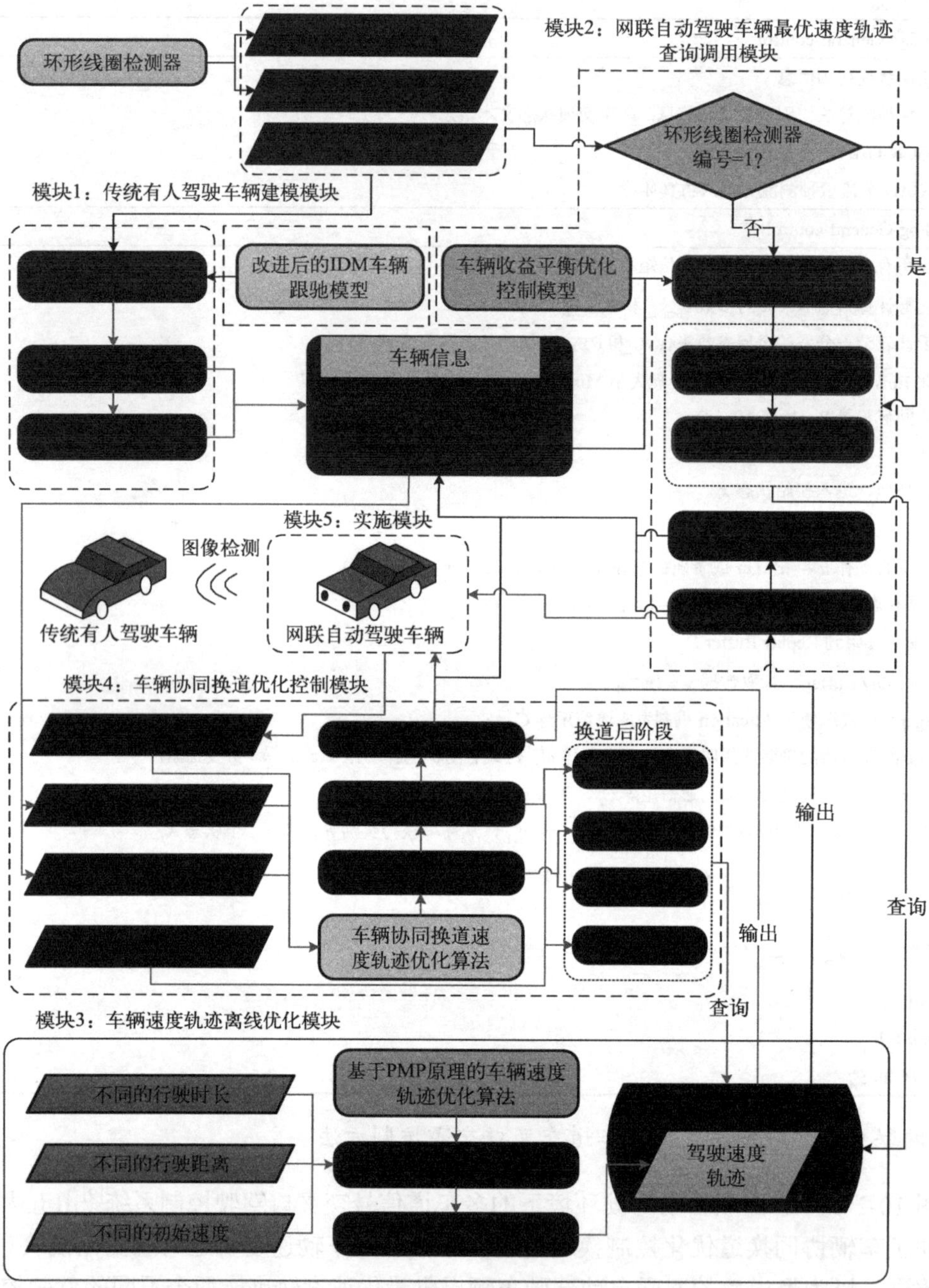

图 10-2　多车道信号交叉口驾驶控制系统架构图

①传统有人驾驶车辆的期望速度等于道路法定限速，在前方无车辆阻碍的情况下，传统有人驾驶车辆将以法定限速运行；②传统有人驾驶车辆横向换道运动的持续时间为常数值，即所需时长相同；③系统控制范围内网联自动驾驶车辆采用最优速度轨迹中的建议值作为期望速度，其运动规律不再符合车辆跟驰模型。

模块输入包括换道车辆在模块触发时刻的瞬时速度、位置及目标车道车辆的时空轨迹，输出为换道车辆及目标车道车辆的最优速度轨迹，控制目标为最小化车辆的换道运动时长与运动距离。为缩短模块的计算时长，车辆协同换道速度优化控制问题采用 GA 求解。换道车辆的最优速度轨迹为满足车辆运动学及安全约束的轨迹中时长最短的速度轨迹。

(1) 最优安全间隙调整逻辑。

图 10-3 所示为信号交叉口前在相邻两条车道上车辆进行换道运动过程中的车辆时空轨迹。图 10-3 (a) 中以目标车道为主视角，当前车道上的车辆 j 在换道请求时刻 t_j^{lcr} 发送换道请求或打开转向灯，目标车道上位于 j 车辆纵向位置后方的车辆 i 主动减速避让为 j 车辆提供可接受间隙。在换道运动起始时刻 t_j^{lcs}（起始位置为 d_j^{lcs}），目标车道上车辆 i–1 与车辆 i 之间的时空间隔符合车辆 j 的可接受间隙，车辆 j 开始横向运动以并入目标车道。在换道运动终止时刻 t_j^{lce}（终止位置 d_j^{lce}），车辆 j 完成换道运动，此时刷新目标车道上的车辆编号，车辆 j 编号被修改为目标车道车辆编号 i，其后方车辆编号依次增加 1。图 10-3 (b) 中以当前车道为主视角，展示了车辆 j 脱离当前车道的运动过程。在换道请求时刻 t_j^{lcr} 至换道运动终止时刻 t_j^{lce}，换道车辆 j 通过调整车速以寻找可接受间隙，车辆 j+1 及其后方车辆随之进行一定的速度调整以避免车辆碰撞。在换道运动终止时刻 t_j^{lce}，系统刷新了当前车道上的车辆编号，车辆 j+1 编号被修改为车辆编号 j，其后方车辆编号依次减 1。

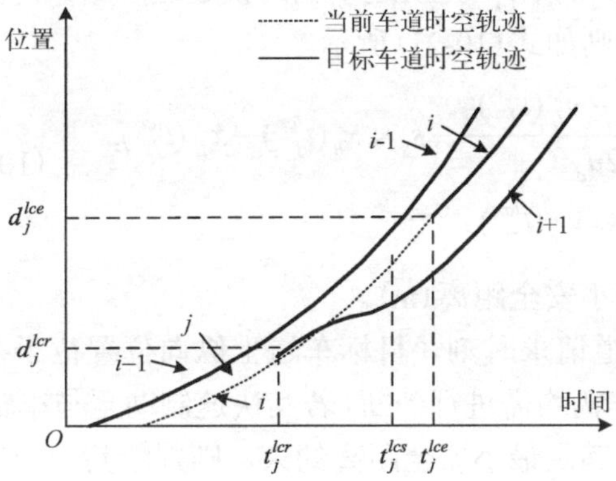

(a) 车辆并入目标车道

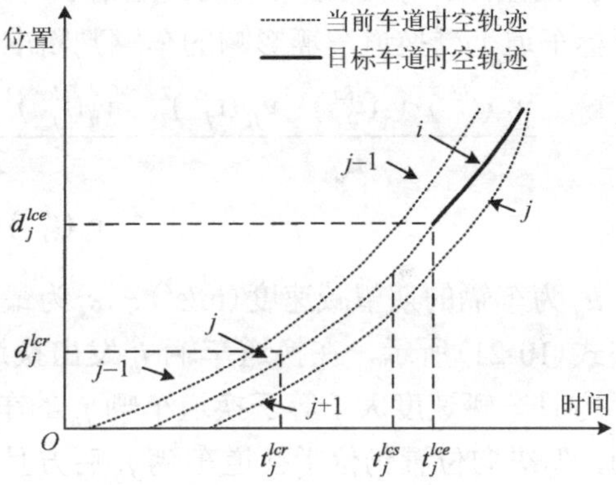

(b) 车辆脱离当前车道

图 10-3　车辆换道运动时空轨迹图

(2) 成本函数。

车辆协同换道速度优化控制问题的控制目标包含时间与空间两方面[10]，研究中利用车辆纵向运动的时空轨迹长度来替代车辆运动距离与运行时长作为优化问题成本，使得车辆运动的时间与空间成本得到统一，优化问题得到简化。车辆纵向运动方程如式 (10-16) 所示。

$$x(t+\sigma)=x(t)+v(t)\cdot\sigma+0.5\cdot u(t)\cdot\sigma^2 \tag{10-16}$$

式中，σ 为车辆行驶时长 (s)。

车辆纵向运动时空轨迹长度的计算方法如式 (10-17) 所示。

$$D=\begin{cases}\int_{t^s}^{t^s+\Delta t}\sqrt{(1+v(t)^2)}\cdot \mathrm{d}t, & u(t)\neq 0\\ \sqrt{\Delta t^2+(v(t^s)\cdot\Delta t)^2}, & u(t)=0\end{cases} \tag{10-17}$$

式中，Δt 为车辆时空轨迹运行时长(s)；t^s 为车辆时空轨迹起始时间(s)。

根据前面所述最优安全间隙调整逻辑可知，优化过程中需最小化换道车辆、当前车道上换道车辆后方车辆及目标车道上可接受间隙后方车辆的纵向运动距离与运动时长。为满足这一需求，研究定义成本函数 J_D 如式(10-18)～式(10-20)所示。

$$J_D = \sum_{h=1}^{H}\left(\sum_{n=i_j^h}^{I} D_n + \sum_{m=j_h+1}^{j_h^{\max}} D_m + w_{13}\cdot D_{j_h}\right) \tag{10-18}$$

$$j_h^{\max} = \begin{cases}\min(j_{h+1}-1, j_{\max}), & h<H \\ j_{\max}, & h=H\end{cases} \tag{10-19}$$

$$t_n^s = t_m^s = t_j^{lcr}, \Delta t = t_j^{lcs} - t_j^{lcr} \tag{10-20}$$

式中，D_n 为目标车道车辆成本；D_m 为当前车道车辆成本；D_{j_h} 为换道车辆成本；j_h 为某时段内发送换道请求的所有车辆中第 h 辆的编号；H 为某时段内发送换道请求的车辆总数；i_j^h 为目标车道上受换道车辆 j_h 影响的第一辆车编号；I 为换道请求时刻目标车道上已进入驾驶控制范围的最后一辆车编号；$j_h^{\max}$ 为换道请求时刻受第 h 辆换道车辆运动影响的当前车道上车辆编号最大值；$j_{\max}$ 为换道请求时刻当前车道上已进入驾驶控制范围的最后一辆车编号；w_{13} 为权重系数；t_j^{lcr} 为换道车辆的换道请求时刻(s)；t_j^{lcs} 为换道车辆的换道运动结束时刻(s)。

目标车道上受换道车辆影响的车辆判断准则如式(10-21)所示。

$$\begin{gathered}\frac{v_{j_h}(t_j^{lcr})\cdot v_n(t_j^{lcr}) - v_{j_h}(t_j^{lcr})^2}{u_d} - \frac{v_n(t_j^{lcr})^2 - v_{j_h}(t_j^{lcr})^2}{2u_d} - s_s < x_n(t_j^{lcr}) - x_{j_h}(t_j^{lcr}), \\ v_n(t_j^{lcr}) \geqslant v_{j_h}(t_j^{lcr})\end{gathered} \tag{10-21}$$

式中，u_d 为车辆的期望减速度(m/s^2)；s_s 为最小安全距离(m)。

如式(10-21)所示，在换道车辆 j_h 发出换道请求时刻，目标车道上纵向位置位于换道车辆 j_h 后方且车辆速度大于等于换道车辆 j_h 的车辆均需进行判断，若其快速制动至与车辆 j_h 速度相同，但纵向位置仍位于换道车辆 j_h 后方且满足最小安全距离约束，则判断其为受影响车辆；若其快速制动至与车辆 j_h 速度相同，纵向位置位于换道车辆 j_h 前方或不满足最小安全距离约束，则判断其为非受影响车辆。此外，目标车道上纵向位置位于换道车辆 j_h 后方且车辆速度小于换道车辆 j_h 的车辆均判断为受影响车辆。i_j 为目标车道上受影响车辆中纵向坐标最大的车辆编号，即受影响车辆的编号中的最小值。

当前车道与目标车道上受换道车辆 j_h 影响的车辆中包含网联自动驾驶车辆与传统有人驾驶车辆两种车辆类型。车辆协同换道速度优化过程中，仅网联自动驾驶车辆时空轨迹可由优化算法自由控制，而受影响的传统有人驾驶车辆时空轨迹需结合改进 IDM 模型进行计算。若目标车道上传统有人驾驶车辆编号为 $n=i_j^h$，则其速度如式(10-22)所示。若传统有人驾驶车辆编号 $n>i_j^h$，则其速度如式(10-23)所示。若当前车道上传统有人驾驶车辆编号 $m=j_h+1$，则其速度如式(10-24)所示。若传统有人驾驶车辆编号 $m>j_h+1$，其速度如式(10-25)所示。

$$v_n(t) = \begin{cases} v_n(t_j^{lcr}) + u_d\cdot t, & \forall t_j^{lcr} < t \leqslant t_j^{lcs} \\ v_n(t_j^{lcr}) + \int u_{\mathrm{IDM}}^{n|j}(t)\mathrm{d}t, & \forall t_j^{lcs} < t \leqslant t_j^{lce}\end{cases} \tag{10-22}$$

$$v_n(t)=v_n(t_j^{lcr})+\int u_{\text{IDM}}^{n|n-1}(t)\text{d}t,\forall t_j^{lcs}<t\leqslant t_j^{lce} \tag{10-23}$$

$$v_m(t)=v_m(t_j^{lcr})+\int u_{\text{IDM}}^{m|j}(t)\text{d}t,\forall t_j^{lcs}<t\leqslant t_j^{lce} \tag{10-24}$$

$$v_m(t)=v_m(t_j^{lcr})+\int u_{\text{IDM}}^{m|m-1}(t)\text{d}t,\forall t_j^{lcs}<t\leqslant t_j^{lce} \tag{10-25}$$

式中，$u_{\text{IDM}}^{n|j}(t)$ 为改进 IDM 模型输出的车辆 n 跟驰换道车辆 j 的加速度(m/s^2)；$u_{\text{IDM}}^{n|n-1}(t)$ 为改进 IDM 模型输出的车辆 n 跟驰前车 $n-1$ 的加速度(m/s^2)；$u_{\text{IDM}}^{m|j}(t)$ 为改进 IDM 模型输出的车辆 m 跟驰换道车辆 j 的加速度(m/s^2)；$u_{\text{IDM}}^{m|m-1}(t)$ 为改进 IDM 模型输出的车辆 m 跟驰前车 $m-1$ 的加速度(m/s^2)。

(3)约束条件。

车辆协同换道速度优化控制问题中换道车辆与目标车道上受影响车辆均需满足以下 4 类约束条件：①车辆初始及终端状态约束，即换道车辆 j_h 发送换道请求时刻 t_j^{lcr} 的换道车辆、当前车道上换道车辆后方车辆及目标车道上可接受间隙后方车辆的纵向位置与纵向速度约束，以及换道运动结束时刻 t_j^{lce} 的换道车辆、当前车道上换道车辆后方车辆及目标车道上可接受间隙后方车辆的纵向位置与纵向速度约束；②交通条件约束，即在当前车道与目标车道上，任意前后相邻车辆在任意时刻均能满足最小安全距离要求；③可接受间隙约束，车辆并入目标车道时，其前后两辆车之间的间距不小于最小可接受间隙；④车辆纵向运动学约束，包括纵向速度、纵向加速度与纵向冲击约束。此外，由于换道车辆存在横向运动，因此其还需满足车辆横向运动学约束，包括横向速度、横向加速度与横向冲击约束。

初始条件：目标车道车辆 n、当前车道车辆 m 与换道车辆 j_h 的初始条件如式(10-26)～式(10-28)所示。

$$x_n(t_j^{lcr})=x_n^e(t_j^{lcr}),v_n(t_j^{lcr})=v_n^e(t_j^{lcr}) \tag{10-26}$$

$$x_m(t_j^{lcr})=x_m^e(t_j^{lcr}),v_m(t_j^{lcr})=v_m^e(t_j^{lcr}) \tag{10-27}$$

$$x_{j_h}(t_j^{lcr})=x_{j_h}^e(t_j^{lcr}),v_{j_h}(t_j^{lcr})=v_{j_h}^e(t_j^{lcr}) \tag{10-28}$$

式中，$x_n^e(t_j^{lcr})$、$x_m^e(t_j^{lcr})$、$x_{j_h}^e(t_j^{lcr})$ 为在无换道行为影响下车辆按照驾驶最优速度轨迹行驶时的空间位置(m)；$v_n^e(t_j^{lcr})$、$v_m^e(t_j^{lcr})$、$v_{j_h}^e(t_j^{lcr})$ 为无换道行为影响下车辆的驾驶最优速度(m/s)。

终端条件：目标车道车辆 n、当前车道车辆 m 与换道车辆 j_h 的终端条件如式(10-29)～式(10-33)所示，交叉口与环形线圈检测器间的距离为 L。

$$x_n(t_j^{lce})>x_{j_h}(t_j^{lce})-d_f,v_n(t_j^{lce})\in[v_{j_h}(t_j^{lce})-v_f,v_{j_h}(t_j^{lce})+v_f],n=i_j^h \tag{10-29}$$

$$x_{n+1}(t_j^{lce})>x_n(t_j^{lce})-d_f,v_{n+1}(t_j^{lce})\in[v_n(t_j^{lce})-v_f,v_n(t_j^{lce})+v_f],n>i_j^h \tag{10-30}$$

$$x_m(t_j^{lce})>x_{j_h}(t_j^{lce})-d_f,v_m(t_j^{lce})\in[v_{j_h}(t_j^{lce})-v_f,v_{j_h}(t_j^{lce})+v_f],m=j_h+1 \tag{10-31}$$

$$x_{m+1}(t_j^{lce})>x_m(t_j^{lce})-d_f,v_{m+1}(t_j^{lce})\in[v_m(t_j^{lce})-v_f,v_m(t_j^{lce})+v_f],m>j_h \tag{10-32}$$

$$x_{j_h}(t_j^{lce})\leqslant L-s_p \tag{10-33}$$

式中，d_f 为相邻车辆最大间距(m)；v_f 为相邻车辆最大相对速度差值(m/s)；L 为交叉口与环形线圈检测器间的距离(m)；s_p 为交叉口停车线前禁止换道区域长度(m)。

安全约束：车辆的安全约束如式(10-34)～式(10-39)所示。

$$x_n(t+\tau_n) \leqslant x_{n-1}(t) - d_n, \forall t \in (t_j^{lcr}, t_j^{lcs}), n = i_j^h \tag{10-34}$$

$$x_n(t+\tau_n) \leqslant x_{j_h}(t) - d_n, \forall t \in [t_j^{lcs}, t_j^{lce}), n = i_j^h \tag{10-35}$$

$$x_n(t+\tau_n) \leqslant x_{n-1}(t) - d_n, \forall t \in (t_j^{lcr}, t_j^{lce}), n > i_j^h \tag{10-36}$$

$$x_m(t+\tau_m) \leqslant x_{m-1}(t) - d_m, \forall t \in (t_j^{lcr}, t_j^{lce}), m > j_h \tag{10-37}$$

$$x_{j_h}(t+\tau_{j_h}) \leqslant x_m(t) - d_{j_h}, \forall t \in (t_j^{lcr}, t_j^{lcs}), m = j_h - 1 \tag{10-38}$$

$$x_{j_h}(t+\tau_{j_h}) \leqslant x_n(t) - d_{j_h}, \forall t \in [t_j^{lcs}, t_j^{lce}), n = i_j^h - 1 \tag{10-39}$$

式中，τ_n、τ_m、τ_{j_h} 及 d_n、d_m、d_{j_h} 分别为车辆与其前车间的时间偏移(s)与空间偏移(m)。

可接受间隙约束：目标车道可接受间隙约束如式(10-40)所示。

$$x_{i_j^h}(t) \leqslant x_{i_j^h-1}(t) - d_g, \forall t \in [t_j^{lcs}, t_j^{lce}) \tag{10-40}$$

式中，d_g 为最小可接受间隙(m)。

车辆纵向运动学约束：包括速度、加速度及冲击约束，分别如式(10-41)～式(10-43)所示。

$$V = \{v_n, v_m, v_{j_h} \,|\, \underline{v} \leqslant v_n(t) \leqslant v_{\lim}, \underline{v} \leqslant v_m(t) \leqslant v_{\lim}, \underline{v} \leqslant v_{j_h}(t) \leqslant v_{\lim}, \forall t \in [t_j^{lcr}, t_j^{lce}]\} \tag{10-41}$$

$$U = \{u_n, u_m, u_{j_h} \,|\, \underline{u} \leqslant u_n(t) \leqslant \overline{u}, \underline{u} \leqslant u_m(t) \leqslant \overline{u}, \underline{u} \leqslant u_{j_h}(t) \leqslant \overline{u}, \forall t \in [t_m^{lcr}, t_m^{lce}]\} \tag{10-42}$$

$$K = \{k_n, k_m, k_{j_h} \,|\, \underline{k} \leqslant k_n(t) \leqslant \overline{k}, \underline{k} \leqslant k_m(t) \leqslant \overline{k}, \underline{k} \leqslant k_{j_h}(t) \leqslant \overline{k} \forall t \in [t_m^{lcr}, t_m^{lce}]\} \tag{10-43}$$

式中，$\underline{v}$ 为预设的车辆最低速度(m/s)；$\overline{u}$ 为预设的车辆最大加速度(m/s²)；$\underline{u}$ 为预设的车辆最大减速度(m/s²)；$\overline{k}$ 为预设的车辆可接受最大冲击(m/s³)；$\underline{k}$ 为预设的车辆可接受最小冲击(m/s³)。

车辆横向运动学约束：纵向轨迹优化过程中，车辆横向运动学约束无法直接对车辆纵向运动进行限制，研究中采用横向换道运动时间来进行转化。车辆的换道模型如式 (10-44)～式(10-46)所示。

$$u_{j_h}^{lat}(t) = \frac{2\pi L_{lat}}{(t_{j_h}^{lat})^2} \cdot \sin\left(\frac{2\pi}{t_{j_h}^{lat}} \cdot t\right) \tag{10-44}$$

$$v_{j_h}^{lat}(t) = -\frac{L_{lat}}{t_{j_h}^{lat}} \cdot \cos\left(\frac{2\pi}{t_{j_h}^{lat}} \cdot t\right) + \frac{L_{lat}}{t_{j_h}^{lat}} \tag{10-45}$$

$$k_{j_h}^{lat}(t) = \frac{4\pi^2 L_{lat}}{(t_{j_h}^{lat})^3} \cdot \cos\left(\frac{2\pi}{t_{j_h}^{lat}} \cdot t\right) \tag{10-46}$$

式中，$u_{j_h}^{lat}(t)$ 为换道车辆 j_h 在 t 时刻的横向加速度(m/s²)；$v_{j_h}^{lat}(t)$ 为换道车辆 j_h 在 t 时刻的横

向速度(m/s)； $k_{j_h}^{lat}(t)$ 为换道车辆 j_h 在 t 时刻的横向冲击(m/s³)； L_{lat} 为车辆的横向运动距离(m)； $t_{j_h}^{lat}$ 为换道车辆 j_h 的横向运动时长(s)。

车辆横向换道运动时间约束如式(10-47)所示。

$$t_{j_h}^{lat} \geqslant \max\left(\sqrt{\frac{2\pi \cdot L_{lat}}{\overline{u}_{lat}}}, \sqrt{\frac{2\pi \cdot L_{lat}}{|\underline{u}_{lat}|}}, \frac{2L_{lat}}{\overline{v}_{lat}}, \sqrt{\frac{4\pi^2 \cdot L_{lat}}{\overline{k}_{lat}}}, \sqrt{\frac{4\pi^2 \cdot L_{lat}}{|\underline{k}_{lat}|}}\right), t_{j_h}^{lat} = t_j^{lce} - t_j^{lcs} \tag{10-47}$$

式中， $\overline{u}_{lat}$ 为车辆横向最大加速度(m/s²)； $\underline{u}_{lat}$ 为车辆横向最小加速度(m/s²)； $\overline{v}_{lat}$ 为车辆横向最大速度(m/s²)； $\overline{k}_{lat}$ 为车辆左向最大冲击(m/s³)； $\underline{k}_{lat}$ 为车辆右向最大冲击(m/s³)。

(4)遗传算法求解过程。

由于车辆协同换道速度优化控制问题中仅存在车辆运动学约束及时空轨迹边界条件，缺乏对最优解搜索方向的约束，因此研究中采用遗传算法求解车辆协同换道过程中车辆的最优速度轨迹，利用概率化的寻优方法，自动获取和指导优化的搜索空间，自适应地调整搜索方向，避免了其他求解算法对确定规则的需求。具体步骤如下。

第 1 步：编码，求解过程中控制变量为车辆速度 $v(t)$，由于车辆运行过程中需要较高精度的速度信息，因此研究中采用浮点数进行编码，将车辆速度范围进行等差划分，浮点精度为 10^{-1}，个体构成为浮点数序列。

第 2 步：初始种群，车辆运行过程中，离散时间步长设置为 1s，各时间步长下的速度值顺序排列，每一个体中包含换道车辆及受影响车辆速度信息，且满足式(10-26)～式(10-47)的约束条件，种群设置如式(10-48)所示。

$$Y(0) = (y_1(0), y_2(0), \cdots, y_{Z_C}(0)) \tag{10-48}$$

式中， $Y(0)$ 为种群； $y_z(0)$ 为种群中个体 z， $z = 1, 2, \cdots, Z_C$； Z_C 为种群规模。

第 3 步：适应度函数，研究中以成本函数 J_D 作为适应度函数。

第 4 步：选择，为加速求解过程，研究中采用轮盘赌(Roulette Wheel Selection)选择法对个体进行选择，个体 z 被选中的概率计算如式(10-49)所示。

$$P(y_z) = \frac{J_D(y_z)}{\sum_{l=1}^{Z_C} J_D(y_l)} \tag{10-49}$$

式中， $P(y_z)$ 为个体 z 被选中遗传至下一代群体的概率。

累计概率如式(10-50)所示。

$$Q(y_z) = \sum_{l=1}^{z} P(y_l) \tag{10-50}$$

式中， $Q(y_z)$ 为个体 z 累计概率。

在[0,1]生成 z 个随机数，实现个体选择。

第 5 步：交叉，由于研究中采用浮点数编码，因此在交叉过程中需对浮点数进行交叉，采用算术交叉(Arithmetic Crossover)算子，如式(10-51)所示。

$$y_\varsigma^{\gamma+1} = \eta_1 \cdot y_\varsigma^\gamma + \eta_2 \cdot y_\varpi^\gamma, y_\varpi^{\gamma+1} = \eta_1 \cdot y_\varpi^\gamma + \eta_2 \cdot y_\varsigma^\gamma \tag{10-51}$$

式中，y_{ς}^{γ}、y_{ϖ}^{γ}为母代(γ)个体；$y_{\varsigma}^{\gamma+1}$、$y_{\varpi}^{\gamma+1}$为子代($\gamma+1$)个体；η_1、η_2为交换乘子。

第 6 步：变异，采用非均匀变异，个体中浮点数以相同概率进行变异，求解过程中为保证搜索过程稳定，采用较低的变异概率 $\rho = 0.01$。扰动值为 $[\overline{v}/10, \underline{v}/10]$ 内的随机数。

第 7 步：收敛性，为确保算法的收敛性，采用最优保存策略对迭代结果进行筛选，将母代群体中适应度最高的 10%个体进行保存，不参与交叉及变异操作，用以替代子代群体中适应度最低的 10%个体。终止条件为 $\varepsilon_{\max} = 10^{-1}$。

2)换道后网联自动驾驶车辆速度优化控制

换道中阶段速度轨迹优化完成后，需进一步对换道后阶段网联自动驾驶车辆的速度轨迹进行重新优化，以提高车辆燃油效率和交叉口吞吐量，减少车辆换道运动对交叉口环保驾驶收益造成的负面影响。研究中以换道中阶段车辆终端状态作为换道后阶段的初始状态，对换道后阶段的车辆速度轨迹进行重新优化。需注意的是，在横向换道结束时刻 t_j^{lce}，系统将对目标车道与当前车道进行刷新，刷新后的当前车道与目标车道具有相同的控制逻辑，因此当前车道车辆 m 的查询计算方法与当前车道车辆 n 相同。换道后阶段车辆的初始状态及终端状态如式(10-52)和式(10-53)所示。

$$x_n^{al}(t_j^{lce}) = x_n^{dl}(t_j^{lce}), v_n^{al}(t_j^{lce}) = v_n^{dl}(t_j^{lce}) \tag{10-52}$$

$$x_n^{al}(t_n^{L,al}) = L, v_n^{al}(t_n^{L,al}) = v_{\lim} \tag{10-53}$$

式中，$x_n^{dl}(t)$为换道中阶段车辆的空间位置(m)；$v_n^{dl}(t)$为换道中阶段车辆的速度(m/s)；$t_n^{L,al}$为换道后阶段重新计算的车辆到达交叉口停车线的时间(s)；n 为横向换道结束时刻 t_j^{lce} 系统刷新后的目标车道车辆编号索引。

横向换道结束时刻 t_j^{lce} 刷新后的终端时间 $t_n^{L,al}$ 计算方法如式(10-54)～式(10-57)所示。

$$t_n^{L,c} = \max(t_{n-1}^{L} + t_h, t_n^{L,e}) \tag{10-54}$$

$$t_n^{L,e} = t_j^{lce} + \frac{L - ((v_{\lim}^2 - v_n(t_j^{lce})^2)/2\overline{u}_n)}{v_{\lim}} + \frac{v_{\lim} - v_n(t_j^{lce})}{\overline{u}_n} \tag{10-55}$$

$$t_n^{L,al} = \begin{cases} t_n^{L,c}, & t_n^{L,c} \in \xi \\ \left\lfloor \dfrac{t_n^{L,c}}{R+G} \right\rfloor \cdot (R+G) + R, & t_n^{L,c} \notin \xi \end{cases} \tag{10-56}$$

由于换道过程中车辆进行了大幅度的速度调整，因此在横向换道结束时刻 t_j^{lce} 车辆速度与道路法定限速间可能存在较大差距；最优速度轨迹信息中增加了车辆初始速度信息以提高驾驶控制精度。换道后阶段最优速度轨迹查询信息如式(10-57)所示。

$$t_{opt}^{al} = t_n^{L,al} - t_j^{lce}, d_{opt}^{al} = L - x_n^{dl}(t_j^{lce}), v_{opt}^{al} = v_n^{dl}(t_j^{lce}) \tag{10-57}$$

式中，t_{opt}^{al} 为换道后阶段最优速度轨迹行驶时间(s)；d_{opt}^{al} 为换道后阶段最优速度轨迹行驶距离(m)；v_{opt}^{al} 为最优速度轨迹初始速度(m/s)。

10.3　案 例 应 用

本节以网联自动驾驶环境下的多车道交叉口交通控制为例，构建车辆协同换道速度优化控制方法，为车辆横向换道运动提供充足有效的并线时间与空间，改进换道后的网联自动驾驶车辆速度优化控制。利用 HISTORIC 驾驶控制试验数据，采用自动驾驶应用测试手段，运用 PreScan 模拟驾驶软件、Matlab/Simulink 可视化编程系统及模拟驾驶外设构建驾驶系统测试平台，对交叉口交通控制系统进行分析，验证网联自动驾驶环境下的多车道信号交叉口交通控制系统的有效性及可行性，进而提高交叉口的通行能力和交通质量。

10.3.1　基于 PreScan 模拟驾驶系统测试平台

PreScan 是由荷兰 TASS International 公司开发的基于物理学的模拟平台，目前广泛应用于设计和评估车与车(V2V)和车与基础设施(V2I)通信应用以及自动驾驶应用。研究中基于 PreScan 模拟驾驶平台，结合 Matlab Simulink 可视化编程系统，构建了网联自动驾驶车辆与传统有人驾驶车辆混行环境下的驾驶系统测试平台，其系统架构如图 10-4 所示。

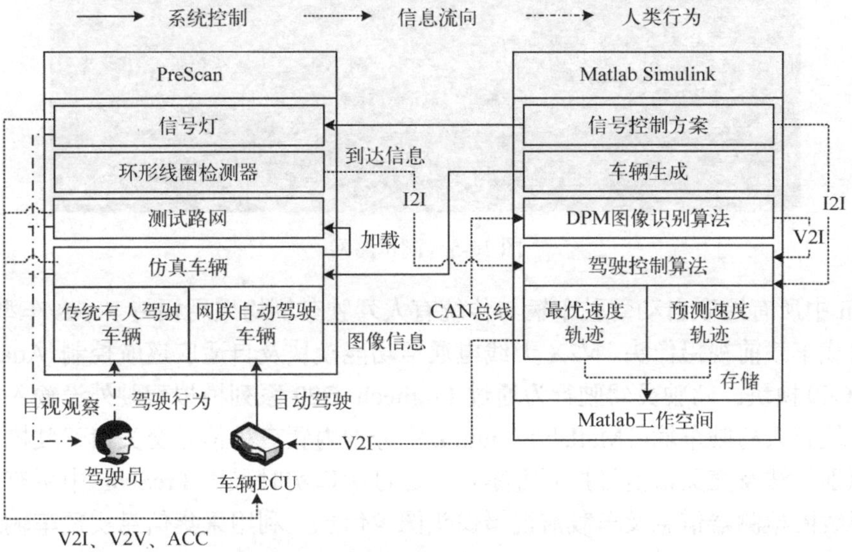

图 10-4　驾驶系统测试平台系统架构图

测试过程中，计算机可同时控制多辆网联自动驾驶车辆，但传统有人驾驶车辆由于需要驾驶员控制，受限于模拟驾驶设备数量，无法实现多台传统有人驾驶车辆在相同时间、同一场景中进行驾驶行为输入，研究中采用分时模拟驾驶方式解决这一问题。测试平台单次运行过程如下：①主控算法向 Matlab 工作空间请求调用已有车辆的运动数据，并根据返回数据控制 PreScan 中车辆的运行以复制道路交通环境；②系统在已有车辆后方添加一辆新车，若该车辆为网联自动驾驶车辆，则系统采用驾驶控制算法优化其速度轨迹；③若新加车辆为传统有人驾驶车辆，则根据模拟驾驶外设输入的驾驶行为数据对车辆进行控制；④将新加车辆运行数据写入 Matlab 进行储存，供后续模拟驾驶过程中进行调用以复制道路交通环境。驾驶系统测试平台利用运动数据存储于车辆的功能，按照车辆先后顺序对车辆进行逐次模拟，将模拟场景中时间重叠的车辆在现实时间中进行分离，实现不同驾驶员在同一模拟驾驶设备上的驾驶行为输入。

PreScan 中以哈尔滨市范围内的道路为参照构建了虚拟驾驶环境，以增强测试结果可信度。测试路网为通达街沿线由通达街-西大直街交叉口前 300m 处至通达街-建国街交叉口处，测试道路为双车道公路，车道宽度为 3.5m，各路段长度及道路纵向坡度如图 10-5 所示。七个环形线圈检测器分别部署在各交叉口停车线处及通达街与西大直街交叉口上游 300m 处。

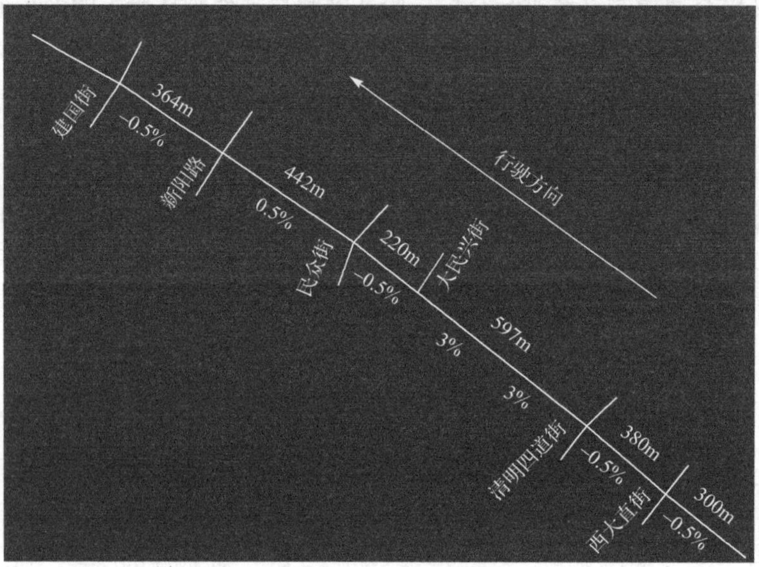

图 10-5　测试路网

PreScan 中所有网联自动驾驶车辆与传统有人驾驶车辆均采用福特 Focus 车型。网联自动驾驶车辆搭载车载前视摄像头、V2X 无线电通信功能模块及自适应巡航控制(Adaptive Cruise Control，ACC)模块。驾驶员驾驶行为通过 Logitech G29 系列模拟驾驶外设输入模拟驾驶系统以控制传统有人驾驶车辆。Matlab/Simulink 中分别内置三种信号交叉口驾驶控制的相关算法、图像识别算法及交叉口信号控制方案，并通过接口实时采集 PreScan 中所有车辆的运动信息、环形线圈检测器信息及车载前视摄像头图像信息，利用采集信息实现车辆速度轨迹优化、传统有人驾驶车辆换道请求识别及交通信号控制。

10.3.2　测试方案与评估方法

为验证该信号交叉口驾驶控制系统的有效性及先进性，研究中设置了五类场景。①无驾驶控制(基准场景)：网联自动驾驶车辆市场渗透率等于零，无受控车辆，驾驶控制无效。②单车道单点信号交叉口驾驶控制：交通流中部分/全部车辆为网联自动驾驶车辆，所有的网联驾驶车辆都受到单车道单点信号交叉口驾驶控制系统的控制。③单车道连续信号交叉口驾驶控制：交通流中部分/全部车辆为网联自动驾驶车辆，所有的网联驾驶车辆都受到单车道连续信号交叉口驾驶控制系统的控制。④多车道信号交叉口驾驶控制：交通流中部分/全部车辆为网联自动驾驶车辆，所有的网联驾驶车辆都受到多车道信号交叉口驾驶控制系统的控制。

⑤GlidePath 驾驶控制：交通流中部分/全部车辆为网联自动驾驶车辆，所有的网联驾驶车辆都受到 GlidePath 驾驶控制系统的控制。多车道信号交叉口驾驶控制系统相关算法参数设置如表 10-4 所示。

表 10-4　算法参数设置

参数	设定值
权重系数 w_{13}	50
车辆的期望减速度/(m/s²)	–2.8
最小安全距离/m	6.5
交叉口停车线前禁止换道区域长度/m	30
相邻车辆最大间距/m	20
相邻车辆最大相对速度差值/(m/s)	4
最小可接受间隙/m	11.25
道路法定限速/(km/h)	45
预设的车辆最低速度/(km/h)	14.4
预设的车辆最大加速度/(m/s²)	3.5
预设的车辆最大减速度/(m/s²)	–4
预设的车辆可接受最大冲击/(m/s³)	10
预设的车辆可接受最小冲击/(m/s³)	0
车辆的横向运动距离/m	3.5
车辆横向最大加速度/(m/s²)	10
车辆横向最小加速度/(m/s²)	10
车辆横向最大速度/(m/s)	4
车辆左向最大冲击/(m/s³)	10
车辆右向最大冲击/(m/s³)	10

10.3.3　多车道路网驾驶测试结果分析

1. 系统计算效率

多车道信号交叉口驾驶控制系统中模块 2 对车辆驾驶起始迟滞时长进行优化，模块 4 对车辆协同换道的速度轨迹进行优化。两大模块的综合计算时间直接制约着系统的控制时效性，影响系统实时控制的可行性。图 10-6 为车辆协同换道优化控制模块在不同迭代时间步长和可换道距离情况下的计算时间。计算时间随迭代时间步长的减小而增大，随可换道距离增大而增大，影响计算时间的直接因素为迭代计算的收敛速度。最大计算时间 0.0646s 出现在可换道距离为 400m、迭代时间步长为 0.2s 的情况下。

2. 系统有效性分析

由图 10-7 可知，虚线为车辆在外侧车道上运行的时空轨迹，实线所示为车辆在内侧车道上运行的时空轨迹。可以发现，模拟驾驶过程中分别出现了以网联自动驾驶车辆与传统有人驾驶车辆作为换道车辆的情况，多车道信号交叉口驾驶控制下换道车辆均能快速安全地完成换道运动。上述现象证明在多车道信号交叉口驾驶控制下能够有效达到车辆换道优先的预期控制目标。此外，将多车道信号交叉口驾驶控制下的车辆时空轨迹与单车道路网车辆时空轨迹相对比可以发现，两种场景中车辆时空轨迹线型相似。多车道信号交叉口驾驶控制下车辆时空轨迹呈现平滑过渡的特征，并未出现显著的斜率突变。该现象证明车辆换道过程中系统输出的最优速度方案能够实现车辆时空轨迹平滑，且与离线最优速度轨迹库中的速度轨迹平稳衔接，验证了车辆协同换道速度优化控制问题中以车辆时空轨迹最小化为目标函数的合理性。

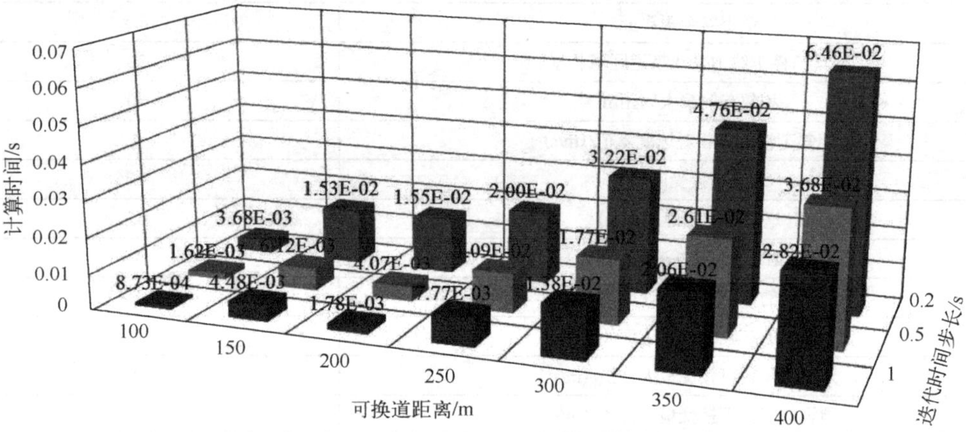

图 10-6　不同可换道距离和迭代时间步长下的系统计算时间

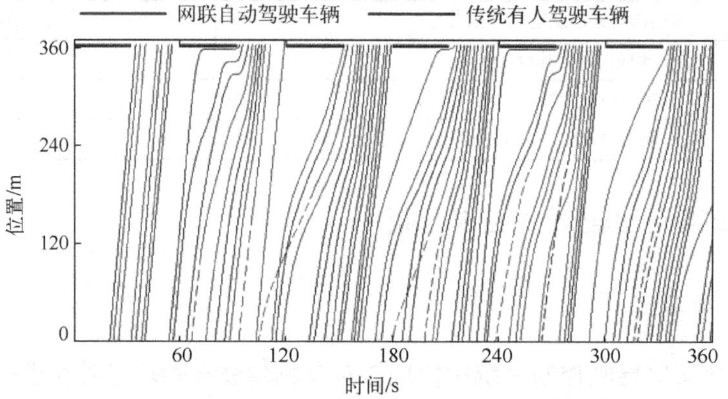

图 10-7　新阳路-通达街交叉口至建国街-通达街交叉口路段内侧车道车辆运行时空轨迹

由于内外侧车道数据变化特征相似，图 10-8 仅以内侧车道数据为代表进行分析。图中黑色曲线为无驾驶控制的测试统计结果，蓝色曲线为多车道信号交叉口驾驶控制系统控制的结果。可知，多车道信号交叉口驾驶控制场景中的车辆损失时间显著低于基准场景中的车辆损失时间，且更快地达到饱和车头时距，增大了信号交叉口的有效绿灯时间。由图 10-9 所知，多车道信号交叉口驾驶控制场景中的饱和车头时距显著低于基准场景中的饱和车头时距。综合可知：多车道信号交叉口驾驶控制系统适用于多车道信号交叉口路网中，能够有效提升交叉口吞吐量。

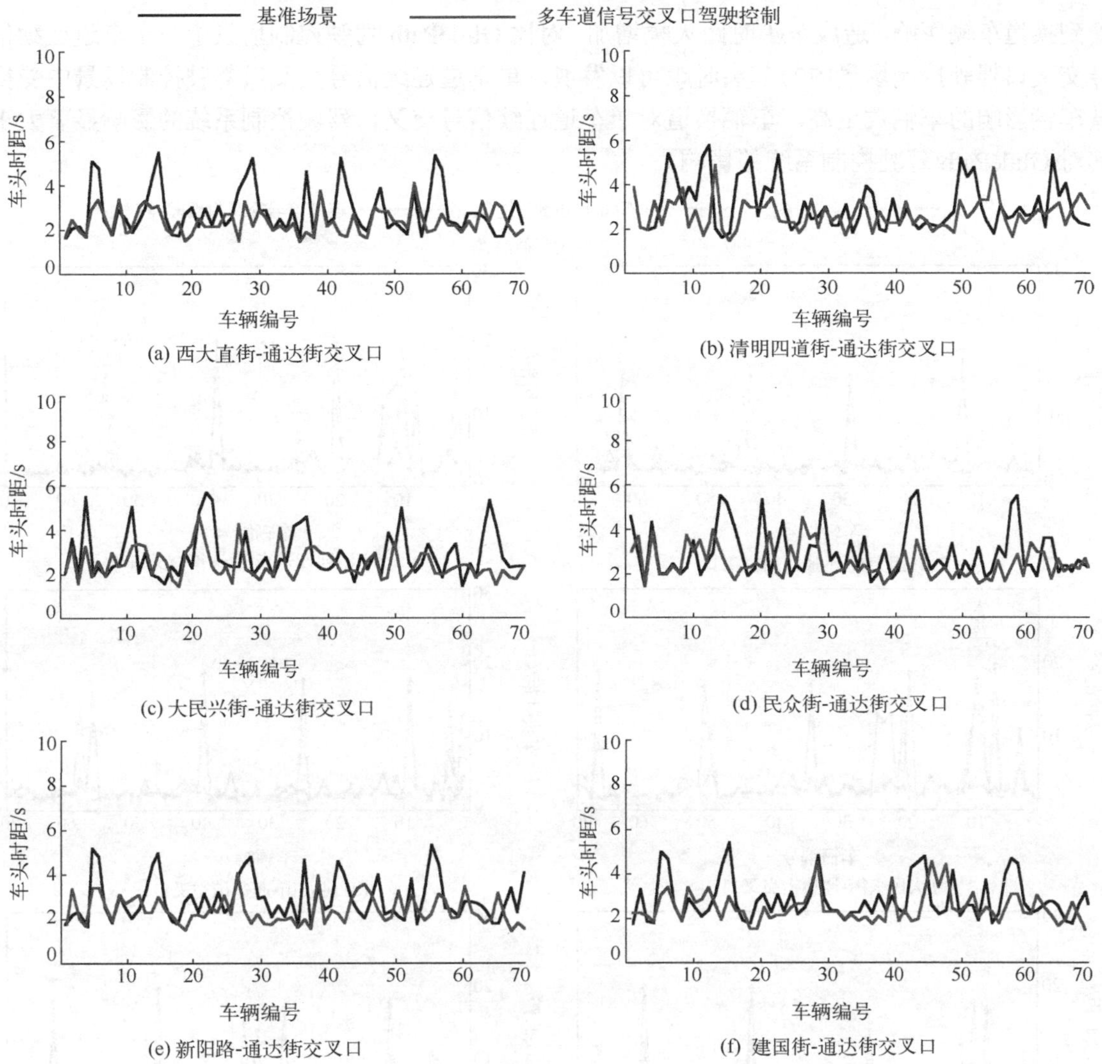

图 10-8　多车道信号交叉口驾驶控制下各交叉口停车线处车辆的车头时距

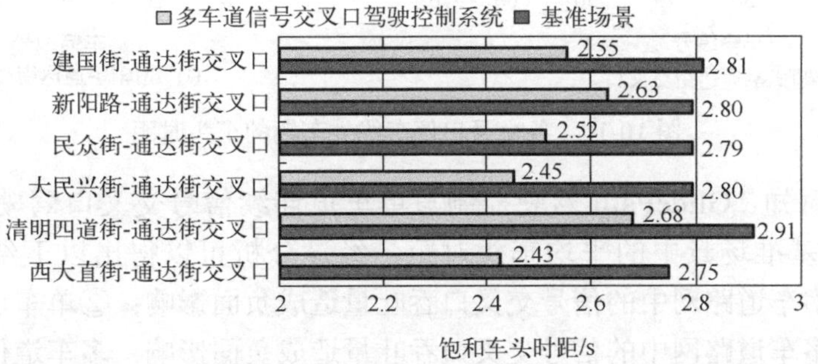

图 10-9　多车道信号交叉口驾驶控制和基准场景下各交叉口停车线处车辆饱和车头时距

3. 系统先进性分析

图 10-10 显示，GlidePath 驾驶控制与单车道连续信号交叉口驾驶控制下，部分车辆由于

受到换道车辆影响，造成车头时距大幅增加。对比 GlidePath 驾驶控制场景中与单车道连续信号交叉口驾驶控制场景中的车头时距可以发现，单车道连续信号交叉口驾驶控制场景中受换道车辆影响的车辆数更高，车辆换道对单车道连续信号交叉口驾驶控制系统的影响显著大于其对 GlidePath 驾驶控制系统的影响。

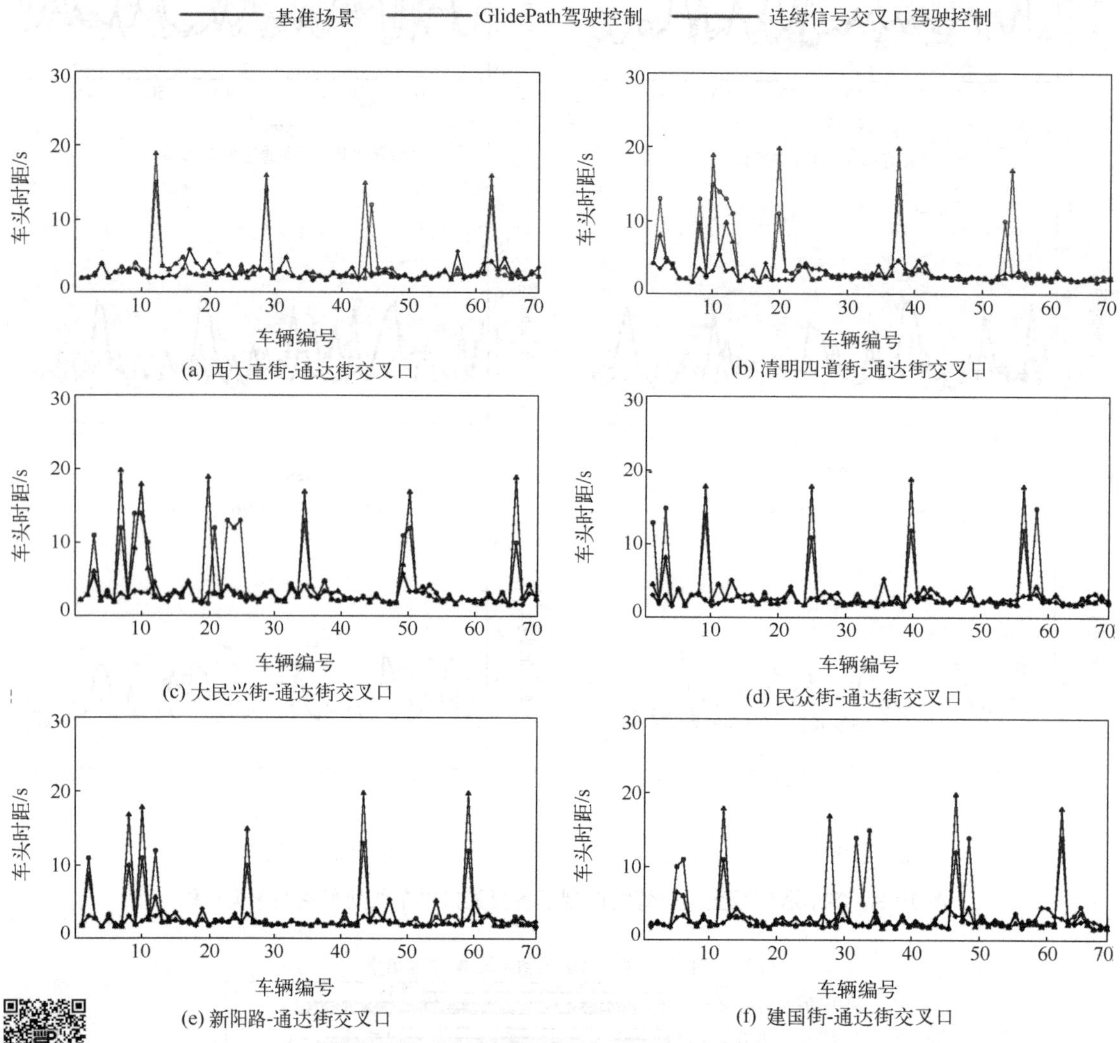

图 10-10　各交叉口停车线处车辆的车头时距

如图 10-11 可知，GlidePath 驾驶控制与单车道连续信号交叉口驾驶控制下的车辆平均车头时距高于基准场景中的平均车头时距，经过分析可以得出以下结论：①GlidePath 驾驶控制系统对多车道路网中的信号交叉口吞吐量造成负面影响；②单车道连续信号交叉口驾驶控制系统对多车道路网中的信号交叉口吞吐量造成负面影响；多车道信号交叉口驾驶控制系统在保障路网机动性(吞吐量)方面显著优于 GlidePath 驾驶控制系统与单车道连续信号交叉口驾驶控制系统。

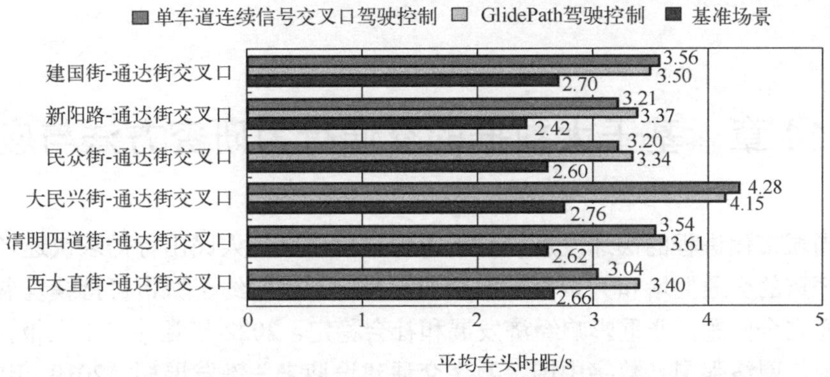

图 10-11　各交叉口停车线处车辆的平均车头时距

参 考 文 献

[1] 翟润平, 周彤梅. 道路交通控制原理及应用[M]. 北京: 中国人民公安大学出版社, 2002.

[2] 《中国公路学报》编辑部.中国交通工程学术研究综述·2016[J]. 中国公路学报, 2016, 29(6): 1-161.

[3] 谭墍元, 尹凯莉, 李萌, 等. 基于移动导航数据的信号配时反推[J]. 交通运输系统工程与信息, 2017, 17(2): 60-67.

[4] RAKHA H, ZHANG W. Estimating traffic stream space mean speed and reliability from dual-and single-loop detectors[J]. Transportation research record: journal of the transportation research board, 2005, 1925(1): 38-47.

[5] 韦媛媛. 基于多源数据的干线交通信号动态协调控制方法研究[D]. 武汉: 武汉理工大学, 2019.

[6] 何赏璐. 基于多源异质数据的高速公路交通状态估计方法研究[D].南京: 东南大学, 2017.

[7] 徐维. 基于深度强化学习的智能交通控制方法研究[D]. 西安: 西安电子科技大学, 2020.

[8] 武强. 多智能体强化学习在城市交通信号控制中的研究与应用[D]. 兰州: 兰州大学, 2020.

[9] 姜慧夫. 网联自动驾驶环境下信号交叉口环保驾驶控制研究[D].哈尔滨: 哈尔滨工业大学,2018.

[10] 姚焓东. 信号交叉口自动驾驶车辆速度控制研究[D]. 哈尔滨: 哈尔滨工业大学, 2020.

第 11 章　基于大数据的交通行为研究方法与应用

随着我国城市化进程的快速发展，城市人口与日俱增，人民出行需求快速增长。随之而来的是日益严重的交通拥堵和大量不文明交通行为，不仅制约了城市可持续发展，而且容易引发道路交通安全问题，严重影响经济发展和社会稳定。2022 年党的二十大报告强调，加快建设交通强国、网络强国、数字中国，数字交通建设迎来关键发展期。2019 年中共中央 国务院印发的《交通强国建设纲要》明确构建安全、便捷、高效、绿色、经济的现代化综合交通体系。2021 年 2 月中共中央、国务院印发《国家综合立体交通网规划纲要》，明确全面建成现代化高质量国家综合立体交通网，实现数字化、网络化、智能化、绿色化。出行安全便捷舒适。2021 年 12 月中共中央、国务院印发《“十四五”现代综合交通运输体系发展规划》，提出完善综合客运枢纽系统，加强与城市交通系统有效衔接，满足个性化、高品质出行需求为导向，推进服务全程数字化的要求。

出行者作为出行的主体，其决策行为将直接影响整个交通系统的状态。然而，大数据背景下，居民出行行为特征不断变化，其决策具有高频、实时、个体与群体交互影响等特性。出行行为理论结合交通大数据技术,为居民出行调查和新特征捕捉带来了新的思路。多源交通大数据提供了可靠的数据源,使得以往无法精准调查的交通数据获取成为可能。基于定性分析与定量分析，深入分析出行者的行为规律，可以有效进行交通需求分析与预测，有利于制定有效的交通管理与控制策略，从而解决制约人民高品质、美好出行的瓶颈，强化综合交通网络有机衔接。本章基于出行行为理论，针对大数据下的交通行为问题，详细介绍交通大数据的数据源及数据预处理、大数据下的交通行为分析相关方法，结合案例应用揭示交通大数据下的交通行为特征机理及变化规律，为制定科学合理的现代化综合交通体系规划，建设以及交通管理与控制政策制定等提供参考。

公众参与一直是城市规划编制的重要环节[1]。我国城市规划的公众参与机制一直是以政府为主导的模式。当前我国公众参与城市规划的主要形式包括专家开咨询会、市民访谈、民意调查、规划成果展示。随着信息技术的广泛使用，政务网站、社交网络、市民热线等形式应用于公众参与当中，网络信息等新媒体对公众参与和城市管理的影响越来越大，构建网络信息化时代的城市公众参与机制显得十分必要。

理论方面，国内外政府和学者已经开展了较多相关研究，包括微博等社交网络、Web 2.0 具有信息传播时效性强、互动沟通等特征，研究其在城市规划参与和城市管理方面的功能；开发公众参与地理信息与网络信息互动系统，并进一步搭建城市电子政务体系；建立基于大数据的合作规划平台或城市规划决策支持平台，引导规划编制过程中的合作和技术协同创新，实现政府部门、规划人员及居民的协同规划；运用“交往规划”的相关理论，建议规划部门及规划人员学会使用大众媒体的语汇，融入大众媒体交流中，与其他公众参与者在沟通、理解的基础上达成合意。实践方面，西班牙桑坦德市中心安装近 1 万个传感器，覆盖面积约为 6km^2，测量数据包含光线、压力、温度、湿度、车辆和行人的动作。开发手机应用“城市脉搏”，市民只需打开该软件，然后对路上的坑洼拍一张照片，按发送键，就能将附带着 GPS 数据的路面损坏情况直接上传到市政厅。从国内外的理论和实践探索来看，位置数据的获取将成为信息化时代公众参与的主要途径，大数据分析则可以保障居民意愿有效体现在规划的全过程，构建“自上而下”与“自下而上”相结合的网络化公众参与机制，建立基于大数据的合作规划平台或城市规划决策支持平台。

交通行为是指交通参与者在交通活动全过程中发生的各种行为现象和外在表现，是在一定交通环境下产生的，为了达到某种预定的交通目标，交通参与者表达交通心理活动的行为方式[2]。作为人口和社会经济活动高度集聚的城市，大量反映人类社会经济活动特征、人地关系作用过程的数据随时都在产生。在对海量出行者的出行行为进行整理与分析的基础上，可对出行者的出行机理进行进一步挖掘。在大数据背景下，居民行为、活动及其影响下的城市空间组织和结构的变化，社会群体特征、网络、活动等及其影响下的社会空间分异或融合等课题都可得到深入分析[2]。很多学者利用位置数据(包括社交网络、公交刷卡、GPS、智能手机等数据)等新的数据源，对城市居民的活动过程与特征进行描述、刻画与解释。可以研究大样本量的城市居民出行模式，以更加合理地引导交通规划和土地利用调整。这不仅仅是新的方法的探讨，也是对之前研究对象与研究内容的新的分析与解释。除了运用 GPS、GIS 以及网络日志等方法，社交网络数据、移动手机及智能卡数据也开始被引入到居民行为研究中，且这类方法在研究成本和精确度方面具有较高的优越性。总的来讲，城市居民活动行为研究正开始从使用传统调查问卷或访谈的方法转变为利用 GPS、智能手机、LBS 以及网络等新技术手段来获取研究数据，且日益呈现出研究方法科学化、研究对象个体化、研究主题应用化等趋势[2]。

11.1　数据源及数据预处理

随着交通建设及机动化的迅速发展，传统的交通需求及运行状态采集手段已无法满足对路网进行全面感知的要求。基于手机移动定位的新技术手段提取交通出行数据及交通流批参数日益成为交通规划及智能交通系统的一个重要发展领域。

11.1.1　手机信令

手机数据是手机用户在使用过程中产生的大量位置、时间信息和相关用户特征信息。手机信令数据因具有覆盖全面、用户数量大、定位速度快、对终端无特殊要求等优点而被广泛应用。依据数据来源分类，可分为从运营商获取的话单数据、信令数据和通过软件供应商获取的应用数据三大类。移动通信定位数据获取原理：用户待机状态的手机通过移动基站与通信网络保持联系，移动通信网络对手机所处的位置区信息进行记录，当用户在接打电话和收发短信时根据所记录的位置区信息可以通过呼叫路由建立通话连接。手机用户的位置信息则储存在来访用户位置寄存器中。当手机用户在发生主叫、被叫、收发短信、开关机、周期性位置更新(长时间没有上报位置时触发)和正常位置更新(待机状态下跨越位置区时触发)等行为时，也会触发移动通信网络记录触发信息。

1. 数据来源

用户位置数据是通过移动网络定位系统连接终端和网络设备获取的，根据终端接收到的无线电信号发射台发射出的信号的频率、参数等变化，计算出终端位置，为终端移动台提供地面二维定位服务。该技术不受气候影响，可在近、远距离各种条件下完成导航任务。目前，最常用的四种定位方法是起始蜂窝小区定位法(COO)、圆周定位法(TOA)、双曲线定位法(TDOA)、方位测量定位法(AOA)[3]。TOA、TDOA、AOA 均需要基站系统控制软件向手机发送基站指令，强制要求手机呼叫切换，手机在切换过程中不能使用其他通信服务。COO 直接获取手机信令数据，无须强制手机进行呼叫切换，而且不需要安装其他设备，不需要对现有服务终端进行硬件升级与改造，投入较少。

2. 数据提取

利用移动定位技术提取交通信息需在移动公司接入数据获取原始数据，通过对原始数据进行分析筛选，提取有效数据，再根据数据特点，通过一定的算法追踪个体，获得个体出行的基本参数，包括起讫点、到发时间、出行次数、出行目的、交通方式，同时可通过使用多源数据进行校核，寻找规律，提高信息提取的准确性。最后，根据应用的需要进行相应的筛选、设计、分析。

3. 数据预处理

蜂窝网络系统通常处于非理想信道环境，手机与基站之间普遍存在多径干扰、非视距(NLOS)等现象，且在 CDMA 网络中存在多址干扰等问题。上述等原因造成的定位误差使得蜂窝基站采集到的手机信令数据中存在大量的误差、噪声数据，主要包括重复定位数据、乒乓切换数据、漂移数据。为了更准确地刻画居民的真实出行位置，提高流量预测精度，需要对手机信令数据的定位误差特征进行必要的预处理，排除系统误差对预测结果带来的影响，主要有如下几种处理方式[4]。

重复定位数据：获取的数据通常是按照时间顺序按行存储的，因此针对重复定位数据的处理流程为读取轨迹数据，判断是否为最后一行，如果是，则结束，否则读取一行数据，并判断是否有下一行，通过计算并判断两行的经纬度坐标是否相等以决定是否可删除该行数据。

乒乓切换数据：根据乒乓切换数据的特性，设计时间阈值 T、距离阈值 D 及最大基站间隔 MAXBASEDIS。若某三个连续定位数据中，前两个数据之间移动时间小于 T，移动距离在两基站覆盖范围内，且后两个数据同样满足上述条件，则保留这三个数据并做进一步判断，当第一个数据与第三个数据之间的移动距离小于距离阈值 D 时，确定发生乒乓切换，删除第二个数据。

漂移数据：特征表现为在很短的时间内从一个位置以一个超出合理范围的移动速度移动到另一个位置，因此采用速度阈值 V 判断是否为漂移数据。

11.1.2　交通轨迹数据

交通轨迹数据包括网约车、出租车、共享单车等数据[5]。网约车和出租车的数据来源及预处理，请查看第 5 章相关介绍，本节仅介绍共享单车轨迹数据的来源和预处理方法。

1. 数据来源

2016 年以来，无桩式共享单车开始在中国兴起，并逐步在新加坡、美国、英国等国家发展起来，这种自行车的车身都装有 GPS 装置，可以收集到大规模的骑行轨迹数据、行程数据和开关锁数据等，这些数据从时间和空间两个角度反映了城市中人们利用自行车出行时的具体活动情况。然而原始的共享单车轨迹数据往往存在缺失某些重要数据、不正确或含有噪声、不一致等问题，数据质量不高，这会影响后续的地图匹配及聚类分析的效果。因此，在开展后续工作之前，需要进行数据的预处理，主要由检查数据格式、匹配数据完整性以及数据合理性检验等操作组成。充分的数据预处理是保证数据质量的关键操作之一，有助于提高地图匹配算法的效率与精度。研究数据分为共享单车行程数据与轨迹数据两类。其中，每个行程数据包含行程编号、共享单车企业、起点坐标、终点坐标、行程开始及结束时间、行程距离等信息，每个轨迹数据包含行程编号、共享单车企业、轨迹采样点类型、采样点坐标和采样时间等信息。上述这些数据反映了城市居民真实的骑行行为以及利用共享单车出行的需求量。

2. 数据预处理方法

安有 GPS 定位装置的无桩式共享单车以一定的时间间隔不断地向数据中心传回单车的基本信息，主要有空间位置和时间信息等。由于各种因素的影响，如采集设备故障、网络延迟、传输故障等，原始共享单车轨迹数据的质量比较差。下面从数据清洗、数据归约以及坐标系转换几个方面对共享单车轨迹数据进行预处理。

1) 数据清洗

首先对共享单车轨迹数据进行检查与分析，发现轨迹数据中存在的问题，然后依据共同字段将行程数据匹配到轨迹数据中，不仅可以填补部分轨迹数据缺少的起讫点信息，还可以得到一次骑行的骑行时间和距离信息，但是存在行程和轨迹数据匹配不上的情况，如有行程数据无轨迹数据以及有轨迹数据无行程数据的情况。针对共享单车轨迹数据的特点，提出相应的数据处理方法，以获取更高质量的共享单车轨迹数据。具体情况如表 11-1 所示。

表 11-1　共享单车轨迹数据存在的问题与处理方法

轨迹数据存在的问题	表现形式	处理方法
数据缺失	一条轨迹包含较少的轨迹点	对于一条轨迹只包含一个轨迹点的情况，删除该轨迹数据。 对于一条轨迹只包含 OD 点的情况(有行程数据无轨迹数据)，根据具有相似 OD 点的完整轨迹进行轨迹重塑，或者 OD 点之间的定位时间较近，则视具体情况进行删除
	有轨迹数据无行程数据	利用行驶轨迹之间的时空相关性，对缺失行程数据进行修复
数据错误	轨迹点的经纬度严重偏离所在区域的经纬度范围	删除该越界轨迹点
	骑行距离在 0.3～30km 范围外	删除该骑行距离异常的轨迹
	骑行时间在 2～90min 范围外	删除该骑行时间异常的轨迹
数据重复	在连续时间上与上一条记录的轨迹点信息相同	删除重复数据

2) 数据归约

用于分析的数据集往往包含很多属性，但部分属性与所需挖掘目的并不相关，或者是冗余的。属性选择是数据归约的常用策略，即通过删除不相关或冗余的属性减少数据量。对于后续进行的地图匹配工作来说，companyCode、update_time 等字段均属于无效字段，可以利用 Python 删除这些无效字段的内容。

3）坐标系转换

常见的车辆行程和轨迹数据的坐标系包括 GCJ02 坐标系，也称为火星坐标系，出于保护隐私的目的，我国国家测绘局在制定该坐标系统时，在其经纬度数据中加入了随机偏差。常见的车辆行程和轨迹数据的坐标系还包括 WGS84 坐标系，其是一种国际通用的坐标系统。因此，利用 QGIS 等软件可将车辆轨迹数据的坐标系转化为 WGS84 坐标系，确保地图匹配的准确性。

11.1.3 社交网络数据

1. 基于爬虫技术的数据获取

爬虫技术是一项按照编写的代码运行，爬取并存储选定网页中所需信息的数据处理技术，能够在短时间内获取大量所需信息。首先确定需要爬取数据的目标网站，选取的网站应该参与用户多，讨论话题多样，用户互动频繁真实，信息实时更新迅速，具有很好的代表性。通过爬虫技术爬取社交网络平台中关于交通出行话题讨论的数据，使用自然语言处理工具识别文本内容讨论的出行方式，可以有效获取相关数据。

文献[6]以“通勤”为搜索关键词，爬取 2021 年 9 月 2 日～2022 年 2 月 22 日微博社交平台中公众关于通勤出行的话题讨论内容，共计 48098 个数据，用户 IP 定位地址显示来自全国各个不同的城市，分布均匀，表明样本数据具有良好的代表性。部分有效数据截取内容如表 11-2 所示。采集数据内容主要包括用户名、用户主页链接、文本内容、发文配图链接以及发文时间，其中的有效内容为用户名、文本内容及发文时间。

表 11-2　部分有效数据截取内容示例

用户名	文本内容	发文时间
当夏_鼻音太郎	今天开车回家的路上突然觉得略凡尔赛：新学校上班通勤时间只有十来分钟，导致最近都没机会在车上听播客了	2021 年 9 月 2 日
北三县香河福男哥	北三县香河交通不便，通勤困难，每周五晚高峰都堪比春运，开往香河的公交 938 路快车上人挤人，地上都坐满了人，全城就这一辆公交车到北京市里	2021 年 9 月 2 日
酷炫小粘糕	总共 15 分钟的路打车排队等了 25 分钟，无效通勤	2021 年 9 月 3 日
法定碧眸爱好者	是因为开学吗？这几天四环天天堵，我每天徒步走 20 分钟到地铁站点，通勤是真的够强身健体的，都不怕得病	2021 年 9 月 3 日
答小玲	其实地铁里的故事有很多，能想起来的关于地铁的温暖瞬间有很多，但让人闹心的插曲也不少，归根结底在于高峰期地铁节省了时间成本，是大多数人通勤的不二之选	2021 年 9 月 3 日
⋮	⋮	⋮

2. 数据预处理

为了进一步提升数据的有效性，对爬取到的微博讨论数据预处理。在采用 Python 3.7 软件进行初步预处理后，为确保评论数据内容与研究主题的相关性与准确度，应用人工审查进一步处理数据，对爬取数据的预处理主要包括三个方面。

数据清洗：剔除完全重复、与通勤出行无关、字数过短的文本数据。存在许多营销号为了蹭热度吸引流量而发布大量重复内容刷屏的现象，也有一些讨论内容被反复转载，导致许多讨论内容大量重复出现的现象，为了保证数据的有效性，删除完全重复的文本数据。采集的数据中存在大量以“#通勤穿搭#”和“#通勤妆容#”为格式的微博信息，且讨论内容与通勤出行的体验无关，但对词频统计的影响很大，所以将与通勤出行无关的文本数据剔除。字数过少的文本讨论内容无法传递有价值的信息，要想表达出在通勤出行过程中一定的感受或者情绪，至少需要描述对象和描述形容词，所以删除字数低于 5 个的文本数据。

同义词数据统一化以及网络用语标准化：对同义词进行统一化处理，对网络用语进行标准化处理。在采集到的文本数据中有许多同义词，如“伙伴”、“姐妹”和“朋友”，如果不对同义词进行统一化处理，则同义词无法识别为同一话题，会影响主题分析时的主题聚类结果的准确性，所以需要将同义词统一为一个词语。同时，“h”、“min”、“fm”、“bgm”等缩写，以及“麻了”等网络用语，在 jieba 中文词库中无法识别，无法进入下一步的主题聚类分析，所以需要对网络用语进行标准化处理，例如，将“h”替换为“小时”，将“min”替换为“分钟”，将“fm”替换为广播电台，将“bgm”替换为背景音乐，以保证充分利用文本数据进行分析。

识别讨论内容对应的出行方式：建立不同出行方式下的通勤出行幸福感评价体系，需要对采集到的讨论内容进行分类，判断文本数据所对应的出行方式。根据文本内容以及文本配图判断用户的出行方式。若文本内容出现“地铁”“*X* 号线”，则认定对应的出行方式为地铁出行；若文本内容出现“开车”“油耗”，则认定对应的出行方式为私家车出行；若文本内容出现“公交”“*X* 路”，则认定对应的出行方式为公交车出行；若文本内容出现“打车”“出租”“叫车”“师傅”，则认定对应的出行方式为出租车(包含网约车)出行。文本配图中的细节也能体现所采用的出行方式，例如，出现地铁扶手座椅则判定为地铁出行，出现油耗表则判定为私家车出行，出现公交车座椅等细节则判定为公交车出行，出现滴滴订单截图则判定为网约车出行。

11.2　大数据下的交通行为分析相关方法

11.2.1　基于时间地理学的出行链分类辨识

地理时空学是一种研究在各种制约条件下的人的行为时空特征的方法，通常在时间空间坐标系中标示人类在出行活动中的路径曲线来表达人类出行活动的活动轨迹。可达范围与时间空间坐标轴可用二维坐标系进行表示，其中，出行人在进行出行活动时的可达范围可以用时空棱柱来表示[7]。本节基于地理时空学的方法对出行链进行自动模糊分类，具体方法为：将个人出行活动所产生的出行活动链投射到一个由时间轴和距离轴所构成的二维坐标系当中。由于所研究的是基于住址的出行活动，绝大部分人一天的出行活动都是从住址开始的，所以在所规定的坐标系中，代表距离的坐标轴的原点是住址的位置，距离越大，代表某个人某一时刻的活动位置距离住址的位置越远，距离越小，代表这个人活动的位置距离住址的位置越近。时间轴代表活动随时间的变化情况，时间轴的原点代表 00:00。活动链相似度计算方法如下。

通过上述将三维坐标系转化成为二维坐标系的方法，每个人的出行活动链都能在这样一个距离轴和时间轴上表示，而且对于分析出行活动链最关键的几个信息，如出行起始时间、活动持续时间、行程时间、出行距离等，都没有丢失。这样就可以对出行活动链形状进行两两比较，计算两个活动链的相似程度，以此作为出行链归类的依据。

11.2.2 共享单车系统下个人时空出行需求挖掘

对公共交通用户出行行为进行分析时，需要对提取出来的用户的时间、空间等维度的出行特征值进行分析，进而挖掘用户的出行行为。但由于数据量大而且用户数量多，单个用户分析不易实现。需要对用户进行聚类或分类处理，也就是以类别为单位来进行分析，需要在相同类别的用户中找出共同具有的特征，进而挖掘相同用户的群体属性。

1. 个人用户时空轨迹聚类

为了避免人为确定权重，文献[7]提出了一种集成的时空 OD 轨迹聚类算法，该算法首先利用 HDBSCAN 算法根据空间距离提取初始轨迹类簇，之后分别应用半监督 BC-DBSCAN 算法根据时间距离、方向距离进行轨迹过滤。

1) 时空轨迹距离相似性

在时空轨迹距离相似性函数中考虑了空间距离、时间距离和额外的方向距离。定义的距离函数如下。

空间距离(SpaDist)：测量的是 OD 轨迹之间的地理距离。对于两个 OD 轨迹 L_i 和 L_j，S_i 和 S_j 表示起点位置，E_i 和 E_j 是对应的终点位置。空间距离 SpaDist 计算方法如下：

$$\text{SpaDist}(L_i,L_j)=\sqrt{d(S_i,S_j)^2+d(E_i,E_j)^2} \tag{11-1}$$

式中，$d(S_i, S_j)$ 是起点位置 S_i 和 S_j 之间的欧几里得距离；$d(E_i, E_j)$ 是终点 E_i 和 E_j 之间的欧几里得距离。

时间距离(TimeDist)：测量的是 OD 轨迹之间的时间差。这里提到的时间与日期无关。时间距离(TimeDist)的计算公式定义如下：

$$\text{TimeDist}(L_i,L_j)=\begin{cases}\left|\dfrac{t_{S_j}+t_{E_j}}{2}-\dfrac{t_{S_i}+t_{E_i}}{2}\right|, & \left|\dfrac{t_{S_j}+t_{E_j}}{2}-\dfrac{t_{S_i}+t_{E_i}}{2}\right|\leqslant 12\\ 24-\left|\dfrac{t_{S_j}+t_{E_j}}{2}-\dfrac{t_{S_i}+t_{E_i}}{2}\right|, & 12<\left|\dfrac{t_{S_j}+t_{E_j}}{2}-\dfrac{t_{S_i}+t_{E_i}}{2}\right|\leqslant 24\end{cases} \tag{11-2}$$

上面提出的时间距离计算公式能够区分实际的时距差，避免了自然时间边界值引起的计算时距差结果与实际不符。例如，一条出行轨迹开始于 0:30，结束于 1:00，另一条轨迹开始于 23:00，结束于 23:30，根据上述公式计算的实际时差为 1.5h，而不是 22.5h。

方向距离(DirDist)：选择一个统一的参照方向，每个轨迹与参照方向的夹角定义为轨迹方向 θ，$\theta\in[0, 2\pi)$。θ_i 和 θ_j 是轨迹 L_i 和 L_j 的轨迹方向，L_i 和 L_j 之间的方向距离定义如下：

$$\text{DirDist}(L_i,L_j)=\begin{cases}\left|\theta_i-\theta_j\right|, & 0\leqslant\left|\theta_i-\theta_j\right|<\pi\\ 2\pi-\left|\theta_i-\theta_j\right|, & \pi\leqslant\left|\theta_i-\theta_j\right|<2\pi\end{cases} \tag{11-3}$$

2) 基于 HDBSCAN 算法的初始轨迹聚类

本节提出了一个针对个体用户 OD 轨迹聚类的基于空间距离相似性的 HDBSCAN 算法，其更适用于个体共享单车用户轨迹聚类。由于没有考虑方向距离和时间距离，在这一阶段获得的个体用户的聚类结果是粗糙的，一些结果类簇中的轨迹将在随后阶段被过滤掉，甚至一些类簇可能在随后的阶段消失。

对 HDBSCAN 算法做了一些层次简化，在层次树剪枝的基础上增加了出行频率(f_t)和出行周期频率(f_{tp})两个参数。f_t 是确定频繁出行轨迹模式频率的参数。设置最小类簇大小(m_{clSize})，数量小于 m_{clSize} 的对象轨迹将被忽略掉。

$$m_{clSize} = n_w \times f_t \tag{11-4}$$

式中，n_w 表示用户有骑行记录的自然周周数，即使一周内只有一条记录，也算该自然周有出行记录。另外，剪枝考虑了出行周期频率 f_{tp}，计算一个轨迹层次所涉及的周数，定义为 n_{wh}，$f_{tp} = n_{wh}/n_w$。f_{tp} 将被用来剔除那些发生频率很高但出行周期很短的轨迹。

3)基于半监督 BC-DBSCAN 算法的轨迹聚类滤波

从 HDBSCAN 聚类中得到的聚类结果需要先基于时间距离相似性进行过滤，再进一步基于方向距离相似性进行过滤。提出了一种新的半监督 BC-DBSCAN 算法，该算法能够有效地探测出不同用户在不同密度和不同轨迹数量下的合理轨迹类簇划分，过滤出离群轨迹。半监督 BC-DBSCAN 算法的思想是首先利用一个全局参数 MinTrs 和相对较大的统一 ε_u 来搜索每个用户的所有潜在类簇。根据 HDBSCAN 算法得到的一定数量的出行用户的初始聚类结果将会被随机选择来构建标签约束集，用于确定参数值 MinTrs 和 ε_u。之后，将采用边界检测算法对所有初始聚类结果进行检测，通过划分测试检测出本应分离开但被合并成一个大类的簇。然后，使用离群轨迹检测算法检测出本应作为离群轨迹被剔除但被错误地划分到类簇中的轨迹。该算法根据边界检测结果对初始聚类结果进行修正，分割错误的合并，并从轨迹聚类中剔除离群轨迹。具体的算法详见文献[7]。

2. 轨迹簇间的行程序列模式挖掘

应用 AprioriALL 算法来提取出行序列模式。

一个用户从时空轨迹聚类结果中保留的所有频繁出行轨迹将作为输入，执行一次序列模式挖掘过程。第一阶段是排序阶段，将一个自然日中按时间排序的频繁出行轨迹作为一个输入序列。将根据实际出行数据设置一个参数最小支持度。经过大项集阶段、转换阶段、序列阶段和选最大序列阶段，最终可得到出行序列模式，序列模式所涉及的自然周中的自然日将构成序列模式的周期。例如，在一个序列模式中涉及星期一到星期五的出行，序列模式的周期就是星期一到星期五。值得注意的是，在选最大序列阶段，AprioriALL 算法会找到最大频繁序列模式集并删除其所有子集。然而在该文献中，假设有一个频繁序列模式<Cluster *A*, Cluster *B*>满足最小支持度，周期是从星期一到星期四，<Cluster A>的周期模式是从星期一到星期五，其是<Cluster A, Cluster B>的子集，因此，星期一到星期四的<Cluster *A*>周期模式将作为<Cluster *A*, Cluster *B*>的子集被删除，但星期五的<Cluster *A*>模式将被保留。最后，星期一到星期四的周期模式是<Cluster *A*, Cluster *B*>，星期五的模式是<Cluster *A* >。

3. 轨迹类间空间关系挖掘

基于时空轨迹聚类结果可以获取频繁出行轨迹类簇，每个轨迹簇由具有相似时空特征的多个出行轨迹组成。本节所涉及的共享单车取、停放位置具有一定的随机性，在一个轨迹类簇中存储的取、停车位置将不会完全相同。引入类簇的表征轨迹，表征轨迹可以看作类簇的表征模型，其目的是提取类簇的定量信息以进行进一步分析。表征轨迹的起点和终点位置将通过所有对应轨迹坐标的平均数来确定。

基于时空轨迹聚类和序列模式挖掘，个体用户的频繁出行轨迹及轨迹间的出行序列模式已经被识别出来，但类簇之间的空间关系有待进一步研究，例如，一个序列模式由两个轨迹类簇组成，第一个簇的表征轨迹从位置 A 开始到位置 B 结束，第二个簇的表征轨迹从位置 C 开始到位置 D 结束，需要知道这些位置之间的关系以确定轨迹簇之间的空间关系。

使用经典的 DBSCAN 聚类算法进行轨迹间空间关联的挖掘，对序列模式内的表征轨迹端点进行聚类，识别出属于相同位置的端点，区分开无空间关联的位置。DBSCAN 算法需要确定两个参数，根据实际意义 MinPts 将选择 2，ε 将根据数据中用户的实际出行行为来确定。

11.2.3　基于网络爬虫数据开展幸福感研究

本节主要介绍基于 LDA 主题模型的影响因素提取，主要包括以下几方面内容。

1. 词频统计

通过词频统计可以进一步了解公众对于通勤出行的关注热点，进而选择影响城市居民通勤出行幸福感的关键因素[6]。完成数据预处理后，在 Python 3.8 软件中导入 Jieba 库实现对文本数据的分词处理和词频统计。考虑到出行者在描述自己通勤出行的体验时会用到较多形容词，因此在词频统计和文本特征词选择中考虑了动词、名词和形容词。在文本数据中有大量常见高频词与后续的语义分析无关，如“收起全文”“展开全文”等。针对这些词建立停用词表，将这些与本研究关联度较低的词剔除后，得到较为简洁准确的分词结果，统计不同出行方式的出现频率最高的 30 个词，如表 11-3 所示。

表 11-3　词频统计结果

地铁通勤出行词频统计结果						公交车通勤出行词频统计结果					
序号	词语	频数	序号	词语	频数	序号	词语	频数	序号	词语	频数
1	通勤	3882	16	无聊	301	1	通勤	3783	16	人多	418
2	地铁	3132	17	早上	235	2	公交	2931	17	有趣	402
3	时间	2206	18	耳机	215	3	时间	1757	18	地铁	360
4	小时	1727	19	公交	214	4	小时	1331	19	分钟	303
5	疲惫	1333	20	看书	207	5	路上	971	20	风景	276
6	打发	989	21	工作	202	6	交通	902	21	下班	271
7	路上	805	22	号线	194	7	疲惫	555	22	听歌	243
8	座位	703	23	音乐	190	8	座位	543	23	好累	239
9	拥挤	649	24	歌曲	188	9	公交车	535	24	好看	183
10	听歌	472	25	痛苦	182	10	拥挤	518	25	工作	178
11	人多	398	26	好听	178	11	令人	454	26	难受	170
12	分钟	367	27	手机	156	12	车上	473	27	下雨	160
13	早上	208	28	高峰	143	13	打发	422	28	痛苦	158
14	喜欢	187	29	打工	127	14	一路	421	29	音乐	132

续表

地铁通勤出行词频统计结果						公交车通勤出行词频统计结果					
15	下班	319	30	幸福	115	15	站着	418	30	耳机	131
网约车/出租车通勤出行词频统计结果						私家车通勤出行词频统计结果					
序号	词语	频数	序号	词语	频数	序号	词语	频数	序号	词语	频数
1	通勤	1382	16	体验	230	1	通勤	2214	16	公里	387
2	打车	1247	17	服务	227	2	开车	2017	17	好累	348
3	时间	547	18	舒服	223	3	时间	1700	18	生活	346
4	司机	459	19	态度	222	4	车上	984	19	打工	342
5	分钟	382	20	礼貌	222	5	小时	954	20	安全	338
6	块钱	367	21	坐车	222	6	下班	887	21	工资	325
7	成本	338	22	味道	220	7	心情	790	22	好贵	305
8	迟到	280	23	艰难	142	8	堵车	675	23	车祸	303
9	车费	277	24	负担	140	9	上下班	571	24	油价	301
10	打工人	255	25	堵车	138	10	路上	526	25	负担	297
11	师傅	250	26	干净	133	11	油费	507	26	艰难	294
12	工资	245	27	郁闷	130	12	成本	484	27	堵成	278
13	单位	244	28	等车	127	13	事故	479	28	吓人	267
14	生活	238	29	滴滴	106	14	分钟	416	29	块钱	251
15	车里	234	30	小时	100	15	早上	399	30	油耗	250

词云图可以更加直观明了地展示词频统计结果，词语面积越大，表示该词语在文本数据中出现的频率越高，应用 Python 3.8 软件绘制词频统计结果的词云图，结果如图 11-1 所示。

(a) 地铁通勤出行讨论文本词云图

(b) 公交车通勤出行讨论文本词云图

(c) 网约车/出租车通勤出行讨论文本词云图

(d) 私家车通勤出行讨论文本词云图

图 11-1　通勤出行讨论文本词云图

通过分析可以看到在四种出行方式中，“时间”、“小时”“分钟”出现的频率都很高，说明通勤出行者对行程时间较为关注。“路上”“看到”等特征词说明通勤出行者在路途中也会关注遇到的人、发生的事情。在地铁和公交车出行中，“公交”“地铁”出现频率较高，说明很多通勤出行者在通勤出行时往往采用公交车地铁换乘的出行方式。“手机”“耳机”说明出行者在通勤出行路途中会听歌、看手机、看电子书等。“朋友”体现了出行者对通勤出行同伴的关注。“挤”“座位”“站着”体现了出行者对于通勤出行过程中拥挤程度的感受。“痛苦”“累”“快乐”“幸福”体现了出行者对于通勤出行经历的负面或正面情绪感受。

2. LDA 主题模型

在前面通过词频统计分析，总结出了影响通勤出行者出行幸福感的因素，但无法聚类进行语义分析。隐含狄利克雷分布(Latent Dirichlet Allocation，LDA)是一种在探索文本数据主题时广泛应用的文档主题生成模型。LDA 主题模型为一个三层贝叶斯概率模型，包含词、主题和文档三层结构，在一个完整的文档中，如果某几个词语总是同时出现，则意味着这几个词语可能描述的是同一个主题，通过计算并比较一个文本数据属于每个主题的概率，可以判定概率最大的主题即为该文本数据对应的主题。

以爬取的微博讨论文本作为主题模型中的“文档”，每个文本中的词语作为主题模型中的“词”，词语集作为“文档”集。每一个文本所属的主题概率分布 θ_{dk} 与每一个主题中的词语概率分布 φ_{kt} 分别为

$$\theta_{dk} = \frac{n_{d,k} + \alpha_k}{\sum_{j=1}^{K}(n_{d,j} + \alpha_j)} \tag{11-5}$$

$$\varphi_{kt} = \frac{n_{k,t} + \beta_t}{\sum_{l=1}^{T}(n_{k,l} + \beta_l)} \tag{11-6}$$

式中，$n_{d,k}$、$n_{d,j}$ 分别为词条 d 中归属于主题 k 与 j 的词语数量统计；$n_{k,t}$、$n_{k,l}$ 为词集中归属于主题 k 的词语 t 与 l 的数量统计；α_k、α_j 分别为文档中主题 k 与 j 的超参数；β_t、β_l 分别为主题中词语 t 与 l 的超参数；K 为主题数量；T 词语数量；j、l 分别为主题和词语编号。

在语义挖掘中，常常应用困惑度(Perplexity)判断所建立 LDA 主题模型的最佳主题数量，一般而言，困惑度越小，该困惑度对应主题数量下的 LDA 主题模型的建模结果越好，表明该主题数量越优。在 Python 3.8 软件中根据式(11-7)计算得到 LDA 主题模型的困惑度数值，可绘制折线图对不同主题数量下的困惑度进行可视化。

$$\text{Perplexity}(D) = \exp^{-\frac{\sum \log p(q)}{N}} \tag{11-7}$$

式中，$p(q)$ 表示文档集中每一个词出现的概率；N 表示文档中出现的所有词语的数量。

$$p(q) = p(z \mid d)p(q \mid z) \tag{11-8}$$

式中，$p(z \mid d)$ 表示一个文档中每个主题出现的概率；$p(q \mid z)$ 表示一个词语在某个主题下出现的概率。

根据绘制的出行幸福感 LDA 主题模型的折线图，分析地铁、公交车以及网约车/出租车通勤出行幸福感 LDA 主题模型的 Perplexity 数值出现极小值点的主题数量，极小值点的主题数量对应着较好的模型建模能力，因此可以确定地铁、公交车、网约车/出租车、私家车通勤出行幸福感研究的核心主题数量。其中，私家车通勤出行幸福感研究的核心主题数量为 4 个或者 6 个，其他通勤出行幸福感研究的核心主题数量为 3 个。为了进一步确定私家车通勤出行研究的主题数量，需要绘制 LDAvis 图谱比较设置 4 个和 6 个主题的模型建模能力。

在 LDAvis 图谱中，不同的圆形区域代表不同的名词组块，即对应着不同的主题，圆形面积越大，表明该主题的可解读性越强。绘制不同出行方式所对应的 LDAvis 图谱，在地铁、公交车、网约车/出租车通勤出行的 LDAvis 图谱中，均包含三个明显且没有相互覆盖的圆形区域，意味着这三种出行方式的 LDA 模型的最佳主题数量都为 3 个，且各个主题的解释能力都较强。在私家车通勤出行的 LDAvis 图谱中，主题为 4 时，各组块区域没有相互覆盖，而主题为 6 时，出现名词组块区域交叉、包含，意味着主题 2 和 6、1 和 3、4 和 5 主题之间的区分度较弱，因此选取私家车通勤出行的核心主题数量为 4 个。

超参数的设置为 $\alpha = 1$，$\beta = 0.01$，$K = 20$。在 Python 3.8 软件中计算每一个文本中的词语对应不同主题的概率，概率最大的主题为该文本的所属主题，主题分析结果见表 11-4。

表 11-4　主题分析结果

出行方式	文本	分词结果	主题	对应概率
地铁出行	地铁人多拥挤没座位，早高峰和晚高峰的打工人也想在座位上找到一席之地，对通勤远的打工人来说一路站着蛮糟糕的	地铁 人多 拥挤 座位 高峰 高峰 打工人 座位 找到 通勤 打工人	1	0.866
	每天地铁通勤时间四小时 晚上拖着疲惫的身体到家，累到不想说话	每天 地铁 通勤 时间 小时 疲惫 身体 累到 不想 说话	2	0.881
	开始地铁上下班，通勤时间变长，唯一的慰藉是可以在地铁上看书	开始 地铁 上下班 通勤 时间 变长 慰藉 地铁 看书	3	0.855
公交车出行	北三县香河通勤困难，晚高峰都堪比春运，938 路公交车上人挤人，地上都坐满了人，人多拥挤没座位，只能一路站着，好累	通勤 高峰 堪比 春运 公交车 坐满 人多 拥挤 座位 只能 一路 站着 好累	1	0.939
	每天上班公交车通勤一小时，真是令人疲惫	每天 上班 公交车通勤 小时 真是 令人 疲惫	2	0.904
	公交车通勤路上阅读打发时间，让通勤变得有趣了起来，读完《你当像鸟飞往你的山》感觉还不错，很推荐	公交车通勤 路上 阅读 打发 时间 好看 通勤 时间 变得 有趣 起来 读完 不错 推荐	3	0.917
网约车/出租车出行	今天加班太累了，打车回家，20 分钟就到了。下车后觉得太幸福了，真想天天打车	今天 加班 打车 分钟 下车 觉得 幸福 打车	1	0.929
	通勤成本好高。车费花了 20 元，每天打车心在滴血。工资都不够负担每天打车的，生活真是艰难	通勤 成本 车费 块钱 每天 打车 滴血 工资 不够 负担 每天 打车 生活 真是 艰难	2	0.963
	用嘀嗒顺风车叫车通勤很久了，遇到的大多数顺风车车主都谦逊有礼，并且很准时，真是不错的出行方式呢	嘀嗒 顺风车 通勤 遇到 大多数 顺风车 车主 谦逊有礼 准时 真的 不错 出行 方式	3	0.948
私家车出行	孩子开学后 每天早晨的车流拥挤程度呈指数上升，开车上班本来通勤半小时，被堵车堵成一小时，好累	孩子 开学 每天 车流 拥挤 程度 指数 上升 开车 上班 通勤 堵车 堵成 小时 好累	1	0.820
	每天上下班开车，两小时通勤七八十元的油费，属实消费不起，生活真是艰难	每天 上下班 开车 小时 通勤 七八十元 油费 属实 消费 不起 生活 真是 艰难	2	0.955
	糟糕的一周从通勤车子被剐蹭开始，真吓人，还得是安全第一，车子还要联系修理，真的好烦啊	糟糕 一周 一天 通勤 车子 剐蹭 安全第一 吓人 车子 联系 修理 真的 好烦	3	0.945
	今天通勤下班路上的时间在车上听播客，非常不错，可以全当相声听了，通勤路上有乐子了	今天 通勤 下班 路上 时间 播客 非常 不错 全当 相声 听了 通勤 路上 乐子	4	0.825

对于每个主题，选取概率较高的前 15 个高频词来描述。统计得到各个主题的高频词，根据各个主题所对应的高频词及文本内容，归纳主题名称，结果如表 11-5 所示。

表 11-5　通勤出行幸福感主题描述及高频词

出行方式	序号	主题	高频词
地铁出行	1	舒适性	座位 拥挤 没有 号线 手机 时候 高峰 挤地铁 今天 好多 人多 难受 坐地铁 地铁站点 噪声
	2	便捷性	小时 疲惫 每天 时间 上班 分钟 公交 工作 来回 生活 公司 换乘 上下班 单程 今天
	3	趣味性	时间 打发 听歌 无聊 耳机 看书 最近 好听 音乐 歌曲 喜欢 视频 感觉 阅读 朋友
公交车出行	1	舒适性	座位 拥挤 公交车 站着 人多 一路 只能 好累 真难 公交 下雨 今天 上班 高峰 好吵
	2	便捷性	小时 疲惫 每天 公交 分钟 上班 地铁 工作 真的 等车 车站 今天 一天 公司 下班
	3	趣味性	路上 时间 打发 有趣 变得 风景 好看 好听 听歌 阅读 喜欢 今天 上班 最近 朋友
网约车/出租车出行	1	可靠性	时间 分钟 单位 增加 堵车 郁闷 等车 幸福感 提高 小时 上班 每天 今天 滴滴 迟到
	2	经济性	块钱 成本 今天 迟到 车费 打工人 工资 生活 每天 艰难 负担 节省 补贴 降低 优惠
	3	舒适性	司机 师傅 坐车 礼貌 舒服 服务态度 味道 干净 没有 难闻 滴滴 今天 每天 上班 高德
私家车出行	1	可靠性	上班 影响 堵车 小时 好累 堵成 分钟 一路 路上 公里 每天 今天 生活 上下班 顺畅
	2	经济性	油费 每天 上下班 成本 打工人 生活 工资 负担 艰难 油价 油耗 块钱 公里 节省 小时
	3	安全性	事故 遇到 早上 第一 安全 车祸 吓人 车子 真的 修理 联系 好烦 追尾 今天 剐蹭 上班 路上 堵车 分钟 公里
	4	趣味性	路上 下班 今天 时间 听歌 风景 播客 愉悦 看到 每天 最近 上班 分钟 一路 小时

11.3　案例应用

11.3.1　个体共享单车用户的时空出行模式

1. 研究数据描述

实验数据来源于北京摩拜单车系统存储的出行记录数据[8]。使用无桩式共享单车已成为北京居民日常生活中一种重要且流行的出行方式。案例研究数据集中包含了 349693 个共享单车用户从 2017 年 5 月 10 日～5 月 16 日及 5 月 18 日～5 月 24 日的两周完整出行记录，共计 3214096 条记录。

具体的数据字段包括用户 ID、订单 ID、共享单车 ID、共享单车类型、一次出行的取车位置和停车位置及行程时间。每个用户的 ID 是唯一的，并且绑定到一个具体手机用户。其中对取车位置、停车位置应用了 GeoHash 索引算法(一种分层的空间数据结构，将空间细分为多层网格形状，以便具有有效的空间索引)，最小粒度索引区间为边长约 117m 和 152m 的矩形区块。

2. 共享单车时空出行模式挖掘结果分析

为了将时空轨迹聚类算法应用到实际的案例数据集，首先需要根据案例数据确定实验中各个参数取值，根据实际数据确定出 HDBSCAN 算法中的频繁出行轨迹频率(f_t)为 2 次/周，类簇最小构成轨迹数量(m_{clSize})为 4。在应用 HDBSCAN 算法得到初始轨迹类簇后，从中选取

500 个用户的初始轨迹类簇作为标签约束集。基于标签约束集的反向计算结果，确定出 MinTrs 取值为 4，时间距离和方向距离的 ε_u 分别为 1.2h 和 16°。通过进一步应用基于时间距离和方向距离的半监督 BC-DBSCAN 算法，最终挖掘出具有频繁出行轨迹模式的用户。

349693 个用户中有 233082 个没有频繁出行轨迹类。而对于被识别出的具有时空轨迹类的用户，大多用户只有一个频繁出行轨迹类，并且很少有用户有三个或更多的出行轨迹类。这一结果也与现实相符，因为共享单车用户群体具有很大的随机性，特别是在北京这样的国际大都市，来自世界各地的游客和商务出行者数量众多。此外，很多常住居民也只是偶然使用共享单车，没有固定的使用模式，因此偶然出行用户的数量远远超过有频繁出行模式的用户的数量。

然而，虽然有频繁出行模式的用户数量远小于偶然出行用户，但频繁出行模式用户所产生的总出行次数比偶然用户高出近 10 个百分点。因此，虽然偶然用户的数量占了很大的比例，但频繁出行模式用户群体会对共享单车系统的运行和管理产生巨大的影响。

选取一个有代表性的工作日 2017 年 5 月 14 日(星期一)的数据，进一步比较和分析频繁出行和偶然出行的时空分布情况。将频繁出行轨迹类簇的原始轨迹和相应的偶然出行轨迹提取出。

通过分析，共享单车使用的早高峰为 6:30 至 9:30，白天平峰时段为 9:30 至 17:00，晚高峰为 17:00 至 20:00，其他时间为夜间平峰时段。通过绘制出行轨迹的时空线密度热力图，可以直观地得到一些结果。

①在早高峰时段，频繁出行轨迹占据了整体出行次数的绝大多数，这意味着早高峰使用共享单车的用户通常是有规律的出行模式。②在白天平峰时段，也就是非通勤时间，大多数出行都是无规律的偶然出行，但在多元化的北京仍有不容忽视的一定数量频繁出行轨迹出现。③与早高峰相比，晚高峰的频繁出行轨迹明显减少，而偶然出行轨迹明显增加。造成这种现象的原因有很多，比如，通勤人群下班后可能会参加一些活动，而不是直接回家；或者是晚上加班导致下班时间不稳定，未能形成频繁出行轨迹；或者是下班后出行位置周边没有可用共享单车，导致需求未能得到满足。④无论频繁出行轨迹还是偶然出行轨迹，无论在什么时间段，都显示出共享单车系统与地铁系统之间的紧密关联。

此外，对于具有两个或多个轨迹类的用户，进一步应用出行序列模式挖掘算法和轨迹类间的空间关系挖掘算法来挖掘多轨迹类之间的时空关系。实验中将序列模式挖掘算法的最小支持度设为 4，将轨迹类间的空间关系挖掘中的 ε(eps) 设为 150m。

对于具有多个轨迹类的用户，不同轨迹类可能属于不同的出行序列模式，或者轨迹类簇之间没有空间的相关性。因此，一个用户的多个轨迹类可能属于不同的出行模式(例如，一个用户有三个轨迹类，这些轨迹类是由工作日的往返出行和周末的一个孤立出行模式构成)。所有提取出的实验结果列出了每个出行模式的确定条件、数量以及对应的样本三维可视化结果，详见文献[8]。对 6 种模式的描述和分析如下。

模式一：孤立出行模式。孤立出行模式主要来源于只有一个频繁出行轨迹类的用户，也有一些来源于有多个轨迹类用户的一个孤立出行模式。该出行模式所占比很大。

模式二：序列出行模式。该模式由两个属于同一出行序列模式的频繁出行轨迹类组成。第一次出行到达一个位置，在该位置停留一段时间，然后从该位置骑行到另一个位置。

模式三：由两个出行构成的非闭环出行模式。两个轨迹类属于同一出行序列模式。用户从某个位置出发并最终返回该位置，但第一次出行的终点与第二次出行的起点的位置不同。例如，往返出行乘坐公交车的站点位置不同，或第一次出行终点和第二次出行起点的位置之间存在另一种出行方式，都会导致这种模式的出现。

模式四：往返闭环模式。这是一种完美对称的出行模式，该模式的两个频繁出行轨迹类的起点和终点是完全对称的。早晚对称的通勤出行是该模式常见的情景之一。

模式五：由三个出行组成的闭环出行模式。这种模式的用户数量很少，但它代表了一种简单、常规的出行模式。例如，一个人早上从家出发骑行去上班，下班后从单位骑行去健身房，晚上从健身房骑行回家，组成了一种闭环出行模式。

模式六：四个出行组成的闭环出行模式。出行序列中的第一个轨迹类和最后一个轨迹类是完全对称的，中间两个轨迹簇是完全对称的。同模式五一样，该模式的用户数量很少，是少数较依赖共享单车出行且出行很规律的部分用户的模式。

然而，同模式一的孤立出行数量相比，其他几种模式的数量太少，这与有桩式公共自行车系统的出行分析结果相似。

3. 公共交通接驳共享单车出行挖掘结果分析

对于共享单车与公交车、地铁之间的换乘接驳识别，识别出 IC 卡卡号与共享单车用户 ID 之间的对应关系，从而确定出接驳出行。然而，由于研究未能最终获取到日期相匹配的公共交通 IC 卡刷卡数据及共享单车出行数据，因此构建的基于公共交通 IC 卡卡号及共享单车用户 ID 之间匹配算法未能够进行验证。为分析共享单车与公共交通之间的接驳出行，沿用了以往文献中的接驳识别方法。将以地铁站点实际各出入口为中心来分别构建缓冲区而非地铁表征点，出入口的缓冲区半径大小将结合实际情况选取为 200m。

共享单车解锁的位置与用户实际出发位置可能存在一定距离，但共享单车行程结束锁车位置往往与实际出行目的地位置高度一致。为提升接驳识别及职住位置识别的准确性，通过出行模式挖掘算法挖掘出具有多个轨迹类的模式，若用户的两个轨迹类识别出属于同一出行序列模式，且第二个轨迹类起点与第一个轨迹类终点属于同一空间点类，则用第一个轨迹类的终点位置修正第二个轨迹类的起点位置。但对于所占比例相当大的孤立出行轨迹类，则应进一步从离散轨迹中识别出可用于修正孤立出行轨迹类位置的轨迹。因此，本部分以孤立出行轨迹类为研究对象，进一步进行接驳出行挖掘及分析。

从时空出行模式挖掘结果中总共提取了 109545 个在工作日的出行轨迹类，可得知孤立出行轨迹类有明显的时间特性。有 49585 个频繁孤立出行轨迹类发生在早高峰，超过总体孤立出行轨迹类数量的 45%，可以推断许多通勤出行者在时间紧张的早晨有规律地使用共享单车出行，而晚高峰出现的频繁孤立出行轨迹类仅占总数的 23%左右。关于共享单车与地铁间的接驳分析，从图 11-7 可以得知与地铁间的接驳出行是孤立出行模式的重要组成部分，总共有 51777 个孤立出行轨迹类属于共享单车与地铁之间的接驳关联出行，占总孤立出行轨迹类数量的 47.27%，这些换乘主要发生在早晚高峰，与通勤行为相关。而在平峰时段，非地铁换乘出行占了大部分比例。

进一步，对一个孤立出行轨迹类是否是完全的单向出行进行检验。检验孤立出行轨迹类是否在一些时候有返程平衡的出行(出行起点、终点位置完全相反)，但由于一些其他原因，返程出行轨迹未能形成轨迹类(例如，早通勤期间时间紧张，用户骑乘共享单车出行可以节省不少时间，形成了具有时空规律的出行轨迹类。而晚通勤期间不需要赶时间，非必要使用共享单车，因此未形成对应返程出行轨迹类)。对此，首先根据个体用户模式 I 的轨迹类组成轨迹提取相应日期的所有离群轨迹进行匹配实验，将表征轨迹和离群轨迹进行匹配测试。对于每个孤立出行轨迹类，计算出表征轨迹的起始位置和离群轨迹的终点位置之间的距离，以及表征轨迹的终点位置和离群轨迹的起点位置之间的距离。将欧几里得距离阈值设置为 150m，以判断表征轨迹起点/终点位置是否可以与离群轨迹的终点/起点位置识别为属于相同的行程位置。只有当离群轨迹的端点与表征轨迹的端点完全反向匹配时，才将离群轨迹视为对应于孤立出行轨迹类表征轨迹的反向平衡轨迹。

通过应用匹配算法，在某些天中有过对应反向平衡出行的孤立出行轨迹类被识别出来，但有过反向平衡出行的只占少数，大部分为从未有过反向平衡出行的孤立出行轨迹类。有反向平衡轨迹的孤立出行轨迹类主要出现在早高峰地铁换乘出行及平峰非换乘出行，识别出的反向平衡离散轨迹将对孤立出行轨迹类位置进行修正。

11.3.2　出行幸福感评价

1. 主题共现网络分析

在通过词频统计和 LDA 模型分析识别出公众对于城市通勤出行最关注的因素后，采用共现网络分析能够以网络的形式直观地展示不同主题中词语之间的联系以及不同主题之间的相关性，并且能够以中心节点突出不同主题中的关键词语。

在文本数据的词语集中，两个不同的词语同时出现在所有文本数据集合中的概率称为全局共现率，两个不同词语的全局共现率由式(11-9)求得：

$$P_1(u_i,u_j)=\frac{\left\|D(u_i,u_j)\right\|}{m_1} \tag{11-9}$$

式中，$D(u_i,u_j)$ 表示词语 u_i 和词语 u_j 共同出现的文本数据集合 $(i,j<k)$；$\left\|D(u_i,u_j)\right\|$ 表示集合 $D(u_i,u_j)$ 的数量；m_1 表示文本数据总量。

两个不同的词语同时出现在含有这两个词语的文本数据集合中的概率称为局部共现率，在文本数据词语集中，词语 u_i 和词语 u_j 的局部共现率由式(11-10)求得：

$$P_2(u_i,u_j)=\frac{\left\|D(u_i,u_j)\right\|}{m_2} \tag{11-10}$$

式中，m_2 表示存在词语 u_i 和词语 u_j 的文本数据集合数量。

为了整合全局共现率和局部共现率，引入调节因子，整合后的共现率称为复杂共现率：

$$P(u_i,u_j)=\gamma P_1(u_i,u_j)+(1-\gamma)P_2(u_i,u_j) \tag{11-11}$$

式中，γ 是调节因子。

建立共现矩阵，计算得到的不同词语的复杂共现率即为元素，将位于对角线的元素都赋值 0，将共现矩阵中的元素归一化为隶属于 $[0,1]$ 的数值：

$$V=\frac{V'-V_{\min}}{V_{\max}-V_{\min}} \tag{11-12}$$

式中，V' 为转换前的值；V 为转换后的值；$V_{\max}$ 是 V' 的最大值；$V_{\min}$ 是 V' 的非 0 最小值。

在 Python 3.8 软件中导入 network 库生成共现矩阵，在 Gephi 软件中以共现网络图的形式对计算结果进行可视化[6]。共现网络是由多个节点和节点之间的连线组成的集合，图中的节点表示各个主题中的关键词语，图中的边表示的是不同主题的不同词语之间的各种关系，词语之间的连线既可以是有向的，也可以是无向的，有向的连线具有关系上的指向性，而无向连线仅体现词语之间存在联系，如共存、共现，在图 11-2 中连线均为无向的，体现的是连线两端词语共存。不同颜色表示不同的主题，不同关键词之间的连线表示不同关键词、不同主题之间的联系，连线越粗，意味着不同关键词、不同主题之间的共存性越显著。

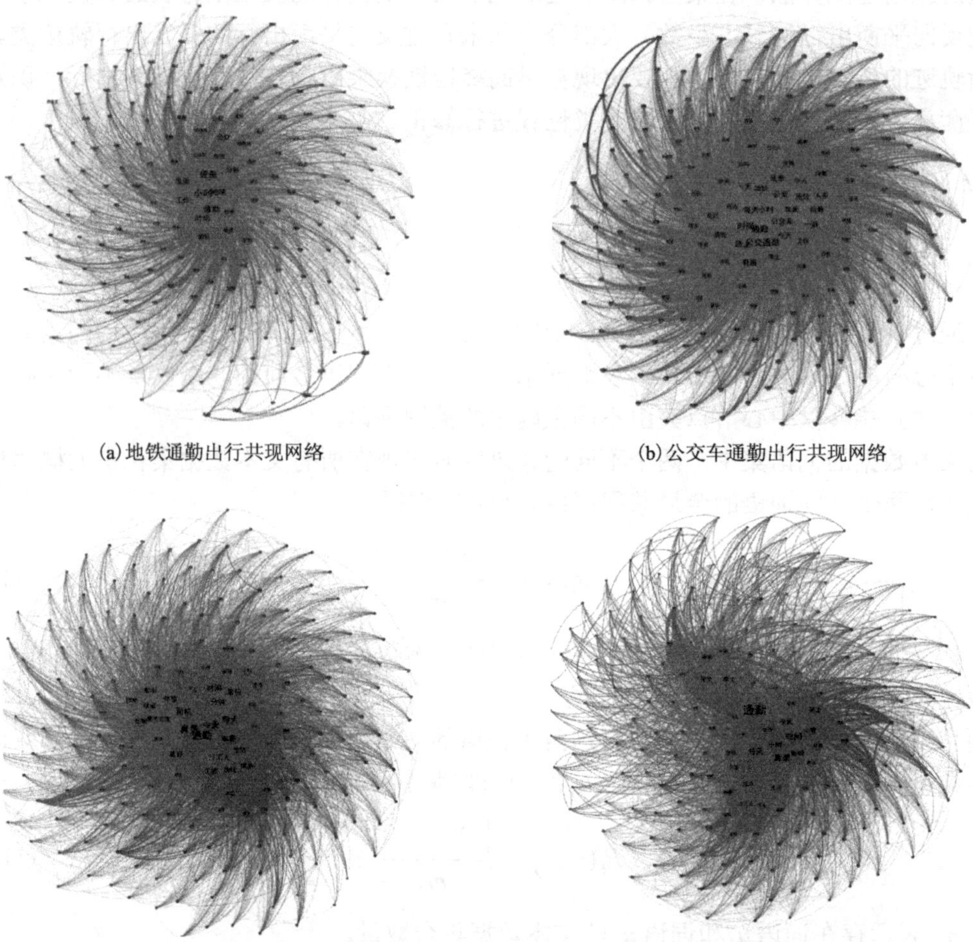

(a) 地铁通勤出行共现网络　　(b) 公交车通勤出行共现网络

(c) 网约车/出租车通勤出行共现网络　　(d) 私家车通勤出行共现网络

图 11-2　共现网络

由共现网络可知，不同主题之间都存在着错综复杂的联系，共同影响着出行者在通勤时的出行幸福感。例如，在公交车通勤出行和地铁通勤出行的共现网络中，“时间”和“耳机”词语的连线较粗，表明二者共存的可能性很高，这说明用户往往在长时间的通勤出行过程中会戴上耳机听歌或者看视频等，给自己的旅途增加一些趣味性，以缓解长时间通勤带来的负面情绪，增加通勤时的出行幸福感。而“拥挤”和“时间”、“小时”、“疲惫”等关键词的共存，表明在长时间的通勤出行过程中，如果没有舒适的环境，会加剧出行者的负面情绪，降低出行者的通勤出行幸福感。在网约车/出租车通勤出行以及私家车通勤出行的共现网络中，“时间”与“块钱”、“成本”等词语的共存体现了出行者会同时关注通勤时间与通勤费用，长时间的网约车/出租车通勤出行以及私家车通勤出行往往意味着较长的出行路程，对应所需要支付的打车费用或者油费、电费也会较高，长时间和高成本共同给出行者造成较大的生活压力和心理负担，导致出行者的通勤出行幸福感较低。

2. 情感分析

用户通过在微博社交平台上发布微博博文表达个人观点或对事物进行评价，这些文本内容中包含情感色彩的词语，如“开心”“烦”等，能够体现用户个人正面或负面的情感倾向，通过构建情感词典可以形成含有感情色彩的词语集，因此通过机器学习或情感词典等方法进行情感分析可以了解用户对于所评价事物的态度或情感倾向。

在情感词典中的词语集越丰富充足，所能识别到的文本中带有情感色彩的词语就越多，分析文本数据得到的情感倾向的精准度也会更加优良。目前《知网 Hownet 情感词典》、《清华大学李军中文褒贬义词典》和《哈尔滨工业大学同义词词林扩展版》等词典的应用较为广泛，它们经过众多学者的应用和改进，验证为成熟可靠的情感词典。通过整合现有的常用情感词典中的词语，将在词典中重复的词语删除，并加入在网络社交平台常用但现有词典中缺失的词语形成适用于本研究的情感词典，这样能够尽可能充分地识别出文本数据中具有情感色彩的词语，更加准确地完成情感倾向的判断。

句子文本的情感值为

$$S_s = (-1)^{C_{de}} \times w_{adv} C_{adv} \times C_{pos} - (-1)^{C_{de}} \times w_{adv} C_{adv} \times C_{neg} \tag{11-13}$$

式中，S_s 是情感值；C_{de} 是前置否定词的出现频次；C_{pos} 表示情感正向词的出现频次；C_{neg} 表示情感负向词的出现频次；w_{adv} 表示情感副词权重；C_{adv} 表示前置情感副词出现频次。

若计算得到的文本情感值大于零，那么将该文本判断为具有积极的情感倾向；若计算得到的文本情感值小于零，那么将该文本判断为具有消极的情感倾向；若计算得到的文本情感值等于零，那么将该文本情感倾向判断为中立。以改进后的情感词典为基础进行情感分析，得到采用不同出行方式的出行者对于通勤出行的整体情感倾向以及对于通勤出行某一方面主题的情感倾向，如表 11-6 所示。为了更直观地对比不同出行方式在情绪感受层面的通勤出行幸福感差异，可进一步绘制不同主题的情感值箱形图。

表 11-6　通勤出行整体情感倾向结果

出行方式	主题	积极情感倾向/%	中立情感倾向/%	消极情感倾向/%
地铁	舒适性	36.02	21.48	42.50
	便捷性	12.07	11.65	76.28
	趣味性	50.49	28.43	21.08
	整体	28.31	17.79	53.91
公交车	舒适性	14.40	8.97	76.63
	便捷性	14.91	13.38	71.71
	趣味性	91.16	3.54	5.30

续表

出行方式	主题	积极情感倾向/%	中立情感倾向/%	消极情感倾向/%
公交车	整体	39.51	8.85	51.64
网约车/出租车	可靠性	44.80	4.98	50.23
	经济性	36.86	12.29	50.85
	舒适性	55.71	2.74	41.55
	整体	45.56	6.80	47.63
私家车	可靠性	35.25	17.23	47.52
	经济性	19.11	16.89	64
	安全性	7.69	10.26	82.05
	趣味性	89.91	7.34	2.75
	整体	36.90	15.34	47.75

根据表 11-6 中各类情感倾向及其分类比例可以看出，积极情感倾向比例的排序从大到小为网约车/出租车、私家车、公交车、地铁，消极情感倾向比例的排序从大到小为地铁、公交车、私家车、网约车/出租车。由此可以推测在不同的出行方式中，地铁的通勤出行幸福感最低，网约车/出租车的通勤出行幸福感最高，且公交车、地铁通勤出行的消极情感倾向比例显著高于积极情感倾向比例，说明城市在公共交通通勤出行的规划上还存在许多不足，有待改进。

微博用户对于地铁通勤出行的情感倾向偏向于消极，对舒适性、便捷性、趣味性主题分别进行情感分析，发现便捷性主题的消极情感倾向比例最高，趣味性主题的积极情感倾向比例最高，而舒适性主题的积极情感倾向与消极情感倾向存在两极分化态势，这说明地铁通勤出行的便捷性降低了通勤出行者的出行幸福感，而趣味性能够增加通勤出行者的出行幸福感，地铁通勤出行的舒适性存在参差不齐的现象。在对于公交车通勤出行的情感分析中，便捷性和舒适性主题具有显著的消极情感倾向，而趣味性主题呈现出显著的积极情感倾向。这意味着城市交通规划者可以从便捷性和舒适性层面采取相关政策措施，以避免出行者的通勤出行消极情感倾向，提高通勤出行幸福感。

参 考 文 献

[1] 甄峰，王波，秦萧，等. 基于大数据的城市研究与规划方法创新[M]. 北京：中国建筑工业出版社. 2015.

[2] 郭屹桐. 基于微博数据的居民时空行为特征分析[D]. 兰州：兰州交通大学, 2018.

[3] 项译. 基于手机信令数据的旅游交通客流特征分析研究[D]. 南京：东南大学, 2017.

[4] 钱巧娅. 基于手机信令数据的区域交通流量预测技术研究[D]. 成都：西南交通大学, 2018.

[5] 王羽佳. 数据驱动的冬季共享单车出行集约式替代服务路线研究[D]. 哈尔滨：哈尔滨工业大学, 2021.

[6] 石腾跃. 城市居民通勤出行幸福感量化与提升研究[D]. 哈尔滨：哈尔滨工业大学, 2022.

[7] 陈艳艳，赖见辉，王扬. 交通大数据技术及其应用[M]. 北京：人民交通出版社股份有限公司，2021.

[8] TIAN Y, ZHANG X M, YANG B Y, et al. An individual-based spatio-temporal travel demand mining method and its application in improving rebalancing for free-floating bike-sharing system[J]. Advanced engineering informatics, 2021, 50: 101365.